Fourth Edition

よくわかる幼稚園実習

Understanding Internship in Kindergarten

百瀬ユカリ 著

創成社

◁イラスト協力者▷
鈴木　秋花・斉坂みなみ

はじめに
PREFACE

この本を手に取っているあなたは、幼稚園教諭（保育者）を目指し、初めての幼稚園教育実習に取り組もうとしていることでしょう。これから始まる実習は、あこがれの「先生」として子どもとかかわる第一歩です。しっかり準備をして確かな一歩を踏み出しましょう。

期待が大きい分、不安や心配も大きいと思います。「実習園はどんな幼稚園なのだろう」「子どもたちは受け入れてくれるだろうか」「先生方からはどんなことを指摘されるだろうか」など、考えれば考えるほど不安が広がっているかもしれません。

そんな時は、もう一度“なぜ幼稚園の先生になりたいと思ったのか”“なぜ保育者を目指そうとしたのか”という初心にかえってみましょう。人それぞれに「子どもが好きだから」「子どものころ、クラスの先生にあこがれた」などの思いがあるはずです。立派な保育者になりたいという気持ちをしっかりもって周到な準備をして臨めば、実習はきっと有意義なものになるでしょう。

本書は、実習の前にはどのような準備をしたらいいのか、実習中はどんなことに気をつけたらよいか、実習後は何をすればよいかなど、実習に関するさまざまな不安を少しでもなくして実習に臨めるように願いをこめて書いたものです。

筆者自身もかつて幼稚園実習を経験しました。その後、幼稚園教諭を９年間務め、その間、約40名の実習生を受け入れました。その後は、保育者養成校にて、約2,000名の実習生を指導し、今に至っています。この本は、その経験から作られたもので、実習前だけでなく、実習中や実習後も、知りたい項目のページを開けばすぐに役立つように工夫しました。また、実習日誌などの実例をそのまま載せ、みなさんの先輩が真剣に実習に取り組んだ様子がよくわかるようにしました。

この本が、幼稚園教諭を目指す方々に少しでも役立ちますようにと願っています。

最後に、本書の刊行にあたり資料提供にご協力いただきました幼稚園の先生方と学生のみなさん、創成社のみなさまに厚く御礼申し上げます。

2009年４月10日

百瀬ユカリ

第四版によせて

本書が出版されてから、長い間、多くのみなさんに実習前、実習中、そして実習後に利用していただき、大変嬉しく思います。

新しい時代のニーズに対応できるよう、幼稚園教育要領の改訂に伴い、本書も改訂しております。さらなる社会情勢の変化に臨機応変に対応できるよう切に願い、版を重ねるにあたりこの度の改訂となりました。特に、幼児教育現場で感染症対策が必須となり、子どもとの生活、活動上の留意点を体験から学ぶ機会は本当に貴重です。まさに先輩の先生方の熱意と励ましのおかげで、実習させていただけることに感謝しつつ、事前準備も心を込めて進めていきたいですね。

本書が、実習に向かう皆さんの、充実した学びに役立てられましたら幸いです。

ご協力いただきました諸先生方、学生のみなさん、創成社の塚田尚寛社長、西田徹氏に心より御礼申し上げます。

2020年2月1日

百瀬ユカリ

※本書に掲載している写真は、保育者と子どもの関わりとして適切な場面を撮影したもので、コロナ禍前の写真をあえて掲載しております。

目　次

CONTENTS

はじめに
第四版によせて

Ⅰ　幼稚園教育実習の概要

① 幼稚園教育実習とは ……2
② 実習の流れ ……4
③ 実習生の心構え ……6
④ 事前に学んでおくこと ……10
⑤ 実習から学ぶこと ……12

Ⅱ　準備編

⑥ 実習に向けて ……16
⑦ 実習園でのオリエンテーション ……21
⑧ 服装と身だしなみ ……28
⑨ 持ち物について ……30
⑩ １日の流れを理解する ……33
⑪ 実習の課題 ……36
⑫ 教材の準備 ……38
⑬ 幼稚園が実習生に期待すること ……40

Ⅲ　実習編

⑭ 見学実習 ……44
⑮ 観察実習 ……46
⑯ 参加実習 ……50

⑰ 部分実習 …… 54
⑱ 責任実習 …… 60
⑲ 実習の終わりに …… 64

Ⅳ　実習日誌と指導案

⑳ 実習日誌 …… 70
先輩の感想から①…120
㉑ 指導計画案 …… 121
先輩の感想から②…142

Ⅴ　実習の後で

㉒ 実習全体を振り返る …… 144
㉓ 実習園へのお礼など …… 146
㉔ 実習後すぐにやること …… 150
㉕ 実習後の授業 …… 152
先輩の感想から③…158

Ⅵ　資 料 編

㉖ こんなときは？ …… 160
㉗ 手遊びについて …… 166
1ぽんゆび／ゆびのはくしゅ／いちたくんのお引越し／おやつたーべよ。／
かなづちトントン／あたま かた ひざ ポン／カレーライスのうた／ポキポキダンス
㉘ 絵本の選び方 …… 182
㉙ 紙 芝 居 …… 184

引用・参考文献 …… 187
巻末資料 …… 189
索　　引 …… 199

I 幼稚園教育実習の概要

幼稚園教育実習について、“実習の流れ”や“実習生の心構え”等、基本的な内容を知っておきましょう。

1 幼稚園教育実習とは

（1）幼稚園教育実習の位置づけ

幼稚園は「学校教育法」に規定された就学前教育を行う学校です。その目的は、学校教育法・第22条に、「幼稚園は、義務教育及びその後の教育の基礎を培うものとして、幼児を保育し、幼児の健やかな成長のために適当な環境を与えて、その心身の発達を助長することを目的とする」と規定されています。また、学校教育法第27条では、「幼稚園には、園長、教頭及び教諭を置かなければならない」とし、さらに「教諭は、幼児の保育をつかさどる」とされています。

幼稚園教諭免許状については「教育職員免許法」に規定され、その取得に必要な科目は、教養教育科目と専門教育科目から構成されています。教養教育科目は、外国語や体育を含めた、広い教養を身につけることを目的とした科目です。専門教育科目は、保育や教育にかかわる知識や技術を習得するための科目で、教職に関する科目と教科に関する科目に分かれています。

「教育実習」は、教職に関する科目の中に位置づけられる科目で、「教育職員免許法施行規則」第6条第1項で、5単位の取得が規定されています。なお、「事前及び事後指導」として1単位、実習として4単位、実習期間は4週間となっています。

実施方法は、各養成校によって異なり、いつ頃どのような実習を行うかを決めています。連続して4週間集中して行ったり、一定期間をあけて、2週間と2週間、1週間と3週間で分散させたり、毎週決められた曜日に幼稚園に出向き、年間を通して同じ園で実習を行うところもある等、さまざまです。それぞれ養成校の特徴や実状に応じ、学生にとってより効果的な実習となるよう時期と内容が設定されています。

（2）実習の目的

幼稚園実習は、養成校で学んだ幼児教育・保育に関する知識をもとに、幼稚園において保育の実践をする機会です。また、実践を通じて保育者としての使命と責任を自覚し、資質を高める場でもあります。したがって、単なる興味本位や免許状取得だけを目的とした安易な気持ちで実習に参加することは許されません。実習に参加する以上は、将来保育者となる自覚をもって臨むことが大切なのです。

（3）実習の目標

幼稚園実習の目標はさまざまですが、おおよそ以下のようなものです。

①子どもを理解する。

②幼稚園教諭の仕事の内容と役割を理解する。

③幼稚園の社会的役割について理解する。

④保育者としての資質を高め今後の課題を見つける。

② 実習の流れ

幼稚園実習の流れは、養成校・実習園によってさまざまです。ここでは、あくまでも目安として、一般的な例を紹介します。

①実習前

事前指導の授業

○実習の意義・目的、課題の確認

○心構えの理解

○実習日誌、指導計画案の書き方

○実習に必要な知識や保育技術の習得

○実習に必要な書類の準備

実習園の決定

実習園でのオリエンテーション

○実習日程の確認

○実習園の保育目標や決まり等を知る

○持ち物、服装などの確認

○準備するもの、提出物の期限等

②実　習

見学実習…初めて幼稚園を実際に見る。

観察実習…保育の様子（保育者の保育方法）をよく見る（1日の生活の流れ、子どもの活動の様子、保育者の援助、環境構成など）。

参加実習…子どもとかかわり、保育者の補助的な動きをする。

部分実習…1日のうちの特定の時間あるいは特定の活動を実習生が担当する。

責任実習…1日の保育をすべて実習生が担当する。

反省会

③実習後

○事後指導を受ける
○実習日誌、報告書の提出
○実習園にお礼状を出す
○実習報告会等

④実習の評価

○自己評価
○実習園の評価を受ける

3 実習生の心構え

（1）学生としての立場を忘れずに

実習は、養成校の授業の一環として、実習園との密接な連携と信頼関係によって実施されるものです。園にとっては日常の保育を行いながら実習生を指導することは大変なことなのです。それでも、後輩の保育者を育てたいという熱意によって実習生を受け入れ、指導してくれているのです。そして、これからもあなたの後輩がお世話になるのです。保育者になるという自覚とともに、常に学校の代表としての立場を自覚して行動しましょう。

（2）挨拶は基本

さわやかな挨拶は社会人の基本です。相手の目を見て軽く会釈をし、「おはようございます」「よろしくお願いします」などと、明るく、語尾まではっきりと相手に聞こえるように挨拶しましょう。自分では挨拶をしたつもりでも、相手に伝わっていないことがよくあります。

（3）礼節と謙虚

実習は、「させていただいている」ということを忘れずに、常に礼節をわきまえ謙虚な態度が大切です。

（4）言葉づかい

実習生として“指導していただいている”という感謝の気持ちを忘れずにいると、おのずと言葉づかいも丁寧になります。実習が始まってから気をつけるだけではうまくいきません。日常生活の中で、丁寧な言葉づかいを心がけましょう。

（5）指示に従う

また、どんな場合でも実習先の保育者の指示に従うことはいうまでもありません。学校での事前授業の内容と現場での指示が異なる場合は、担当保育者の指示を優先しましょう。

（6）事前に許可、事後に報告

自分の持ち場を離れるときや、園のものを使用するときなどには、担当の保育者に必ず断りましょう。仕事を頼まれたときや、呼ばれたときには、「はい」と返事をし、すぐに行動に移りましょう。最善を尽くして取り組み、終わったら「終わりました」と報告をします。

（7）行動はてきぱきと

手が空いたときは「何をしたらよろしいですか」と尋ね、常にてきぱきと行動し、ぼんやりすることがないように心がけましょう。自分から気付いて何かをする場合には必ず「～してもよろしいでしょうか」と相談し、許可をいただいてから動くようにしましょう。

（8）保護者などへの対応

実習生も、園の中では先生として子どもたちと生活しています。保護者や来客に対しても、失礼の無いよう礼儀正しく対応します。その際は、「実習生ですので」と断ってから園の職員に取り次ぎ、自分で勝手に処理しないようにしましょう。電話がかかってきた場合、実習生は基本的には電話には出ずに職員に知らせます（電話対応については、園の指示に従いましょう）。

（9）明るく笑顔で

子どもたちにとって大好きな先生や実習生の笑顔が、安定した気持ちで園生活を送る原動力になっているのです。実習中には落ち込んだり不安になったりすることもありますが、子どもたちには常に笑顔で接することが大切です。

（10）実習生も「先生」です

実習生も子どもにとっては「先生」です。子どもたちは、あなたの話し方、態度、しぐさなどを全身で受け止め、それは子ども自身の行動や言葉に反映されます。保育者を目指す以上、日常的に先生としてふさわしい言葉づかいや行動ができるように心がけることが大切です。

（11）時間厳守

時間を守ることは、社会人としての基本的なマナーの１つです。実習開始の20分前には準備ができていることを目安に出勤しましょう。ラッシュ時の所要時間を前もって調べておき、遅刻をしないように早めに家を出るようにします。

万一、アクシデントなどにより遅刻や欠勤をするときは、すぐに実習先と学校に連絡をします。実習先の電話番号と、学校の電話番号は常に携帯しておきましょう。そして「ご迷惑をおかけして申し訳ありません」と、お詫びの言葉を添え、事情をはっきりと伝えるようにしましょう（P.160参照）。

（12）規則正しい生活を

日常から不規則な生活をしている人は、規則正しい生活リズムを整えておきましょう。特に、夜型の生活をしていて朝がつらい人は、早寝早起きの生活習慣を身につけてください。健康管理ができていないと実習はできませんし、保育者としても務まりません。実習を最後までやりきる体力も必要です。朝食をしっかり摂る習慣も身につけましょう。

（13）衛生管理と健康管理

日ごろから衛生的な生活を心がけることが、事前準備の一歩といえます。健康上の不安がある場合は、早めに必要な治療を受けるなど、事前の対策が必要です。また、自分が受けて来た予防接種の状況を把握し、麻疹や風疹など、未接種や罹患していないものは接種しておきましょう。秋から春にかけての実習の場合は、インフルエンザの予防接種も受けましょう。

（14）実習に集中できる環境づくり

いうまでもないことですが、実習中はアルバイトや稽古ごとをする余裕はありません。早めに日程調整をして実習に集中しましょう。学校によっては、実習中のアルバイトを禁止し、違反した場合は実習の認定が受けられない場合もあります。

実習中は慣れない生活が続き、肉体的にも精神的にも負担が大きいものです。実習日誌を夜遅くまで書いたり、翌日の実習に向けて準備に追われたりで、多くの実習生は睡眠不足になります。実習期間の前後もアルバイトはできるだけ休んで、準備や事後整理ができるようにして取り組むことがよりよい成果につながります。

◇ワンポイントアドバイス①：あなたの行動をチェックしてみましょう◇

①歩く姿勢

　あなたの日常の姿勢はどうでしょうか？　背筋を伸ばしてよい姿勢で歩きましょう。

②挨拶の仕方

　立ち止まって挨拶をしていますか？　相手の目を見て、明るく「おはようございます」と言っておじぎをします。歩きながらしないようにしましょう。

③靴の脱ぎ方

　正しく靴を脱いでいますか？　靴を出る時の方向につま先を向けてそろえておきます。

④言葉づかい

　子どもとの会話、先生や保護者との会話など、状況や相手に応じた適切な言葉づかいが大切です。友達同士の日常会話とは完全に切り離しましょう。

⑤ほう・れん・そう（報告・連絡・相談）

　自分勝手な判断で行動していませんか？　常に報告・連絡・相談することを忘れずに。

4 事前に学んでおくこと

（1）授業で学んだことの復習

実習は、単に子どもと遊んでいればよいというものではありません。これまで幼児教育・保育について学んできたことが、実際の子どもとの生活の中でどのようになっているのかを確かめる場でもあります。特に以下の科目について、今までの学びを振り返り（ノート・教科書等）、自分なりの学びの目標を明確にすることで、実習中の取り組みがより意欲的になります。

○保育原理・保育課程総論（教育課程総論）
○発達心理学（幼児心理学）
○保育者論
○保育内容関連科目
○実習関連科目・保育技術（指導技術）
○幼稚園教育要領　　　　　　　　　　など

読み直しておきたいポイントは、「幼稚園教育の基本」「幼稚園教育の目標と内容」「幼稚園の役割」「幼児の発達とその時期の特徴」等です。また、「実習に役立つ実技」もいくつか身に付けておきましょう（P.166～参照）。

（2）幼稚園教育要領のポイントを理解しておく

幼稚園教育要領　第１章　総則の改訂のポイントは以下のとおりです。実習前に確認しておきましょう。

○「環境を通して行う教育」を基本とすることは変わらない。
○幼稚園教育において育みたい資質・能力を明確化。
○５歳児修了時までに育ってほしい具体的な姿を「幼児期の終わりまでに育ってほしい姿」として明確化するとともに、小学校と共有することにより幼小接続を推進。
○幼児一人一人のよさや可能性を把握するなど幼児理解に基づいた評価を実施。
○言語活動などの充実を図るとともに、障害のある幼児や海外から帰国した幼児など特別な配慮を必要とする幼児への指導を充実。

（3）幼稚園の社会的役割

①預かり保育

『幼稚園教育要領』では、幼稚園の標準保育時間は４時間となっています。しかし、近年、親たちの要望を受けて幼稚園の通常の教育時間終了後に、引き続き希望する子どもを対象に「預かり保育」が行われています。

実施方法は、幼稚園によってさまざまで、毎日実施している幼稚園もあれば１週間のうち２、３日のみ実施している幼稚園もあります。また、子どもを預かる時間は午後４～５時頃までが最も多くなっていますが、それ以降の時間も子どもを預かる幼稚園もあります。

幼稚園実習では、機会があれば預かり保育にも参加して、子どもの環境条件や預かり保育実施形態への関心を高めるとよいでしょう。

②幼児教育センターとしての役割

幼稚園教育要領には「幼稚園の運営に当たっては、子育ての支援のために地域の人々に施設や機能を開放して、幼児教育に関する相談に応じるなど、地域の幼児教育のセンターとしての役割を果たすよう努めること。」と記されています。

そのため多くの幼稚園では、日常の保育のほかに、地域の子育てを支援する目的で子育て相談に応じたり、親子教室を開催して親子間の交流を深めるなどの努力をしています。

こうした教育課程外の教育活動があることを知っておき、実際の幼稚園での役割理解につなげていきましょう。

◇ワンポイントアドバイス②：幼児期の終わりまでに育ってほしい姿◇

「幼稚園教育要領第２章に示す「ねらい」及び「内容」に基づく活動全体を通して「資質・能力」が育まれている幼児の幼稚園修了時の具体的な姿であり、教師が指導を行う際に考慮するもの」として、以下の10の姿の視点が大切になります。

（1）健康な心と身体　（2）自立心　（3）協同性　（4）道徳性・規範意識の芽生え　（5）社会生活との関わり　（6）思考力の芽生え　（7）自然との関わり・生命尊重　（8）数量や図形，標識や文字などへの関心・感覚　（9）言葉による伝え合い　（10）豊かな感性と表現

○10の姿は，幼児教育を通して子どもたちがどのように育つか、その方向性を示したものであり、“全員が必ず達成すべき目標”というものではありません。その子なりの育ちの目安となるものです。（P.197参照）

5 実習から学ぶこと

実習では毎日さまざまな体験をし、その１つひとつが大切な学びにつながっていきます。目的意識をもたずにただ参加するだけでは実習の成果は限られたものになります。ここで、改めて実習の意味を考えてみましょう。

（1）子どもと実際にかかわる中で学ぶ

みなさんは学校の授業、例えば「造形表現」「音楽（ピアノ）」「指導技術」などで保育の実技についても学んでいます。しかし、実際に子どもと接して実践してみると、思い通りにいかないことがたくさん出てきます。例えば、

○「しっぽとり」（おにごっこ）で、指示したとおりにうまくすすまなくて、予定していた時間内にできなかった（予定していた時間の倍近くかかってしまった）。
○製作でのりをつける位置を説明したとき、「どうやるの？」「わからない！」という子どもに対応しているうちに混乱してしまった。
○フリスビーを作って遊ぶ活動のつもりだったのに、作るだけで時間がかかり、最後は時間がとれなくて十分に遊べず、楽しめなかった。
○絵本の読み聞かせの前に、なかなか子どもたちが落ち着かず、どうしたらいいのかわからなくなってしまった。
○紙芝居やピアノの練習は十分にしたつもりだったし、早めに指導案も書いて指導してもらったが、実際にはまったくうまくできなかった。

以上はすべて実際に皆さんの先輩が経験したことです。このように、「どうしていいのかわからない!!」のが実習なのです。学校で学んだことを実際に保育の中でやってみると、予想もしなかったことが起こるのです。

こうした出来事は「失敗」なのかもしれません。けれども、失敗したことで、「何が足りなかったのか」「どうすればよかったのか」「今後どんなことに気をつければよいのか」といった「課題」が見つかるのです。

「失敗」は「課題」と考えましょう。こうした「課題」は現場の保育者のアドバイ

スですぐに改善できることもありますし、何度も経験しないと直せない場合もあります。いずれにしても、学校での学習と保育の中での実践は、その両方が一体となってはじめて、保育者としての専門性が培われるのです。それが、実習でよくわかるはずです。
「失敗」は、実習生の特権です。失敗を恐れずに、いろいろなことに挑戦しましょう。

（2）問題意識をもつ

実習は日数が限られているので、自分なりの目標・課題をしっかりもっていないと、成果が少なく、「子どもがかわいかった」「先生方が親切でよかった」といった表面的な感想だけで終わってしまいます。
一方、自分の課題を意識していると、「担当の先生に絵本の読み聞かせの配慮点を聞いて参考になった」「製作活動を指導するときのわかりやすい説明の仕方を学ぶことができた」「けんかの仲裁の仕方がわかった」といった具体的な成果が確認できます。
また、「こんなことを先生に聞きたかった」「お店やさんごっこの様子をもっと観察したかった」といった問題点も明らかになるでしょう。すべてその後の学びにつながります。

（3）幼稚園の機能・環境について学ぶ

幼稚園の機能・役割・園内環境の実際などについて知ることも幼稚園実習の大切な学びの１つです。幼稚園と地域とのかかわりや園が抱える問題点についてもできる範囲で学びたいものです。
しかし、園によって規模や環境、保育目標、保育内容が違います。ですから、自分の実習体験だけでなく、報告会や自由な時間に友達の実習日誌を見せてもらったり、お互いの体験を話し合ったりして情報交換をしましょう。保育の現場の実際や問題点について体験的に学ぶことができます。

（4）実習は、すべてが勉強

実習は、学校では教わることのできない保育の実務について学べる機会です。子どもとかかわるだけではなく、掃除・教材の準備と片付け・飼育物の世話・保護者とのかかわりなど、何でもやらせてもらう、何でも吸収させてもらうという積極的な姿勢が大切です。

（5）保育者には体力が必要

実習は体力も必要です。例えば「2週間の実習で、日中の活動だけでもつらいのに、毎日の日誌に4時間もかかってしまい、寝不足が続き、最後のほうはふらふらになってしまいました」といった話もよく聞きます。しかし、現場の保育者はこれを毎日、年間を通してやっているのです。実習を通して、体力の大切さを実感することでしょう。

（6）助言は謙虚に受け止める

担当の保育者からは、「日誌の記入に関して」「子どもとのかかわりについて」「言葉づかい」「掃除の仕方」など、さまざまな観点から時には厳しいアドバイスをいただくことがあります。他では教わることのできない貴重な助言ですから、謙虚に受け止めましょう。

（7）まとめ

実習を通して、大きく捉えて“子ども理解”“保育者の援助”“環境構成（幼稚園の役割）”について学びます。

毎日の実習が、必ずこの3つの項目のどこかに含まれた学びにつながります。ねらいを考えるときも、活動を振り返る時も、どの項目についての内容か考えることが大切です。

◇ワンポイントアドバイス③：嫌われる実習生とは？◇

実習園の先生方に最も嫌われる実習生は

①挨拶ができない、言葉づかいがなっていない
②声が小さく、消極的
③反応がない（返事をしない）、気がきかない（自分勝手な態度）

となっています。

思い当たることはありませんか？　もし、あったら、今から、少しずつでも意識して自分の言動に気を配るようにしていきましょう。

II 準備編

幼稚園実習が始まるまでに、さまざまな準備が必要です。実習生として、どのような準備をいつしておくのかを知り、計画的に実行しましょう。

6 実習に向けて

（1）学校での事前指導

実習が始まる前には、養成校において事前指導が行われます。やり方は学校によって違いますが、実習の目的や自分なりの目標、実習の内容や実習日誌の書き方について再確認するために大切な時間ですから必ず出席しましょう。また、事前訪問で質問する項目を確認し、実習先でのオリエンテーションや実習中の心得、実習後の活動などについて十分に理解しておきましょう。

養成校によっては、幼稚園に勤務している卒業生を招いて、自分の実習時の体験談、実習生を受け入れて気づいた点や、幼稚園での子どもとの生活の様子などを話してもらい、間接的に学ぶ機会を設けていることもあります。積極的に利用して実習への準備に活かしましょう。

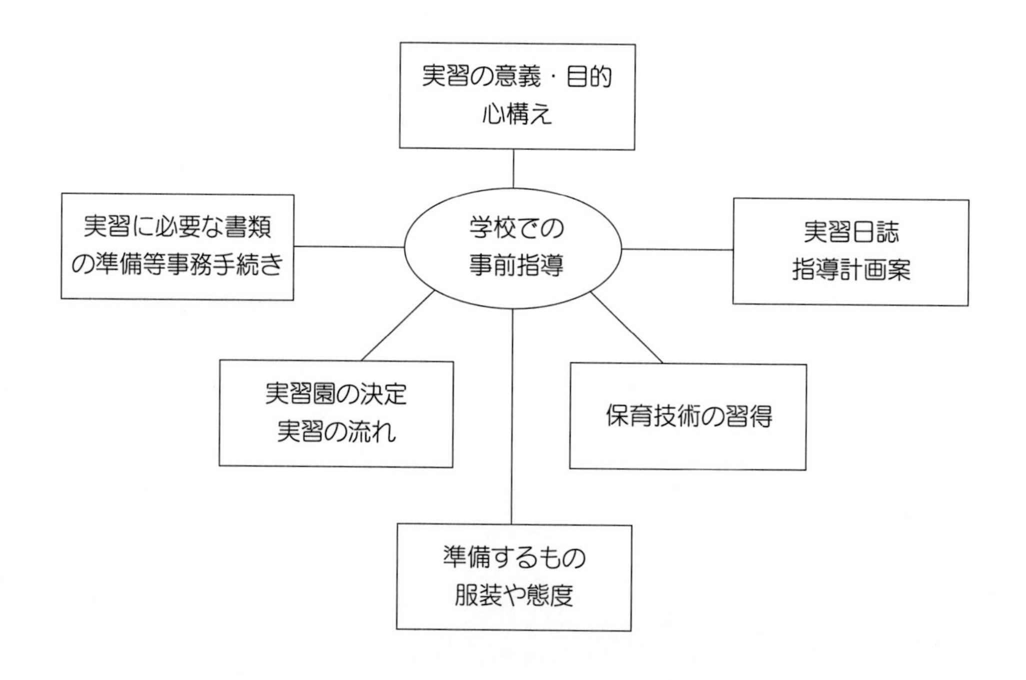

（2）実習に必要な書類

幼稚園実習に参加するのに必要な書類は養成校によって異なりますが、実習生についての書類（個人票、個人カード、調査書など）は必要です。また、健康診断書や実習申込書、実習生誓約書を提出する場合もあります。ほかに、実習園に実習依頼を行う際に必要な書類もあります。いずれも提出期限を確認し、正確に丁寧に記入しましょう。

※調査書（個人票）について

実習にあたり、実習園に本人自筆の履歴書を提出する場合があります。これは「今回、こういう学生が、実習させていただきますのでよろしくお願いします」という意味で、本人より先に園長をはじめ担任の先生方と書類上の面接が行われるのです。

通常、養成校独自の様式がありますが、学校名・氏名・所属学科・学年・クラス・学歴・部活動・趣味・特技・現住所・実習課題・抱負などを記入します。「実習にあたっての心構え」（所感）を書く場合もあります。写真は、3カ月以内に撮影したものを貼付します。

2回目以降、別な園での実習の場合は、以前どんなところで実習したかという実習履歴も記述します。

記述にあたっては、誤字・脱字の無いように楷書で、黒インクのペン書きがよいでしょう。下書きを別紙にしておくようにするなどして、修正液を極力使用しないようにしましょう。受け入れ側への印象が、まったくと言っていいほど違います。

実習に必要な書類は、実習園へ養成校が送る場合と、実習園での事前指導の際に、直接持参する場合があるので、各養成校の方法に従いましょう。

なお、幼稚園で給食を実施している場合などでは、腸内細菌検査（検便）結果を必要とすることがあります。よく確認して、計画的に準備しましょう。

※P.19に『実習学生個人表』の記入例があります。

また、感染症予防について特に留意する（体調管理を行う）必要があるため、実習開始日の2週間前から『健康チェック表』を作成するなど、養成校の指示に従って用意しましょう。

健康チェック表（例）

〇〇大学　　番号　　　　　　氏名

実施期間　令和　年　月　日（　）～　月　日（　）

日付	体温	咳	鼻水	寒気	関節痛	吐き気	下痢	備考（その他の症状）	印
月　日（ ）	度	有 無	有 無	有 無	有 無	有 無	有 無		
月　日（ ）	度	有 無	有 無	有 無	有 無	有 無	有 無		
月　日（ ）	度	有 無	有 無	有 無	有 無	有 無	有 無		
月　日（ ）	度	有 無	有 無	有 無	有 無	有 無	有 無		
月　日（ ）	度	有 無	有 無	有 無	有 無	有 無	有 無		
月　日（ ）	度	有 無	有 無	有 無	有 無	有 無	有 無		
月　日（ ）	度	有 無	有 無	有 無	有 無	有 無	有 無		
月　日（ ）	度	有 無	有 無	有 無	有 無	有 無	有 無		
月　日（ ）	度	有 無	有 無	有 無	有 無	有 無	有 無		
月　日（ ）	度	有 無	有 無	有 無	有 無	有 無	有 無		
月　日（ ）	度	有 無	有 無	有 無	有 無	有 無	有 無		
月　日（ ）	度	有 無	有 無	有 無	有 無	有 無	有 無		
月　日（ ）	度	有 無	有 無	有 無	有 無	有 無	有 無		
月　日（ ）	度	有 無	有 無	有 無	有 無	有 無	有 無		
月　日（ ）	度	有 無	有 無	有 無	有 無	有 無	有 無		

〇〇大学

実習学生個人票

○○大学短期大学部

保育 科 2年 A組	学籍番号 1 8 4 2 ○ ○ ○	〈写 真〉
ふりがな	あさり　ゆうみ	
氏　名	浅利　結深	
生年月日	○年　○月　○日生	
現住所	〒214-1111 神奈川県○○郡○○町　- -　TEL（　）	
保証人の住所	〒 同上　TEL（　）	
学　歴	○年 3月 神奈川県立 ○○高等学校卒業	
	○年 4月 ○○大学短期大学部 保育 科入学	
資　格	漢字検定3級、CONEリーダー	
特　技	ピアノ・ダンス	

幼稚園・保育所等での実習やボランティア経験等

○年 8月29日 ～ 月 日（○○大学短期大学部附属 ○○幼稚園 1日実習）

○年 1月31日 ～ 2月10日（○○-○○愛児園 保育実習）

○年 2月26日 ～ 3月 9日（独立行政法人国立病院機構 ○○○病院 施設実習）

実習での学習目的	一人一人の、子どもの興味や関心のあり方や、遊び、生活を大切にし、その発達の姿に合った援助を行えるようになりたいです。 又、先生方の子どもとの関わり方を、しっかりと観察させて頂き、幼稚園における人間関係の関わり方を学びたいです。そして、貴園の教育方針や、教育目標を十分に理解し、尊重した実習ができるように学ばせて頂きたいです。
日常生活上大切にしたいこと	毎日、明るく元気良く挨拶をする事を心掛け、常に笑顔でいることを大切にしています。又、必ず相手の立場に立って考え、思いやりを持って誰とでも接するよう、心掛けています。 更に、立ち方、姿勢、歩き方などにも気を付け、意識するようにしています。
実習で特に留意したいこと	子どもの様子だけでなく、保育者と子どものやりとりにも、しっかりと目を向け、保育者の対応の仕方を観察させて頂くと共に、その子どもへの理解を深め、一人一人の保育のねらいなどを考えながら、実習をさせて頂きたいです。 又、その日の実習目標を明確にし、目標に合った視点で実習を行い、記録をして、きちんと考察出来るようにしたいです。

（3）実習園について

①実習園の決定

実習生にとって、どこの実習園で実習を行うのか、どんな実習園に配属されるのかということは大いに気になることでしょう。

実習園の決め方は、養成校の方針やカリキュラムによってさまざまで、学校の規則に基づいて、あらかじめ説明が行われます。よく聞いて、決定方法について理解したうえで実習の準備に取り組んでください。

②実習園の条件

実習園には、以下の条件が満たされています。

a．実習中はもちろん、実習前後にも養成校と相互に連絡をとり合える。

b．お互いに保育者養成の目的、方法についての意見交換ができる。

c．園長をはじめ教職員が実習の意義を理解しており、実習生を指導する能力と熱意がある。

d．都道府県の教育委員会が認可した国公立幼稚園、知事が認可した私立幼稚園である。

③実習園の決定方法

一般に次の３つの方法があります

a．養成校が実習協力園の中から、実習生に指定する。

b．実習協力園の中から実習生が選ぶ。

c．実習生１人ひとりが各園と交渉し、内諾を得てから改めて養成校が依頼する。

こうした決定方法の中でも、最も一般的なのは①です。ただし、ある程度、実習生の希望を聞いて決めることもあります。③の場合は、出身園や出身地域で選定することが多いようです。実習園の内諾を得たのち、養成校より文書による実習依頼を行い、園より受け入れ承諾書を受け取って正式決定となります。また、養成校によっては、実習生の状況に応じて上記の方法を組み合わせて決定しているところもあります。

④希望通りにならないことも

実習園は、②で述べたように相応の条件があり、どこの園でもいいというわけにはいきません。受け入れる人数にも限りがあり、実習生の希望通りの園に決定されない場合もあります（むしろその方が多い）。希望通りにならなくても不平を言ったりすることなく、前向きに準備を進めましょう。

7 実習園でのオリエンテーション

実習園が決まると、いよいよ実習の準備が本格的に始まります。実習に先立ち、多くの養成校では、事前訪問を学生に義務づけています。配属された実習園ではオリエンテーション（事前指導）が行われ、これから始まる実習についての細かい説明があります。

このオリエンテーションは、実習園がどのような園であるのかを把握する機会としても重要です。また、実習園に実習生としての自分を知ってもらう機会でもあります。オリエンテーションから実習が始まっているものと心得て、準備に活かしましょう。

（1）日程の調整

オリエンテーションの日程は、実習生が実習園に相談して決めることが多いようです。ただし、園から指定される場合もあります。電話で日程を調整する場合は、実習の１カ月前を目安に連絡して指示を受けましょう。同じ園で複数の実習生が実習する場合は、連絡係を決めて電話をします。

電話は、保育時間を避け、保育終了後の午後２時30分から４時くらいにかけるのが適当です。なお、通話が途切れることがないよう携帯電話はなるべく避け、会話のしやすい静かな場所を選びましょう。

オリエンテーションの日時が決まったら、養成校の指示に従い、学生は（代表の場合はメンバーに連絡し）、訪問日時決定の旨を養成校の実習指導教員または実習指導センターに報告します。授業を欠席する場合は、必要に応じて事前に手続きをしておきましょう。

◇ワンポイントアドバイス④：ホームページを見て下準備◇

オリエンテーションの前に、実習園のホームページがあれば見ておきましょう。さまざまな情報がわかります。所在地までの交通手段や道順、所要時間を知るためにも役立ちます。

<電話での日程調整の仕方>

①電話をかける前に

多くの場合、実習園のほうからオリエンテーションの日時を指定します。実習生の意向を問われることに備えて、自分自身の日程調整（日時の検討）をしておきましょう。尋ねたい内容をあらかじめ用意し、メモができるようにしておきましょう。

②電話のかけ方

基本的な言葉づかいは、社会人としての最低限のマナーです。友だちとの日常会話表現（「なので～」「えっと～」「～じゃなくて」など）は避け、敬語を適切に使い、丁寧な言葉づかいを心がけましょう。

（例）

①電話をかけた先を確認

「○○幼稚園でしょうか」

②自分をきちんと名乗る

「私は、○月○日から実習をさせていただくことになっております、○○大学□□学部（学科）の△△△△と申します」

③担当の先生につないでもらう

「実習のオリエンテーションの件でお電話させていただきましたが、園長先生あるいは実習担当の先生はいらっしゃいますか」　相手が出て（「私が園長（担当）の○○です」と返事が返ってきたら）、再度、名前と用件を告げる。本人である場合は、用件を話す。

④用件を伝える

「このたびは○月に教育実習をお引き受けいただきましてありがとうございました。○月○日から始まる実習のオリエンテーションをお願いしたいのですが、いつお伺いしたらよろしいでしょうか」

⑤日程の調整

先方の指定する日時で都合がよければ決定し、授業のある日の場合は、「午前〇時〇分まで授業がございまして、それから学校を出ますので、□時以降ですと大変ありがたいのですが、いかがでしょうか」「午後は授業がありませんので、□時頃ですと確実にお伺いできるのですが…」などと調整をお願いしてみましょう。

学校行事などで都合がつかなければ「申し訳ございません、その日は〇〇が予定されておりますので他にご都合のよろしい日はございませんでしょうか？」と相談します。

自分の判断で決められない日時を指定された場合は、「申し訳ございません、その日については学校に確認をしてから改めてご相談させていただきたいので、一両日中にお電話させていただきたいのですが」と、即答は避け、失礼のないように再度連絡をさせていただく旨、お伝えし、お礼を述べて電話を切ります。

⑥決まったら復唱して確認する

「〇月〇日〇時でよろしいですね。その時に、特別に準備するものがありますか。」

ほかにお願いすることがあれば伝えます（例：「その日に幼稚園を見学させていただきたいのですが」）。

⑦お礼を述べる

「お忙しいところありがとうございました。それでは〇月〇日〇時にお伺いさせていただきますのでよろしくお願いいたします。失礼いたします」といって、相手が電話を切ったことを確認してからこちらの電話を切ります。

〈メモ〉

※園に確認したいことを書き留めておきましょう。前ページからこのページをコピーしておくと便利です。

（2）当日の注意事項

当日あわてないように、早めに準備をしておきましょう。

①服装や身だしなみ

○改まった服装（原則はスーツ）。
○アクセサリー類はつけない。
○化粧は控えめに（しなくてもよい。香水はつけない）。
○爪は短く切る（マニュキアはしない）。
○髪を染めている場合は元に戻し、長い髪は束ねる。
○鞄、靴もスーツに合わせる。

②持ち物

○上履き（学校の上履きでもよいが、清潔なもの）
○筆記用具
○実習日誌
○メモ帳（絵柄のないノートがよい；質問したい事項をまとめておく）
○養成校からの持参書類（「教育実習生個人票」「実習生出勤簿」「実習生評価票」等）

③時間厳守

○5分前には待機できるように、あらかじめ交通手段や道順について十分に確認しておく。
○複数名で訪問する場合、誰かが遅れたために全員が遅れることのないよう打ち合わせをしておくこと。最寄り駅や実習園の近くで待ち合わせをして、全員そろって行くようにする。
○不測の事態が起こったら、その時点で園にその旨連絡をして指示を仰ぐ。養成校にも事後報告をする。

④訪問時のマナー

○受付で自分を名乗り、実習のオリエンテーションで訪問した旨を伝える。
○挨拶は「よろしくお願いいたします」と明るくハキハキと。すべての教職員の方に対して笑顔で挨拶する。
○靴は、きちんとそろえておく。

○部屋に案内されたら、「失礼します」と言って一礼してから入室し、勝手に椅子にすわらない。
○園長と対面した際には、名前を名乗り、実習を受け入れていただいたことと事前指導の時間をとっていただいたことに対してお礼を言う。
○園の先生からの話しは、相手の顔を見て聞きながら要点は必ずメモをすること。ただし、メモに集中しすぎないようにし、了解した内容については、「わかりました」「はい」等の返事をする。
○わからないことや事前に聞いておきたいことは、遠慮しないで積極的に尋ねる。ただし、知りたいことを聞く前に、相手の話を優先して聞く態度が大切。（例えば自分の実習させていただくクラスを伺う場合も、「もし決まっているようでしたら教えてください」というように、尋ねるほうがよい）
○園内見学や保育参観をすすめられたら、させていただく。
○終了時にはお礼を言う。

◇ワンポイントアドバイス⑤：オリエンテーション報告書◇

オリエンテーションで確認したことを、養成校への提出物として、「オリエンテーション報告書」に記入して提出します。記入したことは、実習開始までに必要な準備を確認し、確実に実施できるようにしておきましょう。

報告書は、訪問指導（巡回指導）の担当教員に実習生が直接手渡す場合と、別途提出の場合があります。実習開始までに、実習生はもちろんのこと、教員はみなさんがどのような実習先で実習を行っているのか、実習先の所在地等を知るための資料となるので、丁寧に記録しましょう。

（3）オリエンテーションの内容

オリエンテーションの内容は実習を行ううえで、また準備のためにも大変大切です。必ずしっかりとメモを取りましょう。

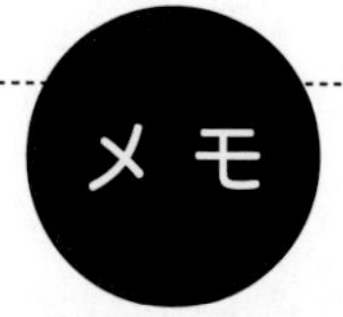

オリエンテーションで聞いておきたいこと

①実習中の注意事項
- ○実習の勤務時間（出勤時刻・退勤時刻）
- ○実習中の服装（帽子、エプロンは必要か、園指定の保育着があるのか、名札はどうするのか、上履き・下履き、マスクの確認等）
- ○持参するもの
- ○昼食について（お弁当か給食か：給食費の額と支払方法）
- ○実習日誌の提出方法（その日に書いて提出するのか、帰宅してから書いて翌朝提出するのか、だれに提出するのか等）

②実習園の保育方針・特色
- ○園児数、職員数、クラス編成、担任の数
- ○保育方法、園の特徴（建物の概要、環境）等

③毎日の保育について
- ○園の年間計画、指導計画案など
- ○子どもがよくうたっている歌や、生活の中でうたう歌（朝の集まりのときのうた、お弁当のうた、おかえりのうた、園の歌などの楽譜をもらえたら、事前にピアノの練習ができる）
- ○はやっている遊び（必要があれば事前に練習しておく）

④実習生の保育へのかかわり方
- ○実習生に何を望んでいるか、何を期待しているかなど
- ○クラスへの配属（配属クラスが決まったら、名簿を見るなどして子どもの名前を確認する。その際、園での呼び名がわかれば聞いておくとよい）
- ○部分実習、責任実習の時期（後期の場合、希望を聞かれることがある）
- ○園行事などがあればその時期および参加の方法

※このページを縮小コピーしてメモ帳に貼っておくと便利です。

（4）注意事項

①園の資料はよく読む

実習園の案内パンフレットや園だより、年間行事計画などの資料をいただける場合もあります。よく読んでその園の特徴や決まりを理解しましょう。また、園の歴史や保育方針等を重視している園もが多いので、よく把握するようにしましょう。実習日誌の記入欄にくわしく記載するように指示されることもあります。説明を聞いてわからないことがあったらできるだけその場で聞いておくと、実習初日を安心して迎えることができます。

②通勤方法について

原則としては、公共の交通機関（電車およびバス）自転車、徒歩による通勤をします。しかし、園の周辺の地域環境や公共の交通機関の便が悪く、どうしても自動車やバイクを必要とする場合は、まずは園側に、次いで学校に許可を得る必要があります。提出書類等は、学校の指示に従いましょう。地域差がありますので、通勤方法は実習が始まる前によく検討しておきましょう。

◇ワンポイントアドバイス⑥：実習園理解のために◇

オリエンテーションでの説明や資料をもとに、保育方針や保育方法を理解しておきましょう。中には、独特の保育方法を行っている場合もあります。

→ 例：仏教保育・キリスト教保育・モンテッソーリ教育・コンピュータ保育など。その他、音楽・英語・体育・水泳など、特色ある保育を行っている場合があります。

8 服装と身だしなみ

実習中の服装は、幼稚園までの通勤着と、幼稚園での保育着の両方に気を配る必要があります。

(1) 通勤着

自宅から実習園までの服装は、実習生として保育者として、誰が見ても清潔で好感のもたれるように心がけましょう。できればオリエンテーションで、あらかじめアドバイスを受けておくとよいでしょう。あまり流行の服装を追わず、スーツを基本に準備をするのが無難です（スーツは紺か黒、グレーの就職活動にも通用するものがよいでしょう）。

(2) 保育着

保育者として子どもとかかわることを第一に考え、動きやすく汚れてもいいもので、学生らしく清潔感のあるものにします。オリエンテーションのときに、保育者（先生方）の服装を見て、園の雰囲気に合う、自然な感じの色合いを考慮します。

基本的には、夏は半そでポロシャツと長ズボン（またはジャージの下）、秋はトレーナーと長ズボン、園によってエプロン着用といった保育着が多いようです。トレーナーやエプロンにキャラクター柄を着用したい場合は、念のため園の先生に許可をいただいてからにしましょう。園によっては、「ズボンは禁止、キュロットスカート着用」「ジャージ禁止、色の指定あり」というような場合もあるのでよく確認しましょう。

また、必ず名札をつけます。園で貸してくれる場合もありますが、許可をいただけたら、自分で作った名札をするのもよいでしょう。名前は、ひらがなでフルネーム書くようにします（P.32参照）。

上履きはバレーシューズがよく、外履きは運動靴が適当です。靴のかかとを踏むことのないように気をつけましょう。ソックス、ハイソックスは無地のものをきちんと身につけるようにしましょう。

<チェックポイント>
①活動しやすいこと
②清潔であること
③実習園からの指示がある場合はそれに従うこと
④自分と全体とのバランス（気配り）

（3）髪について

髪は染めないのが原則です。染めている人は実習前に普通の色に戻しておきましょう。長い髪はきちんと束ね、前髪で顔が隠れるようなことのないようにしましょう。常に清潔を保つようによく洗髪するようにしましょう。

園によっては派手でなければ染めても良いとか、先生方自身が染めていたりすることもあります。しかし、あくまでも実習生という立場を考え、養成校としては、染髪は一切禁止にしているのが普通です。

（4）化粧などについて

①化粧は、基本的には必要ありません（する場合には、アイシャドウやアイラインは極力しないようにし、学生らしさ、清潔感をあたえるような化粧を心がけましょう）。
②香水はつけない。子どもたちは強い匂いを嫌がります。
③アクセサリー（指輪、ネックレス、ピアス、イヤリングなど）は活動に支障があるので、つけないようにします。
④爪は短く切り、切った後にも気をつけて子どもを傷つけないように配慮しましょう（マニキュアはしない）。

◇ワンポイントアドバイス⑦：前髪に注意◇

最近の実習生は、前髪が目にかかることでよく注意を受けています。鏡を正面から見た姿勢だけではなく、子どもとかかわる際の前かがみやひざまずく姿勢などでも目に前髪がかからないようにピンでとめましょう。また、日頃の染髪が濃い場合は、計画的に（早めに）普通の色に戻しましょう。急には元の色に戻りません。

9 持ち物について

実習に向けて、必要な持ち物の準備も必要です。基本を押さえて、計画的に準備しましょう。実習園のオリエンテーションで指示を受けた場合は、それに従ってそろえましょう。

実習中に使うという目的を意識して、好みの色柄や形などを優先せず、安全面や機能面、周りとの調和などに気を配るようにしましょう。

①保育中に着用する衣服（保育着）、帽子、着替え

P.28を参考に、早めに準備しましょう。帽子の形等については、園の先生にオリエンテーションの時に確認しましょう。保育中のハプニング（砂遊びや泥んこ遊び、子どもの嘔吐など）で汚れたときに備えて、着替え一組（下着、ソックスを含む）を用意しておきましょう。

②実習日誌

養成校指定のもの。

③筆記用具

鉛筆、消しゴム、赤黒のボールペン、水がついてもにじまない筆記具のほか、10cmくらいの定規、修正液があると便利。実習中にメモを取る際に使用する筆記用具は、所持の仕方に注意しましょう（子どもが抱きついてきても危なくないように）。

④メモ帳（メモ用紙）

許可されたら、実習中に子どもや保育者の動きをその場でメモするために。ポケットに入るくらいの大きさで、リング式のものを用意するとよいでしょう。

⑤国語辞典・電子辞書など

実習日誌や指導計画案の記入に際して、誤字がないように、あいまいな漢字や語

句をそのままにしないように。

⑥印　鑑

出勤簿には毎日、必要に応じて書類にも押すことがあります。朱肉をつけて捺印する印がよいでしょう（オリエンテーションの時に、スタンプ式のものでも良いか、確認しておくとよいでしょう）。

⑦湯のみまたはマグカップ

割れないものが無難ですが、必要かどうかを含め、事前に確認しておきましょう。

⑧お弁当

お弁当を持参する必要があるかどうか、給食の場合は給食費について、事前に確認しておきましょう。

⑨箸、ランチョンマット、弁当箱、歯ブラシ

昼食は弁当か給食か確認し、必要なものを事前に確認しておきましょう。

⑩名　札

実習園でのオリエンテーション（P.21参照）で、必要かどうかを確認し、指示された場合は、それに従います（例えば、４×７ｃｍの白い布に黒マジックで名前を書き、胸元などに縫い付けるなど）。また、布（フェルトなど）を使った手づくりの名札をつけると子どもに関心をもたせることもできます。

⑪エプロン、マスク

エプロンは、園指定の場合や学校指定の場合、自分で好きなものでもよい場合、使わない場合があるので、事前に確かめておく必要があります。

自分で用意する場合は、派手すぎず明るい感じで、メモ帳が入るくらいのポケット付きのものが便利です。予備とあわせて２枚はそろえておくとよいでしょう。

マスクは、保育中に使用することを考慮して、布製の場合は無地で白または色の薄いものにしましょう。オリエンテーションで園に確認しておきましょう。

⑫上履き、外履き

上履きはバレーシューズ、外履きは運動靴が適当です。脱ぎ履きがしやすく子どもと一緒に走れるものを選びましょう。清潔さも大事です。

⑬ハンカチなど

ハンカチ・ポケットティッシュ・ハンドタオル・健康保険証：写しでもよい

⑭その他

園によってはプール、サッカーなど特別な活動に必要なものがあったり、運動会や遠足など行事に必要なもの（帽子・水筒・デイパックなど）もあるので、事前に確認しましょう。

給食がある場合は、給食費をお釣りのないように袋に入れて提出しましょう。

⑮あると便利

うがい薬、水筒、ソーイングセット、ハンドタオル、製作道具一式（ハサミ、のりなど）、人によって常備薬、コンタクトレンズ、歯ブラシセット、生理用品など。

実習生がつくった名札

◇ワンポイントアドバイス⑧：チェックリストをつくる◇

自分でチェックリストをつくり、実習間近になってあわてることのないように、早い時期から計画的に準備しておきましょう。

持ち物には名前を忘れずに書きましょう。また、オリエンテーションのときだけでなく、実習中も担任に持ち物のことはよく打ち合わせしましょう。

10 1日の流れを理解する

（1）幼稚園の1日の流れを知る

幼稚園では、登園から降園まで、毎日決まった時間に行う活動があり、この流れを示したものをデイリープログラム（日課表）といいます。保育者はいつも1日の流れを考え、次の活動は何か、そのためには何時までに何をすべきかを考え、先を見通しながら保育をしています。

実習が始まる前に実習園のデイリープログラムをしっかり確認しておきましょう。その日の流れと活動のねらいや援助の意図を理解すると、次に何をすべきかがわかってきます。それによって、指示されることだけではなく、自らすすんで次の行動ができるようになります。なお、デイリープログラムは必ずしも固定したものではなく、季節や天候によって変更されることもあります。

（2）幼稚園での活動の特徴

幼稚園教育要領に示されているように、幼稚園の中心的となる活動は、子どもたちの自発的な活動である「遊び」です。また、遊びを中心とした活動はクラス単位や園単位で行われる「一斉活動」と「自由遊び」に分けられます。一般に一斉活動は、午前の登園後の集まりの後や午後の降園前などに設定されています。

一斉活動の中でも、その日の中心となる活動を「主活動」と呼びます。主活動には、お絵かきや工作、ゲーム、身体表現（リズム遊び）などがあり、子どもの年齢や季節などを考慮して作成されます。なお、日々の活動は、年間指導計画（年案）、月間指導計画（月案）、週間指導計画（週案）に基づいて立てられます。

ある幼稚園のデイリープログラム

時刻	流れ	子どもの活動	保育者の活動
8：00			・出勤　職員会議 ・保育準備・環境整備
8：30～9：15	登園 自由遊び 片付け	・朝の挨拶をする ・身支度（着替え、シール帳、シール貼りなど）をする ・当番活動（飼育物の世話など） ・好きな遊びをする	・「おはよう」と明るく声をかけながら、子どもたちの健康状態を観察する ・当番活動の援助をする ・子どもの活動に合わせた援助をする
10：00	朝の集まり	・クラス担任の指示に従って、保育室に入る ・歌をうたう	・椅子を並べる ・出席点呼をする ・ピアノを弾く
10：30	クラス別活動 （一斉活動）	・今日の活動について、説明を聞く ・製作などの一斉活動をする	・活動内容について説明をする ・子どもの実態に合わせて、活動の援助をする
	自由遊び 片付け	 ・遊び道具などを片付け、保育室に入る	・活動が終わった子どもには自由に遊ぶように伝える ・保育室を整える
11：45	昼食準備	・排泄、手洗い、うがい、当番の仕事（お茶運び、テーブル拭きなど）などの準備をする	・昼食準備を促す ・当番の活動の援助をする
12：00	昼食	・「いただきます」の挨拶をする ・昼食を食べる	・食事の様子に合わせた援助をする
12：45	片付け 歯磨き	 ・食事が終わった子どもから歯磨きをし、自由に遊び始める	 ・１人ひとりに応じた歯磨きの援助をする
13：20	昼食後の遊び	・好きな遊びをする	・子どもの活動に応じた援助をする
      14：00	降園の準備 帰りの集まり 降園	・遊び道具を片付け、活動着から園服などに着替える ・歌をうたう ・絵本などを聴く ・友だちや保育者の話を聞く ・挨拶をする ・降園する	 ・今日の出来事や、明日の予定を話す ・ピアノを弾いたり、絵本の読み聞かせをしたりする ・連絡事項を伝える ・保護者への受け渡し ・今日の１日の子どもの様子を伝える
     17：00	預かり保育 順次降園	・預かり保育の保育室に移動 ・積み木で遊ぶ、ビデオを見るなど ・おやつを食べる ※順次降園する	（園バスに乗る） ・保育室や園庭の掃除 ・今日の保育の反省 ・明日の準備や打ち合わせ ・終礼 ・退勤

（3）実習生の１日

ここでは、参考までに、ある実習生の１日を紹介します。

保育時間や保育の流れ（名称）は園によってさまざまですが、もしも自分だったら…とイメージしてみるとよいでしょう。

7：50	出　勤
8：00	朝　礼
	園庭の掃除
8：30	子どもが登園し始める
	登園した子どもと遊ぶ
9：00	１番バス到着
	子どものお迎え
10：00	２番バス到着
10：20	朝の集まり
10：30	活動（一斉保育）開始
11：50	片付け・手洗い・昼食準備
12：00	昼　食
13：00	「ごちそうさま」
	片付け後、自由遊びの時間
13：45	降園の準備（着替え・カバン・持ち物の準備とチェック）
	帰りの集まり
14：15	子ども降園
	１番バス出発・見送り
14：45	２番バス出発・見送り
15：00	延長保育の子どもと外遊び
15：30	掃　除（保育室、廊下、園庭、トイレ）
16：30	ミーティング
17：30	終礼・帰宅

帰宅後は、１日を振り返って、実習日誌を書きます（園にいる時間に書いて提出する実習園もあります）。子どもの様子はどうだったか、子どもへの働きかけは適切にできていたか、今日の反省や疑問点を日誌に綴ります。部分実習や責任実習の前には、指導計画案の作成や、物品の準備も必要です。

11 実習の課題

（1）課題をもつことの大切さ

実習は、これまで授業で学んできたことを、実際に子どもたちとかかわる中で、確かめより深く理解する機会です。課題をもたずに実習に入ると、知らず知らずのうちに夢中になって時間ばかりが過ぎて、単なる「体験」に終わってしまいます。

実習の前に、「実習で何を学びたいのか」「何を学ぼうとするのか」という課題をはっきりさせておきましょう。課題をしっかりもった実習生に対しては、指導する側（保育者）も課題に応えられるように努力するので、より実習の成果があがります。

保育者は、子どもたちの発達にとって望ましい経験や活動を与えるために、さまざまな方法や工夫をしています。どんな小さな疑問でも、担当の保育者に質問して、1つひとつ理解していくことがよい結果をもたらします。

（2）課題の決め方

実習の課題は、期間を通しての課題と、日々の課題がありますが、大きな課題をまず考え、日々の課題を考えていくのがよいでしょう。例えば、「保育者（幼稚園教諭）の職務内容を理解する」「積極的に行動し、子どもに対する理解を深める」といった大きな実習課題を考え、その課題に向かってどんなことを学びたいのかを日々の課題として考えていくのです。

自己課題が決定したら、ノートに書き記しておきましょう。この課題が子どもや保育者を観察する際のポイントになります。また、自己課題は実習日誌の記述にも反映され、実習後の反省・評価にも活きていくでしょう。

〈自己課題の例〉

①主に前期

○1週間の流れと1日の流れを理解する

○子どもの生活実態と活動の様子を理解する

○保育者の職務内容と保育活動を知る

○幼稚園の環境を知る
○保育者（幼稚園教諭）としての自覚を高める

②主に後期
○幼稚園教育の実際を体験し、保育者としての指導力・技能を身につける
○保育者の立場に立って保育指導計画を立案し、その指導を体験する
○１人ひとりの子どもに対する理解を深め、適切な対応と指導を体験する。
○保育者としての責任感・使命感を学び、子どものための環境作りを考える。

実習計画書の記入例（幼稚園：３歳児）

幼稚園名	○○○幼稚園	園長名	○○○○先生
		担任名	○○○○先生
実習期間	年10月　日（ ） ～10月　日（ ）	実習生	○○○○　印

実習の課題

私は、今回の実習で、幼稚園教育における遊びと環境構成の重要性について学びたいと思います。授業で、幼児にとって遊びが大切であることを学びました。そこで、子どもたちがどんな遊びをどのように楽しんでいるのか、保育者の援助方法や環境構成の配慮点はどのようなことか、それらはどのような意図があるのかということを学びたいと思います。

実習目標

・幼稚園教育における遊びと環境構成の重要性について学ぶ。
・子どもの実態に合わせた遊びの援助方法を学ぶ。
・保育者の援助方法を学ぶ。
・環境構成の配慮点を学ぶ。

		実習園における実習計画	
月日	曜	クラスの活動	実習指導計画
10月12日	月		見学実習　実習生の紹介
10月13日	火	運動会練習：玉入れ	観察実習
10月14日	水	運動会練習：ダンス	観察実習
10月15日	木	園外保育：○○公園に遠足に出掛ける	参加実習
10月16日	金	休み	参加実習
10月17日	土		
10月28日	水		部分実習：帰りの集まり（手遊び、絵本の読み聞かせ）
10月29日	木		１日実習（登園から降園まで）
10月30日	金	最終日	

12 教材の準備

（1）教材準備の進め方

実習中さまざまな遊びを知っておくことにより、子どもと親しくなることができ、さらに子ども理解につながります。手あそびや、手軽にできるレクリエーションゲームなど、年齢に合わせていくつか覚えておきましょう。また自信をもってできるように練習しておくことも大切です。

オリエンテーションで、園の歌や生活の歌などの楽譜が入手できれば、ピアノ伴奏できるように練習しておきましょう。ほかにも、自分が得意な曲を数曲選んで弾けるように準備しておくとよいでしょう。

（2）部分実習や責任実習の準備

部分実習や責任実習が行われる場合は、実習中に教材を探すことは困難です。時期や年齢にあった事前の準備が必要です。養成校で習得した保育技術や製作した教材などを再確認し、絵本や紙芝居、素話など2～3の教材を準備しておきましょう。ペープサート・パネルシアター・エプロンシアターなどの手づくり教材もよいでしょう。

※次のページを利用して、実習に向けて教材の準備をすすめましょう。

<メ　モ>

1．今、知っている手あそび

→これからやることは？

2．すぐにできるレクリエーションゲーム

→これからやることは？

3．用意する絵本・紙芝居など

4．練習しておくピアノ伴奏曲（歌）

5．主活動の準備など

6．その他

13 幼稚園が実習生に期待すること

実習生を受け入れることは、幼稚園にとっても大きな刺激となります。幼稚園にとって実習生は、次のような役割をもつ存在ともいえるのです。

（1）実習生の質問を通して保育を振り返る

実習中にいろいろな場面で「どうして？」「どうすればいいの？」といった疑問に出会います。そんなときは遠慮せずに質問しましょう。保育者にとっても、実習生の質問に適切に答えようと努力することで、自己の保育を振り返るよい機会となります。それによって幼稚園が活性化するきっかけになります。

（2）実習生独自の視点で子どもを見つめる

実習生は、普段接している保育者の目とは異なる見方で子どもの姿をとらえることもあります。保育者にとっては、実習生の質問や日誌などを通して、これまで気付かなかった面を知ることにもつながる機会になります。

◇ワンポイントアドバイス⑨：心の準備はできましたか？◇

初めての実習を前に、不安ばかりがふくらんで、神経質になっていませんか。中には、「眠れない」「食欲がない」「体調を崩してしまった」という人もいるようです。

そんなときは子どもたちと楽しく遊んでいる自分をイメージしましょう。「かわいい子どもたちと何をして遊ぼうかな」「どんなことをしたら楽しいかな」などと想像してみるとわくわくしてきますよ！　実習に必要なものを用意してみるのも実習を楽しみにする方法の１つです。

不安なのはあなただけではありません。友だちと話し合ったり、実習指導センターや実習担当の教員に相談したり、先輩に聞いてみるなど、自分だけでかかえこまないで前向きに準備をすすめましょう。

実習で心がけたいマナーの確認をしましょう

全　般	□衛生的な生活を送り、健康管理を行う。 □日誌や指導案などの実習準備は、計画的に行う。 □時間や提出期日を厳守する。 □実習に必要な事務手続きを丁寧かつ正確に行う。 □姿勢や動作、言葉遣い、立ち位置に気をつける。 □助言や指導は謙虚に受け止め、感謝の気持ちをもって改善に努める。
出　勤	□15～20分前には出勤し、余裕をもって準備する。 □園長先生を始め、全ての職員に挨拶をする。 □日誌や書類の提出、出勤簿の押印など速やかに手続きを済ませる。 □ロッカー室や控室などでの準備は速やかに行う。 □実習開始時刻の5～10分前には保育に入れるようにする。
実習中	□担任（担当）保育者に挨拶をする。 □子どもや保護者、地域の人に挨拶をする。 □「何かお手伝いできることはありますでしょうか？」など質問し積極的に動く。 □次の活動が予測できるときは「～しましょうか」と確認し指示を待たずに動くようにする。 □任された仕事は最後まで責任をもって行い、終了後は報告をする。 □場を離れるときには、必ず担任（担当）保育者に一声かける。 □些細なことであっても報告・連絡・相談をする。 ※その他、身だしなみや保育者への質問内容などについては本書の各章を確認のこと
休憩中	□実習生として周囲に不快感を与えないよう気をつける。
退　勤	□全ての職員に挨拶をする。 □翌日の確認をしてから退勤する。 ※学ぶ立場としての挨拶を心掛ける。 「ご苦労様」「お疲れ様」といった挨拶ではなく、「ありがとうございました」「明日もご指導よろしくお願いいたします」「お先に失礼します」など、相手に伝わるように挨拶する。

◆ コラム①「私、ピアノ弾けないんです！」◆

　ある幼稚園の実習での出来事です。
　「そろそろあなたもピアノを弾いて子どもと歌ってみたら？」と担任の先生が提案したところ、その実習生は、悪びれることもなく答えました。
　「でもあたしぃ〜、ピアノ弾けないんですぅ」……！
　幼稚園の生活はピアノではじまり、ピアノで終わるというほど、ピアノなしでは成り立ちません。それに、ピアノは保育者養成校では必須となっているはずです。実習生のみなさん！　幼稚園では決して「ピアノ弾けません」などと言わないでください。
　特に、後期教育実習では、ピアノを弾けなかった実習生の単位が認められなかったという事実もあります。ピアノは苦手という人は、実習直前にあわてないように、早い時期から子どもの歌を簡単な伴奏で弾けるように練習しておきましょう。ちょっとくらい間違えてもいいのです。「あなたのピアノに合わせてかわいい子どもたちが、笑顔で歌を歌う！」そんなことをイメージするだけでもわくわくしてきませんか？

Ⅲ 実 習 編

いよいよ実習の本番です。幼稚園実習は、大きく分けて「見学実習」「観察実習」「参加実習」「部分実習」「責任実習」の5つに分けられ、それぞれに課題があり、その課題が次のステップにつながっていきます。ただし、5つが厳密に分けられているとは限らず、一部分が重なりながら、次に進んでいく場合もあります。

14 見学実習

（1）見学実習とは

初めて幼稚園を訪問し見学するもので、実習の第一段階です。養成校によりますが、半日程度のプログラムの場合が多いようです。「見学」といっても、保育者を目指す学生であることが実習に参加する前提です。保育者を目指す者としての自覚をもって行動しましょう。

（2）見学実習の課題

次の観察実習に備え、以下のような課題をもって見学しましょう。

①幼稚園の１日の流れを理解する。
②子ども活動の様子を知る。
③保育者の仕事の概要を理解する。
④幼稚園の教育方針を理解する。
⑤幼稚園の規模（クラス編成・園児数・職員数）を知る
⑥幼稚園の立地環境（住宅地・農業地・商店街など）を把握する。

（3）注意事項

①子どもたちの活動の妨げにならないよう、保育室の後ろなどから見学しましょう。
②疑問点はまとめておき、懇談会などで質問しましょう。
③勝手に子どもや園内の写真を撮ってはいけません（どうしても園内の様子や子どもたちの写真を撮りたいという場合は、園長先生か主任の保育者に相談し、許可をいただいてから撮りましょう）。
④見学で学んだことをレポートにまとめましょう。
⑤見学実習の結果を踏まえ、観察実習の課題を見つけましょう。

実習生が書いた幼稚園の環境（例）

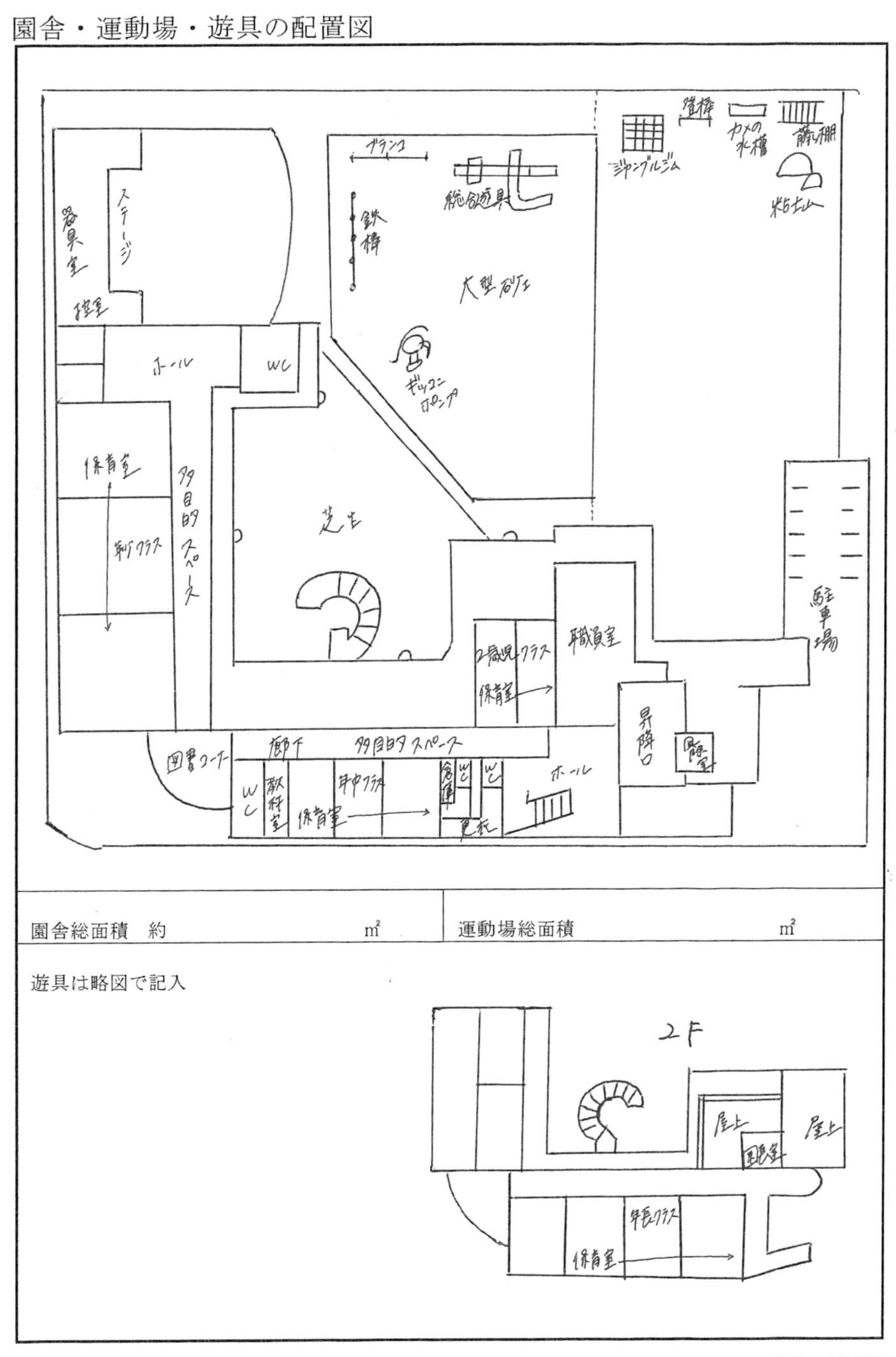

（浦　逸稀）

15 観察実習

（1）観察実習とは

見学実習に次いで行われる観察実習の目的は、保育の１日の流れを観察し、子どもや保育者の様子を理解することです。やり方は、園によって異なり、「短期間で３歳児クラスからから５歳児クラスまでを観察する」「１つのクラスで、子どもの生活や１人ひとりの特徴、保育者のかかわりについてじっくり観察する」などがあります。

観察実習ではとにかくしっかり「観察する」ことが大切です。ここでデイリープログラムをよく把握し、子どもや保育者の動きを十分に理解しておかないと、次に行われる参加実習や、責任実習で子どもへの対応がうまくできません。

しかし、観察実習とはいえ、ただ“見ているだけ”が実習ではありません。園にもよりますが、実習が始まって２～３日くらいはじっくりと保育観察をして、その後は子どもとのかかわりが多くなってくるのが一般的です。つまり、次に述べる参加実習に自然につながっていく場合もあります。担任保育者の指示に従い、時には補助的な活動を交えながら、自然な姿で観察を行うようにしましょう。

（2）観察実習の課題

①子どもの名前を覚える

子どもの名前はなるべく早く覚えましょう。呼び方は、「○○ちゃん」と名前で呼んでいるのか、「××さん」と名字なのか、愛称で呼んでいるのかなど、担任に従います。子どもは自分の名前を呼ばれると喜びますし、仲よくなるきっかけになります。さらに、次の実習にもつながります。日誌に記録するためにも名前を知っておくことが必要です。可能であれば子どもの名簿をもらいましょう。また、子どもたちへの話し方や、働きかけ方、クラスの約束ごとなど、実際の場面を通して学びましょう。

②環境構成を理解する

保育室・園庭・固定遊具・玄関など、幼稚園全体の環境構成を理解しましょう。自分で見取り図をつくり、子どもの活動を記録できるようにしておくと、その後の実習の記録にも便利です。
＊実習生が書いた環境構成の実例がP.77にあります。参考にしましょう。

③保育の１日の流れを把握する

登園から降園までの活動の流れ（デイリープログラム）を把握しましょう（P.34参照）。

保育の１日の流れを理解すると、「次は何をする時間」なのか見通しがもて、「そろそろ○○の準備をしましょうか」と、担任の保育者に確認して積極的に動くことができるようになります。部分実習や責任実習などの指導計画を立てるときにも役に立ちます。

④発達の特徴を理解する

３、４、５歳児それぞれで子どもの様子が大きく異なります（P.162参照）。遊びの様子や友達との会話やかかわり、興味・関心、着替えや食事など、子どもの様子をよく観察し、年齢による発達の特徴をつかみましょう。

⑤子どもの動きを理解する

子どもがどのような遊びや活動をしているのかをよく観察しましょう。また、どのようなグループを作っているのか、その中で１人ひとりの子どもはどのような役割を果たしているのかが見えてきます。子ども１人ひとりやグループの特徴について詳しく観察し、記録に残すとよいでしょう。

子どもの表情やしぐさ、まなざしもよく見ましょう。初日、2日目、3日…と過ぎていくうちに、少しずつ子どもの思いがわかるようになり、その場に応じた言葉掛けもわかってくるはずです。

⑥保育者の動きと意図を理解する

保育者は、周囲に気を配りながら１人ひとりをしっかり見て、適切な援助をしているはずです。保育者の１つひとつの動きの意味を読みとり、どんな状況で、どんな援助をしているのか、どんな配慮をしているのかを観察しましょう。

また、子どもの実態に応じて、どのような目的と見通しのもとで援助しているのか、保育者の意図をつかむ努力をしましょう。保育者の立ち位置や姿勢、子どもとの会話などをよく見て学びましょう。保育者の働きかけの言葉や行動を、そのときの状況もあわせて具体的に記録するとよいでしょう。

◇ワンポイントアドバイス⑩：なぜ？　という視点が大切！◇

例えば、「この場面では、なぜ子どもたちを保育者のまわりに集めたのだろう」「なぜ、あのような言葉をかけたのだろう」といった、「なぜ」を考えることが大切です。この「なぜ」を通して、援助や環境構成などについてのねらいや留意点などがわかってきます。「なぜ？」「どうして？」という目をもって保育者の子どもへのかかわり方を見ていくと、例えば砂場でシャベルを取り合ってけんかしている子どもへの言葉掛けはどのようにすればよいのか、といったことがつかめるようになってきます。

（3）注意事項

①1日ごとの観点を決める

観察実習にあたっては、1日ごとに観察の観点をしっかり決めることが大切です。観点は、1日ごとに決めますが、今日の反省をもとに明日の観点を決めていくという連続性をもつこと、積み重ねていくことが大切です。

②どこで何を観察するか

基本的に保育の妨げにならないように、少しはなれたところ、保育室であれば後ろの隅などから観察します。例えば、朝の集会の場合、保育者の立っている位置、子どもたちの動き、どのような進行がなされていくのかなど、全体の様子を観察する必要があります。

園庭での自由遊びを観察する場合も、少し離れて客観的に観察すると、子ども同士の人間関係や言葉などを観察することができます。一方、子どもの中に入っていくと、子どもと共に感じることができたり、子どもとの会話の中で、わかることもあります。しかし、それは次の段階です。入り込みすぎると、周囲の子どもたちの様子やクラスの子どもたちの動きが見えなくなってしまいます。

③座り方に気をつける

いすに座って観察（見学）するとき、足を組んだり、投げ出したりしないように、常に学ぶ姿勢を忘れずに観察しましょう。子どもたちにとって実習生は、いつもの保育者とは違う特別な存在です。何もしていないつもりでも、子どもたちは実習生の様子を見ています。

④メモを取る場合には許可をもらう

できれば気づいたことはメモしたほうがいいのですが、園によって保育中はメモを禁止しているところもあるので、確認しましょう。

⑤実習生同士の私語はつつしみましょう

特に、同じ学校から複数で実習に参加する場合、実習中はもちろん、着替えのときや、休憩時間の会話にも気を配りましょう。声の大きさ、話の内容などで常識を疑われるようなことのないように気をつけましょう。実習生同士が愛称で呼び合うことはやめましょう。

⑥休憩時間の注意事項

休憩時間にお茶を飲んでいるうちに、つい時間の経つのを忘れてしまった…というようなことのないように気をつけましょう。また、後片付けを忘れずに。自分でお菓子や飲み物を持ち込まないことはいうまでもありません。

（4）反省会について

実習中、毎日決められた時間に実習担当の保育者が、その日の実習についての反省会（打ち合わせという場合もあります）を開き、実習生からの感想や質問を聞き、指導・助言してくれる場合もあります。小さな疑問点を日々の反省会で解決し、翌日の実習に不安を残さないようにしましょう。反省会がない場合は、質問をするタイミングをよくみて、わからないことは早めに聞いておきましょう。

16 参加実習

（1）参加実習とは

実習の第３段階で、担当の保育者の指示のもとで子どもと一緒に活動し、補助的な役割を果たしながら保育者の役割について学びます。見学実習や観察実習で学んだことを踏まえながら、自分から子どもとかかわることが要求されます。

実際に子どもとかかわると、さまざまなものが見えてきます。例えば、３歳児では、ブランコの順番をなかなか友だちに譲れない子どもへの援助を通して、子ども同士のかかわりや発達を理解し、子どもとの信頼関係もつくられていきます。

また、５歳の子どもと本気でリレーやドッヂボールをした後に、子どもたちと互いのがんばった姿を思い、勝ち負けにかかわらず達成感を味わったというような共感的理解（子どもと一緒に楽しみ共感することで子どもを理解すること）を得ることも参加実習ならではの体験です。

（2）参加実習の課題

①名前を覚える

新しい「先生」に、子どもたちは興味を示します。見学実習でも述べましたが、なるべく早く名前（呼び名）を覚えて、呼びかけることが、仲良くなる第一歩です。笑顔で明るく「○○ちゃん、おはよう（ございます)」などと進んで挨拶をしましょう。

②遊びから学ぶ

幼稚園における活動の中心は「遊び」です。子どもの自発的な遊びに参加しながら、子どもの興味・考え方・友だち関係などを理解しましょう。その際は、特定の子どもとばかり遊ぶことなく、全員とかかわりをもつように努めましょう。中には、人見知りをして近づいてこない子どももいます。そのような場合、その子が興味をもつような遊びに誘うなどの工夫が必要です。

③全体にも目を向ける

保育者は、常に子どもたち全員の動きを見守る必要があります。遊びに夢中になって全体の動きが見えなくならないように注意しましょう。

④信頼関係を築くには

子どもと遊んでいると、いろいろな誘いを受け、対応しきれなくなることがあります。その場しのぎで「あとでね」などと返事をして放っておくと、子どもの信頼を裏切ることになります。約束は忘れずに実行すること、どうしても無理なときは「ごめんね」といってあやまりましょう。

⑤援助の仕方を学ぶ

保育者の補助をすることにより、援助の方法や子どもとのかかわり方を学ぶことができます。子どもの遊びの発展を考えて、保育者が意図的に環境を再構成している場合もあります。気づいたところはチェックし、わからないところは質問しましょう。

⑥障害のある子ども・外国籍の子どもへの対応

幼稚園によっては、障害のある子どもや外国籍の子どもを受け入れているところもあります。その場合、園の考え方や担任保育者の援助の仕方を理解した上で、他の子どもと同じように、積極的にかかわりましょう。子どもたちも、障害のある子どもや外国籍の子どもと助け合い、支え合って生活することで育ち合うことができるのです。

（3）注意事項

①報告すること、許可を得ること

持ち場を離れるときは、行き先を伝えましょう。「○○ちゃんの着替えを取りに行ってきます」「職員室に行ってきます」など、トイレを含め必ずことわるようにしましょう。また、電話や教材など園のものを使うときは、必ず保育者にことわりましょう。

②助言は素直に受け入れる

担当保育者から、さまざまな助言があることでしょう。時には「そんなつもりでは」「わかっているのに」といった気持ちになることもあるかもしれません。そんなときもいらいらせず、素直にアドバイスに耳を傾けてください。

③掃除も保育の一部

掃除も保育者の仕事の１つです。「最近の実習生は掃除機しか使ったことがなく、ほうきのもち方や雑巾の絞り方さえ知らない」という声もよく聞かれます。子どもとかかわることだけが実習ではありません。掃除を含め、明日の保育の準備をすることは保育者の仕事の一部であり、大切な実習の１つです。

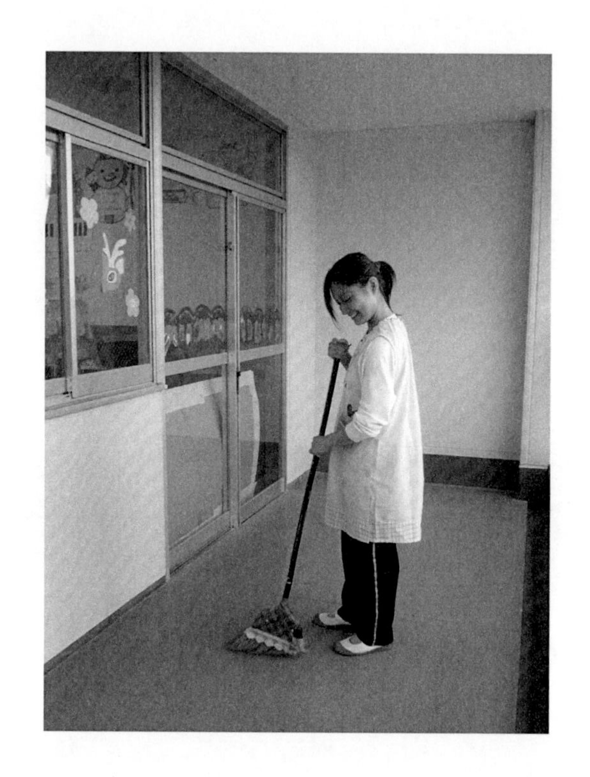

◇ワンポイントアドバイス⑪：実習生への評価は何で決まるか？◇

①明るさ：いつも明るく笑顔でいること
②礼　節：きちんと挨拶ができ、正しい言葉づかいができること
③意　欲：日々の実習に積極的かつ意欲をもって取り組んでいること
④素　直：指示や助言を素直に受け入れること
⑤ほうれんそう：報告・連絡・相談をきちんとする

このように実習生に対する評価は、明るさや態度が中心です。日頃から心がけておきましょう。

◆ コラム② コロナ禍の幼稚園実習に向けて ◆

A養成校では、2020年度はコロナ禍により、急遽、多くの実習生が実習期間を変更することとなりました。また、実習事前指導はすべて遠隔授業となり、不安もありましたが、励まし合いながら準備を進めていました。実習の直前指導では、新型コロナウイルス感染症に関する基本方針や個人情報を厳守する誓約書等を再度確認し、実習における重要事項を一つずつ丁寧に確認しながら行われました。

最後に、「これからの幼稚園教諭が一人でも多く誕生してくださることを祈って、安全を確保しながら、出来る限り実習生を受け入れていきたいと考えております」という実習園の先生の言葉が伝えられました。実習生を引き受けてくださる実習園の先生方に感謝をして、今までの学びを生かして集大成の実習となるようにと、一人一人が改めて意識を引き締めました。

【参考】

幼稚園教育実習を実施するにあたっての留意事項

≪実習前≫

① 実習初日から直近の1ヶ月における海外への渡航歴の報告をお願いします。
② 実習初日の2週間前から、毎朝の検温と風邪症状などの健康観察を行なう様お願いします。
③ 感染リスクの高い場所へ行くことを控えるようお願いします。

≪実習中≫

④ マスク着用を原則とします。
⑤ 手洗い・咳エチケットなどの基本的な感染症対策を徹底し、その他の対策については、実習園の指示に従ってください。
⑥ 発熱や風邪の症状などがあった場合は、一人で判断せず、速やかに実習園・所属校に連絡をし、指示を受けるようにしてください。

≪その他の留意点≫

⑦ 実習中に、新型コロナウイルス感染症の感染が確認された場合や濃厚接触者に特定された場合は、実習を中止いたします。

※②につきましては、養成校の先生方も実習生の健康状態の把握をお願いいたします。
※実習後2週間以内に実習生に新型コロナウイルス感染症の感染が確認された場合は、実習園にご連絡いただけるようお願いいたします。

“鹿児島県私立幼稚園協会　幼稚園等教育実習中の新型コロナウイルス感染症対策に係る事前周知について”より

17 部分実習

（1）部分実習とは

部分実習は、担任保育者の保育指導計画に基づいて、1日の保育の流れの中で、ある特定の活動を実習生が責任をもって担当するものです。養成校や園によっては、後で述べる「責任実習」（1日実習）と合わせて責任実習と呼ぶこともあります。また、配属されたクラスの子どもたちのうちの、ある人数だけを実習生が中心となって活動を進める場合もあります。

時期としては、実習の後半で行われる責任実習の前に、2～3回程度行われるのが一般的です。園によっては実習の後半には、ほぼ毎日、手遊びや紙芝居、絵本の読み聞かせなどを担当することもあります。

内容としては、以下のようなものが一般的です。

①保育の一部分の短い活動を行う。

「出席確認（朝の集まり）」「子どもと手あそびをする」「紙芝居や絵本の読み聞かせをする」など。

②まとまりのある保育の一部分を担当する。

「登園から朝の集まりまで」「昼食の時間」「降園準備から帰りの集まりまで」など。

③「課題活動」を担当する。

季節の折り紙製作（カタツムリ、あじさいなど）、簡単なレクリエーションゲーム（例：ジャンケン汽車、フルーツバスケット）を行うなど。

いずれの場合も、観察実習や参加実習で学んだ、「保育者の子どもへのかかわり」「子ども1人ひとりの様子」「名前を覚えておいたこと」などが、実際に保育に活かされるのです。また、部分での実践の積み重ねにより、いろいろな保育の場面を実践していく中で、１日全部を自分で責任をもつ「責任実習」の準備につながっていくのです。

（2）課題活動の決め方

①子どもの発達や興味に合わせる

子どもの発達段階を十分に把握し季節にも配慮するなど、クラスの子どもたちの実態に合わせた活動が基本です。短時間ででき、自分の得意とする活動で、子どもの関心が高く、かつあまり難しくない（簡単すぎない）ものを選ぶのがよいでしょう。

②１日の流れに沿って

部分実習は、担任保育者の保育指導計画に基づいて、一部分の活動を実習生が担当するものです。１日の保育の流れを考え、前後の活動とあまりにもつながりのない内容にならないようにしましょう。その週の活動やねらいについても考慮する必要があります。

③担任と相談する

担任の保育者は、これまでの保育の流れや、子どもたちが、今どんな遊びに興味をもっているかなどを良く知っています。早めによく相談して活動を決定します。

（3）部分実習・責任実習の主活動の実際

次に、実際に６月の幼稚園実習でとりあげた活動例の実例を紹介します。

実習園の子どもの実態と保育の流れ、実習生の準備および実践方法等を総合的に考えて、実習に活かしてください。詳しい内容は、資料集や参考図書、保育関係雑誌のホームページ等で調べてください。

①６月の主活動の実例

・３歳児：かたつむり製作
　　　　：カエルづくり（紙コップ）
　　　　：忍者の修行
　　　　：パネルシアター「おっとっと」など
・４歳児：「おちたおちた」のゲーム
　　　　：パネルシアター「そっくりさん」など

：マラカス製作
：きんぎょと水づくり（折り紙製作）
：ゆらゆらカタツムリの製作
：アイスクリームのけん玉製作
：いす取りゲーム
：フルーツバスケット
・５歳児：ピョンピョン蛙（紙コップ）製作 → 点数ゲームに
：ロケット製作（トイレットペーパーのしん・割り箸）
：けん玉づくり、アイスクリームのけん玉製作
：シャボン玉遊び、シャボン玉アート
：動物たこをつくる（ビニール袋使用）
：絵本からのイメージを絵にする（「ちいさなおうち」）
：なんでもバスケット
・４、５歳児：６月製作　あじさい
・どの年齢でも：七夕製作
：新聞紙で遊ぼう

②10・11月の主活動の実例

・３歳児：新聞紙の輪投げあそび
：野菜スタンプあそび
：まねっこリズムあそび
：段ボール箱の電車作り
：貼り絵
：「まつぼっくり」の歌あそび

・４歳児：さかな釣りゲーム
：じゃんけん列車
：フルーツバスケット
：おにごっこ
：椅子取りゲーム
：ステンドグラス作り

・５歳児：紙コップロケット作り
：風船あそび
：リレーごっこ
：園庭で宝探し
：タイヤとりゲーム
：フィンガーペインティング
・どの年齢でも：秋の遠足後の遊び
例）芋掘り遠足後 ⇒ お芋作り、壁面飾り、ごっこ遊びなど
：製作、歌あそび、新聞紙を使ったあそび

（4）指導計画案の作成と準備（P.121～参照）

①指導計画案は早めに

どんな活動をするのか決まったら早めに指導計画案を立てます。参加実習での経験を活かし、どのように進めるか、どんな言葉掛けをすればよいかをイメージしながら進めましょう。遅くとも実習日より２日前に担任保育者に見てもらい、指導を受ける必要があります。

②何度も書き直すもの

指導計画案は担任保育者や、実習担当の保育者の助言を活かしながら、何度も何度も書き直して作るものです。週の活動、指導のねらいなどの受けとめ、設定に誤りがないか、活動の選択に無理はないか、子どもの発達段階、興味・関心、季節などクラスの子どもたちの実態や特徴のおさえは的確かなど、改めて見直してもらい計画の修正を行うようにします。全体の流れとしては指導計画立案 → 実習 → 反省 → 担任保育者の助言 → 次の指導計画、となっています。

③「もしも」を想定する

初めての部分実習は、必ずしも思い描いていた通りいくとは限りません。「もしも時間が足りなくなったら」「もしも子どもが集中できなかったら」「もしも…」といった事態を想定し、どうするかを考えておきましょう。

④準備は早めに

事前に準備するもののうち、実習園から借りられるもの（例えば、絵本など）と、各自で用意しなければならないもの（ペープサートなど）をきちんと把握しておき、実習に入ってからあわてないようにしましょう。

実習の準備段階で活動を予想し、指人形やペープサートなどの小道具をつくっておくとよいでしょう。実習期間に入ってからでは十分な時間がとれず、間に合いません。

（5）注意事項

①指導計画案は頭に入れる

指導計画案は必ず、前日までに頭に入れておく必要があります。見ながらだと保育に身が入らなくなると同時に、ぎこちない動きになってしまいます。

②緊張は当たり前

だれでも初めて子どもの前に立つときは緊張するものです。失敗を恐れずにチャレンジしましょう。

③大きめの声でゆっくり話す

少し大きめの声で落ち着いてゆっくりと話すように心がけましょう。話しながら、子どもが自分の方を見てしっかりと聞いているかどうか確認することも大切です。子どもにとっていつもと違う先生の声は聞き取りにくいこともあります。

④予備の材料を用意する

工作などをする場合、子どもにとって失敗はつきものです。やり直しをすることも想定して、少し多めに予備の材料を用意しましょう。

⑤ピアノの練習をしておく

部分実習で歌をうたうときにピアノ伴奏をすることもあります。あらかじめ練習するのは当然ですが、日にちが迫っていると焦ってしまいます。できれば実習の前に楽譜をもらって練習しましょう。なお、どうしても難しいときは、簡易伴奏にすることもあります。

⑥ 思わぬ事態を防ぐには

「紙芝居の途中で、けんかが始まった」「1人がふざけだしたら、それにつられて大騒ぎになった」「絵をかいているときに、絵の具をこぼして泣き出してしまった」などです。しかし、このようなハプニングは、ちょっとした配慮が欠けていたことで、起こるものです。あらかじめ子どもの動きを予想し、落ち着いて取り組める環境を整えることが大切です。

⑦「得意」を増やす努力を

絵本・紙芝居・歌・手遊び・ゲーム・パネルシアター・ペープサート等、学校での授業を含め、日頃から得意な活動を少しずつ増やしていくことが大切です。それぞれ何歳児に向くか、どんな場面で使うか、季節はどうかなども考慮します。

（6）実習が終わったら

実習が終わると、自分なりにいろいろと反省点が見えてくるはずです。「あがってしまった」「子どものことがよく見えていなかった」「子どもが集中できずに混乱してしまい、担任の先生に助けてもらった」などです。このような反省点は必ず日誌にまとめておきましょう。

担任や実習指導の先生からも保育終了後、あるいは１日の終わりに評価をもらいます。時には厳しい指導を受けることもありますが、素直に受けとめましょう。次に活かそうとする前向きな姿勢が大切です。

また、子どもたちの反応も、あなたの保育への評価として受けとめましょう。「集中できなかった」「落ち着きがなかった」「楽しく参加していた」「うれしそうに声を上げていた」など、子どもは態度であなたを評価しているのです。

はじめはなかなかうまくいくものではありませんし、実際にやってみる中で気づいたり学んだりすることがたくさんあるはずです。それでよいのです。ただ、常に学ぼうとする真摯な態度が必要なのです。この経験を次の責任実習に活かしましょう。

◆ コラム③ 安全面への配慮 ◆

実習期間中に、避難訓練が実施されることがあります。また、実際に地震に遭遇することもあるかもしれません。さらに、発熱や嘔吐など、子どもの体調の変化によって、保育者はどのように対応したらよいのか、感染症対策の仕方は具体的にどのようなことを実施しているのかなど、機会を逃さずに観察、質問をするとよいでしょう。

適切で迅速な判断、保育者間の連携など、多くの実践から学ぶことが多々あるものです。子どもの安全を確保するための姿勢や、衛生管理の仕方などを身に付けたいものです。

18 責任実習

（1）責任実習とは

責任実習は、登園から降園まで、担任に代わって１日の保育のすべてに責任をもって、計画・実施するもので、「全日実習」「指導実習」とも呼ばれ、実習の最終段階です。実習の最終週に行われるのが一般的で、研究保育として園長や主任なども参観することも多いようです。

（2）主活動の決め方

責任実習にあたって最初に考えることは主活動を何にするかということです。自分が得意な製作やゲームをあらかじめいくつか考えておきましょう。部分実習の項で述べたように、クラスの子どもたちの実態に合わせた活動が基本で、保育の流れや季節にも配慮する必要があります。自分の得意な活動を子どもに「押し付ける」ことは避け、これまでの保育の流れを考慮し、担任保育者に相談して決めましょう。

（3）指導計画案の作成（P.121～参照）

指導計画案は、登園から降園まで１日の流れを記した「日案」と、主活動の「細案」を作成します。デイリープログラムの流れを基本にし、１日の生活のリズムを考えましょう。

３日前までには作成して担当の保育者に見てもらい、必要な修正をしたうえで、前日にもう一度、担当の保育者に（場合によっては主任や園長先生にも）見てもらうなどの十分な準備が必要です。

（4）当日の心構え

いよいよ責任実習当日です。今日１日、子どもを迎える準備から、全員が帰るまで、そのすべてに責任をもつという自覚が必要です。当日の職員朝礼では、先生方全員に指導計画案を配り、「今日１日、責任実習をやらせていただきます。よろしくお願いいたします」と一言挨拶をしましょう。

（5）注意事項

①準備は早めに

責任実習の準備はできるだけ早めに行う必要があります。１週間前には担当保育者と打ち合わせし、数日前までに必要な道具や材料を用意しておきましょう。例えば、牛乳パックを使う製作の場合、何個用意するか、子どもにもってきてもらう場合は、遅くとも１週間前には保護者に知らせる必要があります。

②指導計画案は頭に入れる

部分実習同様、指導計画案は必ず、頭に入れておく必要があります。何度もイメージを思い浮かべて、流れをつかんでおきましょう。

③「もしも」を考える

部分実習同様、始めてみると、予想外の事態が起こることがあります。「もしも、時間が足りなくなったら（余ったら）」「もしも、けんかが始まったら」といった事態を想定し、そのときの対応も考えておきましょう。

④１日の流れを考えて

幼稚園での活動は、すべてが１日の流れの中でつながっています。主活動を中心に前後のつながりを考え、子どもの気持ちの切り替えのための時間も考慮する必要があります。

⑤１日の終わりを大切に

帰りの集まりも１日の最後のまとめとして大切です。時間に余裕をもって子どもたちと落ち着いた時間を共有します。１日の生活を振り返り、クラスの子どもたちが、明日もまた幼稚園に来ることを楽しみにできるようにしましょう。

また、子どもたちの健康視診をし（必要に応じて体の具合を子どもたちに聞き）、身なりを整えて帰すことも大切です。子どもを保護者に引き渡すまでは気を抜いてはいけません。

降園時には、保護者に「今日１日保育をさせていただきました。子どもたちとは…をして遊びました。…（感想・エピソードなど）…。ありがとうございました」というような挨拶ができるとよいでしょう。

（6）実習が始まったら

実際にやってみると、指導計画案とはまったく違う動きになることもあります。しかし、保育は、計画通りにできないことがよくあるのです。焦らず、子どもたちの様子や天候に合わせて、多少の変更ができるゆとりをもちましょう。

計画にとらわれすぎて、子どもたちの「もっとやりたい」「こうしたらどう？」といった欲求や提案を無視して、何が何でも時間を守らなければ…という実習生も見られます。しかし、このようなやり方は子どもにとって好ましくありません。保育は、臨機応変な対応が大切なのです。

（7）反省会

責任実習では、その日のうちに反省会をすることが多いようです。研究保育として、園長や主任の先生が見てくださった場合には反省会にも参加されると思います。

今日１日の保育に対しての感想や反省点を話せるように準備をする必要があります。そのために、以下の点について簡単にメモをしておくとよいでしょう。

①全日を通しての感想

・保育の流れの中で印象に残っていること
・本日の目標（ねらい）に対しての反省点
・実習で何を学んだか

②指導計画案のねらいに対して（自己評価）

・よかった点
・反省点、気づいたこと

③事前準備について

・教材研究への取り組み
・指導計画案

④担任の先生からの援助

・準備から実習までどのように助けて（指導して）いただいたのか、その内容と感想をまとめておく。

＊注意事項：「楽しかった」「緊張した」といった感情的な反省だけにならないように。

（8）責任実習が終わったら

やっと、責任実習の長い１日が終わりました。やり終えたという達成感でいっぱいだったり、失敗ばかりで落ち込んだりと人それぞれだと思います。初めてのことですから、うまくいかない部分があるのは当然です。良かった点も反省点も、しっかりと振り返ってその後に役立てることが大切です。部分実習同様、子どもたちも表情や声で評価をしてくれているはずです。子どもたちがあなたを成長させてくれるのです。

◇ワンポイントアドバイス⑫：反省会の流れ（例）◇

はじめに、実習生から「今日はありがとうございました。おかげさまで無事に終えることができました」などの挨拶をします。次に、実際の保育の流れに従がって、日案のねらいと、それに対する自己評価、気づいた点などについて、事前にまとめたメモ①～④を見ながら具体的に話しましょう。

その後で、担当の先生の指導があり、園長や主任の先生の講評をいただきます。しっかりメモをとってその内容を受けとめ、さらに学んでいくという姿勢をもってください。

19 実習の終わりに

（1）実習反省会

実習の終了日前後にはほとんどの園で、園長や主任の先生、実習担当保育者と実習生による反省会が行われます（ただし、前述の責任実習の反省会で、全体の反省会を兼ねる場合もあります）。

実習生としての自分を振り返り、自分を見直す大切な機会でもあります。厳しいアドバイスがあるかもしれませんが、素直に受けとめ、反省点を次への課題として前向きに活かしていきましょう。

一般的に反省会は、園長先生のお話の後、実習生から、実習を振り返っての感想、反省、課題などを述べ、実習担当の保育者より助言をいただくといった流れで進みます。

（2）反省会に向けて

先生方は日常の仕事で忙しい中、特別に時間を設定してくれるのです。有意義な時間になるよう、前日までに実習を振り返り、日誌にも目を通して次のような点について自分の考えをまとめておきましょう。

①実習全期間を通して

○子どもと一緒に十分に遊べたか

○適切な援助ができたか

②準備に関して

○事前の準備は十分にできていたか

③保育者の立場として

○１日の流れを見通して動くことができたか

○子どものモデルとして適切であったか

④健康管理

○風邪をひいたり、具合が悪くなったりしなかったか

○欠勤・遅刻・早退について

⑤実習中、最も印象に残っていること

○子どもたちとの遊び

○部分実習、責任実習

⑥保育者から学んだこと

毎日、担任の保育者から多くのことを学びました。「さすが、現場の先生は違うなあ」と感心させられたことを思い出してください。その中からいくつかを取りあげておくとよいでしょう。

（3）注意事項

①何を学んだかが大切

反省会では、どう感じたのか、何を学んだのかを詳しく述べます。中には「子どもたちが可愛いくて、楽しかったです」とか「実習前は不安でしたが、子どもが“遊ぼう”と言ってくれて楽しく遊べました」といった感想だけを言う実習生もいるようです。しかし、単に遊びに来たわけではありません。これから保育者を目指す者として、実習で何を学んだのかという視点が必要です。最初に考えた「実習課題」を思い出してみるとよいでしょう。

②感謝を忘れずに

反省会は、感謝の気持ちを伝える、同時に保育者になることへ抱負を述べる場です。いうまでもありませんが、園の方針や保育に対する批判と誤解されるような発言は厳に慎みましょう。

（4）実習最終日の注意

いよいよ実習の最終日です。この日は、子どもたちとお別れする日でもあります。中には担任の先生が子どもとお別れ会を企画してくれる場合や、子どもたちが絵や手紙をプレゼントしてくれたりすることもあります。担任と相談の上で、自分なりにどのようにお別れの気持ちを表現するか考えておくとよいでしょう。いろいろな思いがこみ上げてくるかもしれませんが、子どもたちへは明るく挨拶をし、一緒に遊べて楽

しかったことへの感謝の気持ちを伝えましょう。
　後期実習の最後に、子どもたちに次のページにあるような簡単な手づくりのプレゼントを贈ってもよいでしょう。ただし、プレゼントはあくまでも任意です。実習期間中に準備をする場合は、日誌や指導案などの準備が最優先です。睡眠不足になって、実習に影響が出ないことを前提で考えてください。
　また、降園時には保護者の方へ「おかげさまで、実習を終えることができました。これからも立派な保育者を目指してがんばります。どうもありがとうございました。」などと挨拶しましょう。

◇ワンポイントアドバイス⑬：子どもたちへのプレゼントについて◇

　子どもたちへの手づくりプレゼントは、あらかじめ担当の先生（クラス担任）に「最後の日に、これを子どもたちにプレゼントさせていただきたいのですが」と、確認をとっておきましょう。かつて、あるキャラクターの顔をペンダントにして、ウラ面にメッセージを添えて36人分用意した実習生が、当日子どもたちに渡そうとしたら、「うちの園ではキャラクターは使用禁止なので、配らないでください」と断られ、渡すことができなかったそうです。そんな悲しい思いをしないためにも、試作品を見ていただき、許可をもらってからつくるようにしましょう。

手づくりペンダント（作り方：次頁）

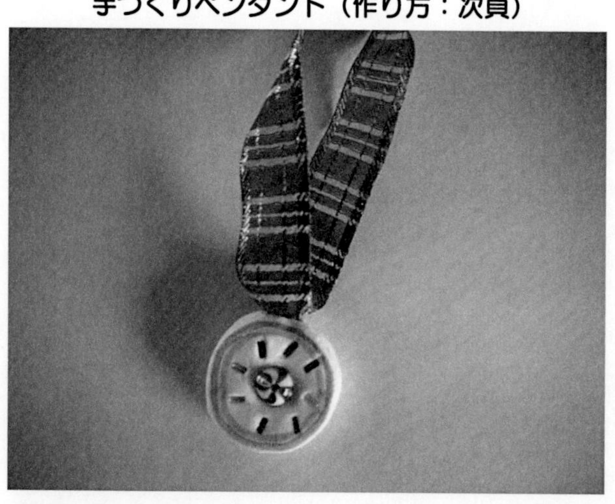

＜手づくりプレゼントの例＞

材料

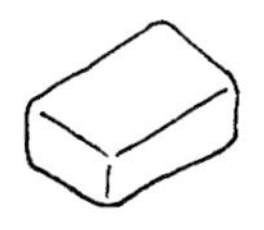
紙ねんど

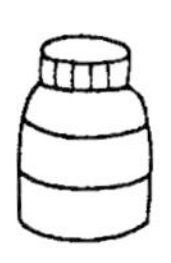
ニス

筆

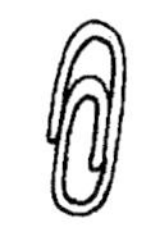
クリップ

リボン

ビーズ

マジック
油性ペン

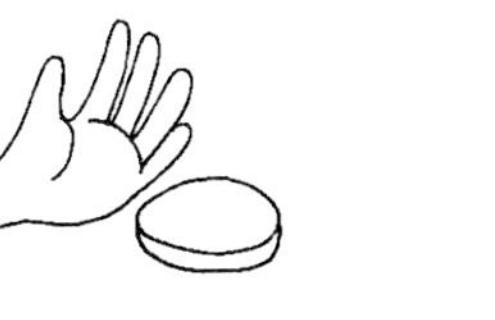

①大きめのお団子をつくり、手のひらで少しずつつぶし、おせんべいぐらいの薄さにする。

②クリップを埋め込みよく押さえておく。

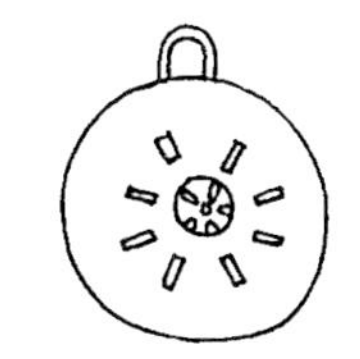

③ビーズを埋め込む
乾燥させる

④マジックで色をつける

⑤ニスを塗る

⑥リボンを通す

できあがり

（5）帰り支度

実習の最終日には自分の荷物をすべてもち帰ります。借りたものは元あった場所に返し、返却した旨報告します。また、給食費・コピー代など、精算すべきものがある場合は済ませます。外履きを靴箱に入れたままにしたり、自分のマグカップを給湯室に置き忘れて帰る実習生が意外と多いようです。

なお、その園に就職を考えている場合や卒園生の場合、今後の行事（運動会や展覧会など）の予定を確認し、見学や手伝いをさせていただくよう申し出るのもよいでしょう（P.156参照）。

最終日の帰りの挨拶は、特に丁寧にするように心がけましょう。園長先生、担任保育者はもちろん、主任や他のクラスの先生方、事務の方などお世話になった教職員にきちんとお礼をしてから帰りましょう。

（6）実習日誌を提出する際の留意点

最終日の実習日誌は、いつもは幼稚園で書き上げている場合でも、「実習全体を振り返っての感想・反省」「実習課題の結果と考察」の記入もあるので、翌日以降にあらためて提出に出向く場合が多いようです。日誌を提出する際に、取りに伺う日時についても相談しておきましょう。

また、遠方の郷里で実習をした場合は、学校への提出期限日を確かめて、自宅の住所・氏名を記入した返信用の封筒（レターパックを利用するとよい）を用意し、返送していただけるようにお願いしましょう。

Ⅳ 実習日誌と指導案

実習生が苦労するのが、実習日誌の記入と指導案の作成です。実例を多くとりあげていますので、参考にして自分の実習に活用してください。

20 実習日誌

（1）実習日誌を書く意味

実習中は毎日実習日誌を記入します。日誌を書くことにより、その日１日の実習を振り返り、反省することができます。また、どのような実習であったのかを記録にすることで、新たな課題が明確にできます。

実習日誌は、実習生として学んだ貴重な記録がぎっしり詰まっています。保育者を目指すあなたにとって、自分だけの保育の手引きとなり、貴重な財産となるはずです。

（2）実習日誌の書き方

日誌の記録の仕方は、実習園や担当の保育者によって考え方に違いがあり、指導が異なります。ここでは、時系列形式（１日の流れに沿って）で書く場合の基本的な事柄を説明します。

①環境構成

子どもたちの遊びや活動は、準備されている環境によって変わってきます。保育者はそれを予想して意図的に環境を整えています。どんな環境や教材がどのように準備されていたかを、図や絵を交えてわかりやすく記録します。

○朝の受け入れ（登園）の時の保育室の環境

○主活動を行うときの環境

○準備した用具・材料の数や配置等

○準備された環境や教材は適切であったか（学びとった観点で記入する）

②幼児の活動

１日の活動の流れを振り返り、子どもの行動を記入していきます。その日の自分のねらい（目標）に合わせて、子どもの様子を具体的に記入すると充実した記録になります。毎日の保育の中で、１人ひとりの子どもがどのように変化しているのかも確かめてみましょう。

○どのような活動をしたか
○友達関係はどうであったか
○遊びや活動への取り組みの様子
○表情やしぐさからとらえた子どもの心の動き

③保育者の活動や配慮事項

子ども1人ひとりへの対応、クラス（集団）での指導方法等、保育者はどのような動きや援助をしているのか、どんな点に配慮をしているのか、幼児の活動に対応させて記録します。見守ることも援助の1つです。保育者の言動に注目して学びましょう。
○いつ、どこで、どんな援助をしていたか
○どんな場面で、どのような言葉掛けをしていたか

④実習生の動き

実習生とはいえ、子どもたちにとっては先生の1人です。子どもと適切なかかわりができたかどうかを評価し、記録します。自分だけの目標ではなく、子どもや保育者の動きとのつながりの中で適切なかかわりであったか、どのような考えでかかわったのかを具体的に記録しましょう。

保育者に受けた指導内容もあわせて（ふき出しなどによって）書いておくとよいでしょう（P.95～参照）。
○子どもとよいかかわりができたか
○子どもの要求や感情を受容できたか
○保育者からどのような指導があったのか

⑤1日を振り返って

子どもの行動や言葉に驚いたり、理解できなかったりすることもあるでしょう。実習中の発見や疑問を、筋道を立てて簡潔に記録しましょう。また、担任保育者の指導を受けて気づいたことを具体的に書きましょう。質問を書くときは、会話のような表現は避けましょう。

感想や反省欄には、その日の目標を振り返り、特に心に残ったことを中心に書きます。なお、十分な成果が得られなかった課題は翌日以降も引き続き継続します。

（3）エピソード記録について

ある場面について、まとまりのあるエピソードとして記述していく書き方をエピ

ソード記録といい、時系列形式では表しきれないことを書くときに用います。
　自分が最も印象に残った場面や、自己課題に沿った内容、ある（１人の）子どものエピソードをとりあげ、観察した事実と想像できる子どもの気持ちや自分の考え（場合によっては自分のかかわりの反省を含めて）を「考察」として書いていきます。

（4）書き方のポイント

①記入はその日のうちに

　日誌は、その日のうちに記入します。園によっては休憩時間や保育が終わってから日誌を記入するように決められているところもあります。記入した日誌は、毎日決められた人（担任または実習担当の先生）に提出します。

②内容を整理し、要点を絞る

　１日の保育の流れ、保育の配慮点、観察記録と感想など、メモや記憶によって内容を整理し、簡潔にまとめましょう。要点を絞って書くようにしましょう。

③見やすく読みやすく

　日誌は担当保育者に見ていただくものですから、読みやすく書く必要があります。活動ごとに○印をつけて、内容を箇条書きにしたり、子どもの活動と保育者の活動は、それぞれ行をそろえて書き、対応や関連がわかるようにします。適当に余白をとり、絵や図を描いたりして見やすく読みやすい日誌にしましょう。

④指導･助言は必ず記録

　指導・助言されたことは忘れずに記録し、反省点として次への課題とします。

⑤訂正されたら書き直す

　返してもらった日誌は、毎日きちんと読み返し、保育者から訂正が入っている箇所があったら、修正テープ等で修正するなど必ず書き直しましょう。誤字・脱字のほか、正しい名称や不適切な言い回しなど、直された表現は使用しないようにします。
　なお、何を直されたのかわかるようにと、訂正箇所はそのままにしておくように指示されることもあるようです。まずは書き直しておき、次の指導で確認しましょう。

⑥書き方の指導を受ける

　実習日誌の書き方は、担当の保育者によって指導が異なるので、記入前に書き方の様式や内容を打ち合わせるとよいでしょう。

学校では、基本的な記入方法について説明がありますが、園によって様式や求められる記述内容には違いがあります。保育者の数だけ保育観があるように、記入の方法に関する指導も保育者の数だけあるともいえるのです。基本的な書き方を理解しておき、担任の保育者に初日の日誌を見ていただき、指導されたことを翌日の日誌に取り入れ、修正しながら、記述方法が日々向上していくようにつとめましょう。

（5）注意事項

①できればメモをとる

保育中のメモが許可されたら、活動内容やその時間、子どもや保育者の言動など、その場で小さなメモ帳などに記録します。日誌を書くときに1日を振り返る際、大変役立ちます。

②清書はペン書きで

初日は、鉛筆書きで提出して書き方の要領を見てもらい、最後は黒ペンで清書をします。丸文字やマンガ文字、携帯電話に見られるような絵文字は避け、読みやすい丁寧な文字で書きましょう。国語辞典または電子辞書を用意して誤字脱字がないように、間違えたら修正テープ等で丁寧に訂正しましょう。

また、「なので･･･」「～だけど」「～しちゃって」等の話し言葉は使用せず、表現（文体）を統一するようにします。

③個人情報に注意

日誌には個人的な情報も記録されていますから、大切に扱いましょう。また、メモには子どもの名前を記入しても、日誌には実名を書かない園もありますので、必ず確認してください。

◇ワンポイントアドバイス⑭：週案を参考に◇

できれば週案を見せてもらい（あるいは資料としてもらえたら）、記録をするときに参考にしましょう。1週間の保育の流れやねらいを知ることができ、配慮事項が理解できるようになります。より具体的な考察への手がかりとなるでしょう。

※では、実際の実習日誌の例を見てみましょう（実習中は実習園の指導に従ってください）。

園 の 概 況

園名	（設置者　　　　　　　　　　） ○○○幼稚園	園長名	○○○○○先生
所在地	〒330－0000 さいたま市○○○○○○○－○－○　TEL（000）000 － 0000		

園児	組名	ひよこ	こぐま	こじか	さくら	すみれ	ひまわり	ちゅうりっぷ	うさぎ	ぺんぎん	りす	ぱんだ	合計	職員数
	年齢	3	3	3	4	4	4	4	5	5	5	5	304名	20名
	人数	30	29	30	28	28	28	28	25	26	26	26		

保育方針

〈教育方針〉

幼児教育は人間の基礎を養う重要な時期であり、厳しく変化する社会情勢に対応するためにも、自主・自立共存の精神の芽生えを養い、子どもの自発的・主体的な遊びを通して感性を育て、友だちへの思いやりや、感じる心の広がりを願って日々保育を展開する。

〈教育目標〉

健康・安全で幸福な生活の為に必要な、日常の習慣を養い、心身の調和のとれた発達を図る。集団生活を体験することによって、協力・自主及び自律共存の精神の芽生えを養う。

1、健康で明るく、人におもいやりのある子どもに

2、人にたよらず自分で最後までやりぬく子どもに

3、礼儀正しく、良い習慣を身につけ約束の守れる子どもに

4、創造性に富み表現力のある子どもに

5、交通ルールをわきまえ、自分を守り、人に迷惑をかけない子どもに

環境

広い園庭には身体の発達を促す楽しい遊具が多く配置されています。

花壇の草花や木々は一年中いろいろな花や実をつけ、不思議さや感動を与えてくれています。

すべての保育室は南向きで明るく、教育活動に適した環境にあります。

幼稚園の環境

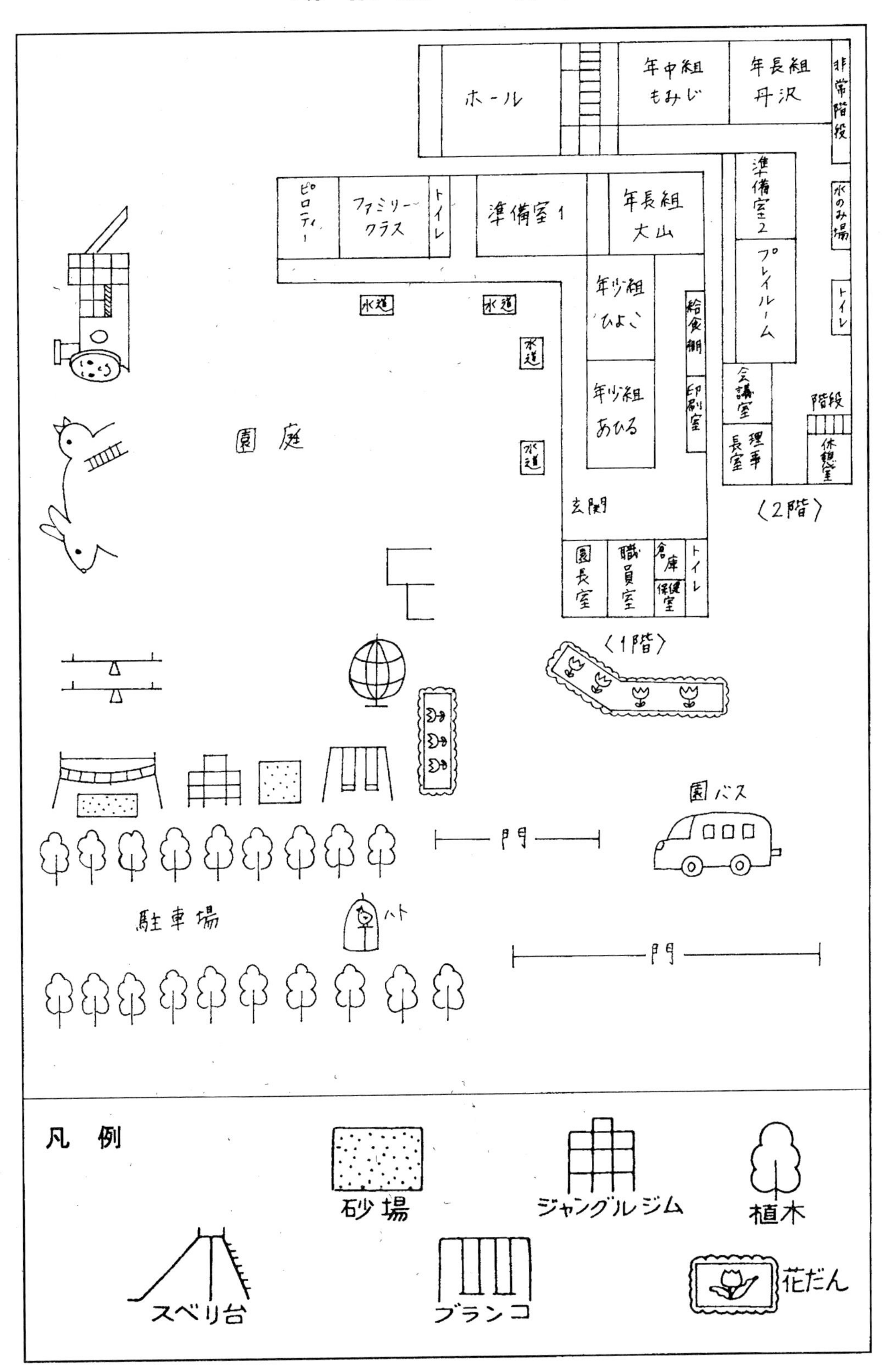

ホール
年中組
もみじ
年長組
丹沢
非常階段
ピロティー
ファミリークラス
トイレ
準備室1
年長組
大山
準備室2
水のみ場
プレイルーム
トイレ
水道
水道
水道
水道
年少組
ひよこ
給食棚
年少組
あひる
印刷室
会議室
理事長室
階段
休憩室
〈2階〉
園庭
玄関
園長室
職員室
倉庫
保健室
トイレ
〈1階〉
園バス
門
駐車場
ハト
門
凡例
砂場
ジャングルジム
植木
スベリ台
ブランコ
花だん

行　事　予　定

※主な年間行事予定

月	日	行事	行事	月	日	行事	行事
4月	日	始業式		10月	日	大運動会	お誕生会8・9月
	日	入園式			日	バイキングパーティー	
	日	バイキングパーティー			日	お芋掘り	
5月	日	開園記念日	春の遠足	11月	日	飯能祭パレード	保育参観
	日	健康診断	バイキングパーティー		日	バイキングパーティー	
	日	歯科検診	お誕生会4・5月		日	お誕生会10・11月	
6月	日	保育参観		12月	日	バイキングパーティー	クリスマス会・終業式
	日	バイキング試食会			日	お餅搗き大会	
	日	蛍観察			日	マラソン大会	
7月	日	プール開き	お誕生会6・7月	1月	日	始業式	お遊戯会リハ
	日	蛍観察	終業式		日	バイキングパーティー	
	日	バイキングパーティー			日	お誕生会12・1月	
8月	日	お泊り会・夏祭り		2月	日	お遊戯発表会	
	日				日	バイキングパーティー	
	日				日	お誕生会2・3月	
9月	日	始業式	秋の遠足	3月	日	バイキングパーティー	
	日	バイキングパーティー	運動会リハーサル		日	卒園式	
	日	敬老の集い			日	修了式	

※実習期間中の行事予定

日付	行事	日付	行事	日付	行事
10/18	お芋掘り（年長さん）				
10/20	〃　（年少・年中さん）				
10/25	お誕生会				

（清水裕子）

オリエンテーションの内容

オリエンテーション日時：10月4日(木)午後3時から

・実習期間　10月15日(月)～10月26日(金)

・勤務時間　午前7時35分～午後5時

・実習するクラス

日にち(曜日)	10/15(月)	16(火)	17(水)	18(木)	19(金)	20(土)
実習クラス	すずらん	れんげ	もも	あやめ	さくら	ゆり
年齢	3歳	5歳	3歳	4歳	5歳	4歳

22日(月)～26日(金)
ゆり
4歳

※26日(金)責任実習

・教育実習生の勤務について

1、服装　清潔感があり活動しやすい服装とする。
エプロンを着用し、(給食時は忘れずにつける)名札をつける。
運動靴を履く。

2、食事　給食を園児と一緒に食べる。
給食費は一食200円×食事数を実習最終日に支払うこと。

3、態度　担当クラスの担任の先生の指示に従うこと。
あいさつは保護者、外来者、職員に対して明るく行うこと。

4、仕事内容　朝は職員室にて実習印を押す。
①外に出て物置1,2,3の鍵を開け掃除用具を出す。
②園舎のベランダを掃く。
③ごみを取り、物置1の袋に入れる。
④ごみ、石が園庭にないように気をつける。
帰りは
①子ども達が帰る3時頃より、トイレ掃除を始める。
②掃除終了後、担当の教師に報告する。
③担当教師から頼まれた仕事がない場合は、職員室にて実習ノートを記入する。

5、その他　車での通勤は、なるべく控える。
実習ノートは翌日の朝、前日担当の先生に渡せるようにする。
責任実習日案を担当の先生へ10月23日(火)までに提出すること。
(幼稚園のコピーで5部実習日までに用意しておくこと)

(浅見智美)

教育実習計画表（第 1 週）

○ 年 6 月 12 日 ～ ○ 年 6 月 16 日			
今週のクラスにおける保育のねらい	・親子での触れ合いの時間を楽しむ。 ・戸外の動植物、自然に触れながら遊ぶ楽しさを味わう。		
今週の自分の実習上の留意点	・四歳児の特徴をつかむ。 ・子どもと積極的に関わる。		
日	曜	実習するクラスと予定	実習のポイント
12	火	つくし組 初めてのリレー 父の日のプレゼント作りの続き	四歳児クラスの一日の流れを知る。
13	水	つくし組 父の日のプレゼント作りの続き。	子どもと積極的に関わり、クラスの雰囲気に慣れる。
14	木	つくし組 切り紙遊び	四歳児クラスでの製作の方法や、子どもの様子に注目する。
15	金	つくし組 体操教室 防災訓練	体操教室での配慮点に注目する。
16	土	つくし組 父の日参観	父の日参観の子どもの様子に注目する。

〈前期実習〉

教育実習中の目標

私は、今回の実習で保育者と子どもたちの幼稚園での一日の生活の流れを5日間継続して、園生活に参加させて頂くことで把握していきたいです。子どもたちの生活や遊んでいる様子を観察していきたいと思います。また、先生の行動をよく観察し、子どもとの関わり方や、いつ、どの様な声かけや援助、配慮を行っているのか、保育の教材や、その扱い方を学び、自分に取り入れていきたいと思います。他にも、保育室の環境設定も学びたいと思います。

一日一日の生活を大切に、時間を守り、次のことを考え行動していこうと思います。精一杯行動しながら、新たな経験を積み、毎日自分の行動をふりかえり、反省点を自覚し、改善し、より確かな保育経験を積みたいと思います。そして、実習生の立場で出来ることを素直に経験し、常に自分に出来ることは何かを考え、緊張感を忘れず、与えられた仕事はしっかりと、出された指示はきちんとこなせるよう尽くしていきたいです。また、注意されたこと、指導を受けたことは必ず心に留め、同じ指導を受けないように努めていこうと思います。

子どもと接する時は、子どもの目線となり、今何がしたいのかということを考え、少しでも子どもの気持ちに近づけるよう努め、常に笑顔を絶やさずにいたいと思います。保育者としての責任を自覚出来るよう、一つでも多くのことを学べるように積極的に行動し、吸収していきたいと思います。また、常に子どもたちのお手本になるということを自覚し行動を丁寧に行おうと思います。そして、子どもについて、環境について、保育についての疑問は率直に質問し、学び、自分の知識として取り入れ、増やせるよう努力したいと思います。

教育実習中の目標

○幼稚園の1週間の流れの理解

○○幼稚園での実習を通して、幼稚園での1日の流れを把握する事ができた。今回は1週間という長期的な視野で保育の流れを学び取りたい。

○クラス全員の子どもと話をする

前回の1日実習では、クラスのほとんどの子どもと話をする事が出来たが、一部ほとんど話をしていない子どももいた。今回の実習ではクラスの全ての子どもと話をして、色々な子どもと触れ合う機会を得たい。

○子どもの気持ち、好奇心を汲み取った援助を行う

前回の失敗を生かし、大人の観点からではなく、子どもの目線でものを見て考えられるようにしたい。また、現場で働く先生方の援助の方法や、子どもとの接し方を十分に観察し、様々な経験を積んでいきたい。

○多人数の園児に対して接する際の注意点・ポイントなどを学ぶ

今回、非常にたくさんの部分実習などをさせて頂ける事となり、園児と1対1での関わりだけでなく、何十人という子どもを一つにまとめる経験を積む事が出来る。十分に事前準備を行い、しっかりと反省する事で、2年次の実習への自分の課題発見としたい。

○保育者としての自覚・責任をより深く持つ

生の子どもとの触れ合い、保護者の方々との関係、そして現場の先生方とのやり取りの中で、この仕事の持つ意味の大きさと、責任の重さをしっかりと考え、将来の自分を見据えた上で保育者としてあるべき姿を目指したい。

（柳島　嶺）

〈後期実習〉

教育実習中の目標

私は今回の実習では、自分から積極的に子どもと関わり、一人ひとりの幼児の関心事や生活習慣から生まれる遊びの実態について観察していきたいです。そのために幼児の言葉をよく聞き、理解して保育実践の場で一人ひとりに合った言葉掛けを大切にしていきたいと思います。そこから、子ども達の発達段階による援助の違いなどについても学びたいと思います。前回の実習では、子どもがどこまでのことが自分でできるのか分からず、適切な援助ができずにいました。今回は三週間ということで子ども達と沢山関わり、様々な場面を見て、自ら子ども達の成長・発達を促すような援助をしたいと思います。

また、現場の先生方の保育の展開をよく見て、自分に取り入れていきたいと思います。

実習中は、特定の子どもだけではなく、クラス全体の子どもと関わり、クラスの状況を把握するよう心掛けたいと思います。

そして、三週間の実習を通して、責任実習の指導案を考え、子ども達の様子や特徴に合った指導案の立案ができるようになりたいと思います。自分の責任実習を通して保育者としての様々な心構え等を学び、自分に足りないものは何か、どう改善していけばよいのかを考え、次の段階へ繋げていきたいと思います。

分からない事や疑問があったら、先生方に確認し、指導やアドバイスを頂いて解決していきたいです。

今回の実習では主にこれらの事を目標とし、実習に取り組んでいきたいと思います。

研究課題（実習の目的）

〔課題名〕

先生方が行う保育配慮の「結び」について理解を深める

〔設定理由〕今回の実習では、前期実習での学びや反省を活かし、新たな知識の習得に励み、そして先生方が行う保育配慮の「結び」を自身の課題として掲げ、積極的に行動したいと思っています。

一つ目の「結び」は子ども達一人ひとりとの信頼関係の結び方です。信頼とはすぐに結べるものではありません。一日の限られた時間の中で、先生は一人ひとりの子どもとかかわる際、どのような点に配慮していらっしゃるのか、発達の様子や性格等の個人差に応じた対応を学び、子ども達と結ぶ絆の大切さを感得したいです。また、私自身一人ひとりの内なる声にも耳を傾け理解に努め、子ども達との結びつきを深めていきたいです。

二つ目は、「環境」です。物・人・空間等の環境の中で、子どもの受けとめ方やかかわり方は様々です。部屋の玩具の位置や数、友人等の環境が子どもの成長や活動にどのように結びつくのか学びたいです。そして、その中に込められた先生方の配慮や意味に着目し、環境構成という技術を身につけていきたいです。

今回、お忙しい中貴重な時間を頂き、全日実習をさせて頂くということで、準備を入念にし子ども達が充実した日を過ごせるよう計画を立て、臨機応変に対応したいです。

課題を達成するには常に目的意識を持つことが大切であり、保育者の一人として、子どもの理解に努め学んだことはすぐ実践するよう心がけていきたいと思います。

至らない点も多く、先生方には大変御迷惑をおかけすると思いますが、何卒、御指導、御助言の程宜しくお願い致します。

（澤田未来）

〈前期実習　初日：3歳児クラス〉

第一日目	○年　2月　13日（　　曜日）	天気　晴れ 気温	組・人数	こぐま　組　28　名（女1人欠席） （男　14　名・女　15　名）
今日の目標	園生活の一日の流れを理解するように努める			

時分	保育活動（子どもと保育者） 子どもの活動（生活の流れ）	保育者の動き（保育の配慮）	実習生の動き
7:10	※保育室の図を記入しましょう。 （どのような環境構成でしたか？）	・今日の保育の準備や支度などを行う。 ・保育者同士で連絡事項を伝え合う。 （今日の保育の目標や流れ、子どもに対しての留意点や配慮点などを報告し合う。）	○出勤 ・先生方に挨拶をする。 ・ごみ捨てをする ・担任の先生へ挨拶をし、何かお手伝いすることはないか伺う。（なければ職員室で待つ。）
7:50		○朝礼 ・連絡事項を伝え合う ・「うれしいひなまつり」を歌う ○掃除 ・玄関掃除、花壇の水あげをする ・気持ちよく園生活が送れるように環境の整備をする。	○朝礼 ・先生方と一緒に朝礼に参加する ・自己紹介 ・「うれしいひなまつり」を歌う。 ○掃除 ・玄関掃除、花壇の水あげをする
8:20 ・所持品の始末	○順次登園 ・先生（→保育者）に朝の挨拶をする ・クラス（→保育室）へ行き、スモック、体操着（→赤ズボン）に着替える。 ・所持品の始末をし、連絡帳を箱の中に入れる。 ・シール帳にシールを貼り、箱（→鞄）の中に入れる。	・保育の準備をしたり、登園してきた子どもたちに挨拶をし、会話をする。 ・手さげ、上ばきの手さげ入れの箱を出す。 ・テラスで子どもを1人ひとり出迎える。視診 （挨拶をしたり、休み中の出来事などをお話する）	・登園してきた子どもに挨拶をする ・クラスの中で、子ども達と会話をしたり、お着替え、身支度をするよう促す。 ＊1人でお着替えをし、服をたたむことができる。
8:40 ○自由遊び ・戸外遊び	○外遊び ・身支度が終わった子から外で遊ぶ。 ・縄で遊ぶ （縄とび、綱引き、縄の上をジャンプ、電車ごっこ）	安全に配慮して、子どもと一緒に遊ぶ。	・安全に配慮して子どもと一緒に遊ぶ。
9:35	○お片付け ・自分で遊んだ遊び道具、カラーコーンを片付ける ・「わっしょい、わっしょい」と言いながら協力して片付ける ・手洗い、うがいをしてクラスに入る ○朝のお集まり ○柔軟体操 ・グループごとに並び、柔軟体操をする ・グループのリーダーさんは前に立ち、20数える ・リーダーさんは、上手にできていたお友達の名前を呼ぶ。 ・お椅子の準備をする。 ・まだ身支度をしているお友達のお椅子を準備する。 ○排泄、手洗い、うがい ・女の子からおトイレに行く。	・子ども達に片付けるよう声を掛け、一緒に片付ける ・まだ身支度をしていない子へ声掛けをする。 ・リーダーさんに、どの子が上手だったかを聞く。 ・上手にできていた子をほめてあげる ・まだ身支度をしている子のお椅子も並べるようにリーダーさんに声を掛ける。 ・女の子から、おトイレに行くように伝える	・子ども達と一緒に片付ける ・柔軟体操をしていない子や、やり方がわからない子の援助や声掛けをする 保育室では楽しみに待っている事を伝え、早く戻れるようにしています。 ・一緒におトイレに行き、子ども達の様子を見る。
10:00 集まり	○楽器遊び ・~~グループごとに~~、自分のロッカーからカスタネットを持ってくる。 ・お歌を歌いながら、カスタネットをたたいて演奏 （ミックスジュース、人間っていいな、園歌、うれしいひなまつり、思い出のアルバム、北風こぞうのかんたろう） ○お片付け ・「散歩」のピアノに合わせ、男の子からロッカーにカスタネットを片付ける ○お当番さんの発表 「森のくまさん」のピアノに合わせて、お当番さんの名前を呼び、お当番さんが前に出る。 ・「あなたのお名前は～」と歌い、お当番さんは音の出ないマイクに向かって、名前と年齢を大きな声で言う。 ・「頑張ってね」と子ども達がお当番さんに言うと、お当番さんは「頑張ります」とお返事をする。	・グループごとにカスタネットを持ってくるよう伝える。 ・まだテラスにいる子に「楽しいことできなくなっちゃうよ」と声掛けする。 ・先生がピアノを弾く（持ち方、リズムを伝えています。） ・「カスタネットは左のおててに入ってる？」と確認する ・「元気に歌うとおひなさまも喜ぶよ」などと、子ども達がやってみようと思えるような声掛けをする。（意欲が持てるように） ・歩くのが上手な子の名前を呼び、自信を持たせる。また、その様子を見た他の子も、頑張ろうと思える気持ちになるような声掛けをする。（自信が持てるようにする） ・歌っていない子に対して、「お口がお留守になってるよ」と声掛けする。	・まだテラスにいる子に「楽しいことできなくなっちゃうよ」と声掛けする ・まだカスタネットの準備ができない子に準備をするように声を掛ける ・一緒にお歌を歌う。 ○朝の集まり ・カスタネット ・挨拶 ・歌 ・出欠調べ ・読み聞かせ ・一日の話
10:15	○~~お休み確認~~（→出欠確認） ・リーダーさんが自分のグループのお友達（→たち）の名前を呼ぶ。	「～出来たら始めます」 ・「リーダーさんがちゃんと立ってないと、お名前呼べません」と自分がリーダーであることを自覚させるようにする。 ・上手に名前が呼べたり、お返事できた子には、「上手にできました」とほめてあげる。 ・「ひずえ先生と競争ね」と言い、「お手てに力が入ってるかな、背中はピンとしてるかな」などと声を掛ける。	待っている時や話を聞く姿勢が習慣付くようにしています。

時間			
	（休日） ○お休みの間の出来事を発表し合う ・2人ずつ（男女）前に出てきて発表し合う ・お友達のお話を耳を傾ける	・「こっちから○○くん（ちゃん）ができたよ〜♪」と手遊びをしながらお休みの間、何をしたかを聞いていく。 ・1人ひとりの話に対して、丁寧に受け答えをしたり共感したり、そのお話を周りのお友達にも伝える ・今日話せなかった子に対しては、「今度話してもらうね」などと話し、気持ちを受け止める。	
10:25	○絵本 読み聞かせ 「コッコさんとあめふり」 ・最初は絵を見せずにお話だけを聞く。 ・お話の内容をクイズ形式などで確認しながら絵を見る 拍手 ・先生に対して、「読んでくれてありがとう」と言う。	・子ども達に、想像力をつけさせるために、最初から絵は見せない ・お話の内容をクイズ形式などで確認しながら絵を見せていく。 ・「先生も聞いてくれてありがとう」と伝える	子どもたちも とても興味深く見ていましたね。
10:30	・私の問い掛けに返事をしてくれる	・子ども達の印象に残るような声掛けして頂く	○自己紹介をする ・絵本を使い、自己紹介をさせて頂く ★次回気をつけること 自分の名前ははっきりと。好きなものを紹介するときは、ただ話すのではなく工夫をして子どもが楽しめるようにする。
10:45	・今日の幼稚園の流れを聞く ○劇遊び 「3匹のやぎのがらがらどん」 ・自分の役のお面を受け取る ・先生の問い掛けに対して、「お友達を応援する」「座ってお手伝いする」などと言い合う。 ・先生とお約束をする ・役に分かれて、役ごとに演じる （りす、たぬき、小さいがらがらどん、中くらいのがらがらどん、大きいがらがらどん、トロル） ・並び順などは、お友達同士で注意し合える ・一生懸命自分の役を演じる ・お友達の演技を見たり、お歌の応援をする ・おトイレに行きたいときはきちんと先生に報告する	・子ども達に、今日の幼稚園の流れを伝える ・机を準備する ・お面を配る ・「待ってるときや、お歌を歌うときはどうするの？」と聞いて子ども達自身で気づくような声掛けをする ・返ってきた言葉に対して、「お歌を歌うときは、一緒に歌うんだよね」「セリフを言っているときは、チャックするんだよね」と全員がわかるように声掛けする ・並び順や出番について、子ども達と話しながら進めていく。 「いい顔に入れてね。」とやる気を起こさせる声掛けをする。 ・先生方同士で話し合いながら進めていく ・きちんとお約束が守れている役のグループをほめてあげる	・お面を配る。 ・席から離れている子に対して、「先生達とお約束したよね」と話し、劇に集中するように声を掛ける
	・役ごとに手をつなぎ、前に集まる。 ・音の出ないマイクを持って名前と年齢を言う。	良いところをみんなの前でほめて、また、まわりの子どもへの意欲にも ・お座りが上手だった子、お名前が大きな声で言えた子のことをみんなでほめ合う。 ・「おばけの声（小さな声）よりお腹から声を出した方がいいよね」と子ども達に声掛けする	自信につなげていきます。つながるようにしています。 実際にやってみてどちらが良いか気付けるようにしました。
11:45	・お面を回収する ○排泄 ○紙芝居を見る 「パピプとサッカー」 ○昼食準備 ・グループごとに自分のグループの場所へ椅子を移動する ・リーダーさんがふきんで机をふく。 ・おはし用意する ・手洗い、うがいをする ・消毒をする ・手を5数えるまでつけて、パッパッとする。	・お面を集める ・子ども達の様子を見ながら読んでいく。 ○昼食準備　てんどん　ハンバーガー　オムライス　おこさまランチ　ぞう　おすし　ラーメン ・机を準備する ・ふきんをぬらしておく ・ハイアミン液を少したらした洗面器を職員室へ持って行き、お湯でうすめる。椅子の上に置き、テラスに出しておく。 ・職員室にお給食を取りに行く。 ・グループごとに消毒しに行くよう促す。	・お面を集める ・机を準備する 冬は寒いのでお湯でうすめています。 ・ハイアミン液を少したらした洗面器を職員室へ持って行き、お湯でうすめる。椅子の上に置き、テラスに出しておく。 ・ふざけっこをしている子や、消毒のやり方がわからない子に声掛けをする。
12:10	・お歌を歌う 「おべんとう」 ・先生のピアノの伴奏に合わせて歌う	・先生がピアノを弾く ・一緒に歌う ？ ・先生は、「遅れてくるとよくないよね」と声を掛け、今度からは遅れないようにと話をする。	・一緒に歌う ・消毒をしていなかった子が1人いたので、もう一度消毒液をつくり、消毒が終わるまで見守る ・お給食を渡す。
12:25	・グループごとにお給食を取りに行く ・お給食を作ってくれた人に感謝の気持ちを込めていただきますをする。	・いただきますのご挨拶をする ・子ども達に、30回咀しゃくすることを伝える。	★「どうぞ」と言い、「ありがとう」と言われたら、「どういたしまして」だけではなく、「きちんと目を見

	込めていただきますをする。 ・お友達と会話をしながら、楽しい雰囲気の中で食べる。 いつもは挨拶の後ですが、戸外へ行く為に、先に行いました。	・子ども達に、30回咀しゃくすることを伝える。 ○先生も、手洗い、うがいを済ませて、いただきますをする挨拶をする 食が進まない子には、小さく切ってあげたり、お口に運んであげたり、量を決めて、「これぐらい食べよう。」と援助する。	「どういたしまして」だけではなく、「きちんと目を見て言えたね。えらいね。」と具体的にほめることが大切だと学びました。 子ども達のコップに、牛乳を注ぐ。 ↳アレルギーの子がいるので気をつけること。 ・手洗い、うがいを済ませて、いただきますをする
12:55 「ごちそうさま」	○お片付け、歯みがき ＜排泄、手洗い、うがい ・まだ頑張って食べている子もいる。 ・リーダーさんが、自分達の机をふきんでふく。 ・床に落ちたごみ等を拾ってきれいにする。	・話をたくさんしている子には、「食べ終わったらお話聞くよ。」と声掛けをする。お片付け、歯みがきするように声掛けする ・頑張って食べている子の応援をする。 ・もう一度、机の上を確認し、机を元の場所に戻す。	
13:20	○外遊び うんてい、鬼ごっこ、すべり台、鉄棒、またがるブランコ ○排泄、手洗い、うがい	・安全に配慮して、子どもと一緒に遊ぶ。	・安全に配慮して、子どもと一緒に遊ぶ。（鬼ごっこ）
○降園準備	○お着替え ・みんなでお着替え競争をする。		・お着替えが止まっていたり、ぼうっとしている子に声を掛けたり、少しお手伝いをする。
13:45	○お帰りのお集まり ・お着替えをして、先生の前に集まり、お話を聞く。 ・今日幼稚園でやったことをおさらいする。 ・明日の予定をお話する ↳(晴)こじか組、ひよこ組でお外でサッカー (雨)体育館で体操 ・明日のお当番さんと、リーダーを発表する。 ・今日、お給食に出た、緑のお野菜についてのお話を聞く。 ○がんばりマンの発表 ・お部屋に戻ってくるのが早かった子ががんばりマン ・みんなで拍手をする ・お当番さんにみんなでありがとうと伝える。 ・今日頑張ったことを報告する。 （楽しかったこと） ↳劇をやったこと 野菜を食べたこと ○お帰りのお歌を歌う 「おかえりのうた」 元気よく歌う。 ・先生とお友達にさようならをする。	・お着替えのとき、お友達のスモックは全部直してあげないで、はじを持っていてあげようと声を掛ける。 ・今日、幼稚園でやったことをおさらいする。 ・明日の予定をお話する。 ↳(晴)こじか組、ひよこ組でお外でサッカー (雨)体育館で体操 ・明日のお当番さんとリーダーを発表する。 ・緑のお野菜を1回も食べられなかった子に対して、「1回は食べてね。」と伝える。 「えらかったね、頑張ったね。」と、みんなの前でほめてあげることで、自信を持たせ、その様子を見たお友達も喜び、自分も頑張ろうとする。	→手伝い方を伝え、協力して出来るようにする。 ・明日の生活に期待を持って降園できるような配慮がなされていると感じた。 →給食時、野菜を嫌がって食べない子だったので、「～回頑張って食べてみて」と声をかけました。保育者の言葉通り頑張っていたので沢山ほめて、自信につなげました。
13:50	○順次降園 ・お迎えが来るまで、お絵描きや粘土で遊ぶ。	・「お休みの間、こんなことをしたよ」ってことを描いてみてと伝える。	・お絵描きでは、「これは何？」「○○ちゃんが描いてる絵は○○かな？」と、1人ひとりの絵を見てまわる。
14:15	○お片付け ・きちんと元の場所に戻すことができる ・お友達のも協力して片付けることができる ○お引越し	・子ども1人ひとりを見送り、お迎えに来た保護者の方と、今日の連絡や出来事を伝え合う。	・粘土では、「かっこいいお星様作って？」「きれいなお星様作って？」と、お星様がとても人気なようでした。
14:25	・バスを待っている子が集まってきた。	○掃除 ○製作 ○反省会	○掃除（お手伝い） ・りす組、ぺんぎん組のモップかけ ・くつ箱掃除 ・ピアノの掃除 ・トイレ ・テラス ・しんかんせんバス （パレット洗い） ・こぐま組のロッカーとお着替えの引き出しをふく ○製作のお手伝い ○反省会

今日一日をふり返って

今日は一日、実習のご指導をいただき、ありがとうございました。今日から初めての幼稚園実習ということで、とても緊張しましたが、こぐま組の子ども達は、私が「おはよう。」と話し掛けると、元気な声で「おはよう」と言ってきてくれたり、子ども達の方から「何先生？」と話し掛けてきてくれたことがとても嬉しかったです。今日は、そのときそのときの保育活動のことで頭がいっぱいになってしまい、一日の流れをつかむ余裕がありませんでした。明日からは、次の活動をよく考え、先を見越した行動がとれるよう、頑張りたいと思います。今日は一日、先生と子ども達とのかかわりを見ていて、先生もこぐま組の子ども達が大好きで、また子ども達も、○○○先生のことが大好きなのだな、と子ども達の笑顔を見ていて感じました。私も、今日よりも明日、明日よりも明後日、子ども達とたくさんかかわり、仲良くなっていきたいと思います。また、先生は、子どものいいところをどんどんと見つけ、それをすぐにほめて、子どもの自信につなげていることが強く心に残りました。私も、きちんと子どもの目を見つめ具体的にその子のいいところをほめ、喜びを共感したいと思います。長い時間、反省会までも開いて下さり、ありがとうございました。○○○先生と、○○先生からのご指導は、とても勉強になることばかりでした。先生には、これからもご迷惑をお掛けすることと思いますが、明日も宜しくお願い致します。

指導者所見欄

実習一日目、おつかれさまでした。子どもたちもゆうこ先生が来てくれて、とても嬉しそうでしたね。自己紹介の手作り絵本は、子どもたちを惹き付けていてとても良かったと思います。せっかくの力作ですので、一つひとつの場面で、子どもたちと遊んだりしながら行えると、さらに楽しめると思います。
今日の実習で、一日の流れが把握できたかと思います。失敗を恐れずに、「これだ」と思ったことや、気付いたことは積極的に行ってみて下さい。
頑張って下さい。

印 

（清水裕子）

〈ここがポイント〉

※これは、初めての幼稚園実習、初日の日誌です。実習生の記入内容と，担任の先生の修正箇所、アドバイス等をよく見て参考にしましょう。
園によって（担任によって）、記入の仕方の指導が異なることがあります。自分が配属されたクラス担任の指導に従って修正しましょう。

〈後期実習　初日：５歳児クラス〉

第一日目	○年　10月　15日（　　曜日）	天気 曇りのち晴れ 気温	組・人数	ぺんぎん 組　29 名 （男 13 名・女 16 名） 欠席2名　欠席2名
今日の目標	園生活の様子から年長児の発達の特徴を学ぶ			

時	分	子どもの活動	保育者、実習生の動き・配慮点	環境構成
8	20	○順次登園 ・保育者に朝の挨拶をする。 ○所持品の始末 ・身支度を整え、連絡帳を出し、シール帳にシールを貼る。 ○自由遊び ・室内遊び（ブロック 等） ・戸外遊び（鬼ごっこ、大縄跳び、ボール蹴り）	○視診　体調が悪い子がいたらすぐに検温をします。 ・子ども一人ひとりと笑顔で挨拶をする。場合により家庭に連絡 ・子どもと話をしながら、変わった様子等はないか注意を向ける。 ・子どもの支度の様子を見守り、遊びへ誘う。 始末が丁寧に行えているか確認しています。（着替え、荷物など） ・安全に配慮して子どもたちと一緒に遊ぶ。一人ひとりがどこで何をしているか、把握するようにしています。 ・園庭でボール蹴り、鬼ごっこ、大縄跳びをする。 ・縄跳びでは、跳べた回数を数え、喜びを共感したり、子どもの意欲に繋がるような声掛けをする。	☆：保育者 ○：子ども 戸外遊び ・子どもが遊びやすいよう、遊び道具を出しておく。
9	20	○片付け ・手洗い、うがい、排泄	・片付けをするよう声を掛け、一緒に片付けをする。 ・手洗い、うがい、トイレに行くよう声を掛ける。	柔軟体操 P ☆
9	30	○柔軟体操 足を閉じ伸ばして前へ倒れる 足を開き、左右へ倒れる 足を開き、前へ倒れる ・グループごとのリーダーが椅子を並べる。	・きちんと柔軟ができているか声掛けしながら数（20）を数える。 ・柔軟体操の仕方を教えながら、膝が曲がっていたり伸びていない子どもの背中を押したりしながら援助していく。 ・グループごとに椅子を並べるよう声掛けする。真っすぐ並べられるよう助言していく。 ・時計が「7」になるまでに並べられるように伝え、子どもたちが協力して目標を持って椅子並べができるようにする。	朝の集まり P
9	35	○朝の集まり ○楽器（メロディオン、トライアングル） ・保育者のピアノに合わせてメロディオンを演奏する。 「♪ドレミのうた」 「♪かえるの合唱」 「♪きらきらぼし」 ○楽器の片付け	・ロッカーからマウスピースを取って来てから、メロディオンを取りに来るよう声掛けをする。 ・メロディオンは人数分ない為、好きな楽器を取りに来るよう声掛けをする。 ・ピアノを弾き、子どもたちと一緒に歌う。 ・子どもたちに良かったところを発表してもらい、次への自信となるような声掛けを行う。 ・一つひとつの歌が終わったら、マウスピースを口からはずすことを約束する。 ・楽器を片付けるよう声掛けする。	メロディオンは子どもたちが取り出せるようにしておく。
10	00	・グループリーダーが各グループの連絡帳、手紙を配る。	・グループリーダーに、連絡帳と手紙を配るよう声掛けする。	当番の発表 朝の挨拶 P ☆ ★ ★←当番
10	05	○当番の発表 ・「♪あなたのお名前は」の曲に合わせて当番が自己紹介をする。 ・当番の「一生懸命頑張ります。」の言葉に対し、「頑張ってね。」と言う。 ○朝の挨拶　・起立 ・「先生おはようございます。みなさんおはようございます。」と挨拶をする。 ・着席 ○出欠確認 ・リーダーが前に立ち、グループの子どもの出欠確認をする。 ・「♪おはようクレヨン」に合わせて、休みの子どもの人数を確認する。 ・当番が職員室へ出欠カードを出しに行く。	・今日の当番に、当番バッヂを付ける。 ・今日の当番を発表する。 当番が自信を持って胸を張り登場できるよう盛り上げていく。 ・年長児として起立や着席はしっかりと行い、きちんとした態度で取り組めるようにする。 返事が身に付くよう繰り返し伝えていく。 ・きちんと返事ができた子どもを誉める。 ・リーダーがグループの子どもの出欠確認をした後でリーダーの名前を呼ぶ。 ・ピアノを弾き、休みの子どもの人数を確認する。 歌う意欲を引き出せるよう楽しみを持てるようにしています。 ・当番に出欠カードを出しに行くよう声掛けし、当番に子どもたちと一緒に「行ってらっしゃい。」と言って見送る。	出欠確認・出欠カード P ☆ ←グループリーダー 人数確認 ☆ ★ ★
10	15	○歌 「♪手のひらを太陽に」 「♪秋のこびと オータムタム」 「♪秋の子」	・子どもたちに先に歌いたい歌を選んでもらい、歌う。 ・子どもたちの様子を見ながら一緒に歌う。 ＊歌詞を覚えられるよう指導し、良かったところ、間違ったところをすぐに伝えていくようにしています。	歌 P ☆

10 20	○読み聞かせ 「ねしょんべんものがたり」	・子どもたちの様子を見ながら読み聞かせを行う。 ・子どもたちの想像力が広がるよう、読み方等に気を付けて読む。	Ⓟ ☆ ○○○○○○○ |||||||
10 30	○保育者の話	・今日の連絡事項や予定を話す。 （運動会の絵を選び、公民館へ飾ることについて。 公開保育の為、保護者の方が沢山いるので挨拶をしっかりとすると いうこと等を伝える。）	
	・実習生の自己紹介を聞く。	・子どもたちの前で自己紹介をする。（実習生）	
10 40	・運動会の絵を見る。	・一人ひとりの子どもの絵を発表し、良く描けているところや良いところを発表する。 ・誉められたことで子どもの自信へ繋がり、また友達の作品を見ることで、友達を認めることへ繋げていく。 友達の作品を見ることで絵の描き方を沢山知ることができます。	
11 00	・運動会の絵を選ぶ。 ・グループごとに絵を持ち前へ出て来て、良いと思う絵に手を挙げる。	・良いと思う絵に手を挙げることを伝える。 選ぶポイントを伝え、良いと思うポイントを考えられるようにしています。	
11 05	・排泄 ・着替えて着席する。 ・まだ着替えている子を待つ間、クイズ等を行う。	・時計の針が「2」になるまでにトイレへ行き、着替えて着席するよう声掛ける。 ・1人が前へ出て来て、その子に対する質問をしていく。 友達への興味を深め、発言することが身に付くように。	
11 10	・運動会の絵を選ぶ。	・子どもたちに「きれいに塗れている子に手を挙てね。」ということを伝える。	
11 15	○帰りの集まり ○保育者の話	・明日の予定や連絡事項を話す。 （明日は給食で、体操があることを伝える。 風邪予防の為に、手洗い、うがいはしっかりと行うということについて。）	
11 20	○チャンピオンの発表 ・チャンピオンには王冠とたすきをかける。 ・明日の当番、リーダーの発表	・みんなの前で誉めてあげることで、自信を持たせ、その様子を見た友達も喜び、自分も頑張ろうとする意欲を育てる。 ・明日の当番やリーダーを発表することで、明日への期待を高められるようにする。	
11 25	○帰りの挨拶 ・起立 ・「先生さようなら、みなさんさようなら。明日も元気に頑張るぞ、おー。」と	・目を見て姿勢良く挨拶ができているか等をよく見る。 ・グループで協力して椅子を片付けられているか等をよく見る。 椅子の持ち方が危険でないか、安全に運べるよう援助する	帰りの挨拶 ☆ ★★ ○○○○○○○ |||||||
	挨拶をする。 ○順次降園 ・室内遊び（絵描き、粘土、れんが） ○片付け ○引越し	・子ども一人ひとりを見送り、迎えに来た保護者の方々と、今日の連絡や出来事を伝え合う。 落ち着いてあそべるよう見守り、一人ひとりに配慮していく。 ・迎えが来るまで保育室の中で一緒に遊ぶ。 ・全体に目を配り、怪我等に十分留意しながら遊ぶ。 ・片付けをするよう声掛けし、引越しをする。 道具箱が綺麗に片付いているか、確認し、片付けが身に付くよう、繰り返し伝える。	電気・空気清浄機を切る。

今日一日をふり返って

今日は一日実習のご指導をしていただき、ありがとうございました。5歳児ということもあり、朝の身支度や片付けは、保育者から言われなくても進んでしっかりと行っていて、集まりのときに保育者の話を聞く態度も、とてもしっかりとしていた様子がうかがえました。遊びの場面でも、年長児らしい姿を沢山見ることが出来ました。ボール遊びをした際には、ただ蹴るのではなく、きちんとねらいを定めて力強く蹴ることが出来ていました。また、大縄跳びでは、友達が跳んでいる様子を見て自分も挑戦してみようとしていたAちゃんに対して、周りの子どもたちも数を数えてあげる等、自分が楽しむだけではなく、友達も一緒に楽しめるように応援をしていた様子が印象的でした。運動会の絵の製作では、一つの運動会でも、子どもたちの目に写る運動会は、それぞれで表現の仕方等も異なるのだと感じました。紙の使い方や色使いも、子ども一人ひとり同じものはなく、感じたことやイメージしたことを色々な方法で表現している様子がうかがえました。今日は、未就園児との関わりを通して、安全に配慮して遊ぶことの大切さを改めて実感することが出来ました。子どもに危険がないか、常に目配り気配りをしていきたいと思います。明日もご指導宜しくお願い致します。

指導者所見欄

実習一日目おつかれ様でした。年長児の発達をよく見られたようですね。この姿をよく把握して、個々に未熟な面を補えるよう援助方法を先生なりに考えて実習に臨んでみて下さい。

子どもは、自分の力で行えることは沢山ありますが、できないことを自分で考え、どのようにしたらよいのか、行動できるように配慮するようにしています。これを踏まえ子どもたちの可能性をもっと伸ばせるようすぐに手を貸すのではなく、言葉掛けによる援助が大切になると思います。これからの二週間、先生ができることを色々と実践していけるといいですね。

印 ㊞

（清水裕子）

〈ここがポイント〉（↑）

※これは、後期実習初日の日誌です。環境構成の図示により、保育者と子どもの位置関係がよくわかるように書けています。担任の先生からの記入が、保育者の配慮としての助言となっていたり、記入不足の内容を補う文となっていることを注目してみましょう。

〈ここがポイント〉（次頁→）

※次頁の日誌は、後期実習２日目のものです。環境構成の図が、初日より見やすく記入されています。担任の先生からの記入に対して、さらに気付いたことがあれば、黒・赤以外の色の違うペンで改めて記入するとさらによいでしょう。

〈後期実習2日目：5歳児クラス〉

第二日目	○年 10月 16日（ 曜日）	天気 曇り時々雨 気温	組・人数	ぺんぎん 組 29 名 （男 13 名・女 16 名） 欠席2名 欠席1名
今日の目標	保育の様々な場面や子ども一人ひとりに応じた適切な言葉掛けを行う			

時	分	保育活動（子どもと保育者） 子どもの活動	保育者、実習生の動き・配慮点	環境構成
8	20	○順次登園 ・保育者に朝の挨拶をする。 ○所持品の始末 ・体操がある為、体操着で登園する。 ・連絡帳を出し、シール帳にシールを貼る。 ○自由遊び ・室内遊び（ブロック等） ・戸外遊び（大縄跳び、ボール、だるまさんが転んだ、ギャタピロラ 等）	○視診 ・子ども一人ひとりと笑顔で挨拶をする。 ・子どもに変わった様子はないか注意を向ける。 ・子どもの支度の様子を見守り、遊びへ誘う。 ・安全に留意して、子どもたちと遊びを楽しむ。 ・誰がどのコーナーで遊んでいるのかを見て回り、その際トラブルが起こっていないかどうか等も確認する。 （子ども同士で仲直りの解決法をみつけられるように考えさせていく。） ・トラブルが起こった場合、どうしたのか本人に聞く。又、保育者の見ていないところでのトラブルは、近くにいる子どもに状況を聞いてみる。けんかの場合は、双方の気持ちを聞き、しっかりと受け止め、相手の気持ちを伝える。	・暖房、換気の調節 当番バッチをつける ・戸外遊びとしては、ボール、竹馬、ポックリ、大縄等を用意し自由に遊べるようにしておく。
9	20	○片付け ・手洗い、うがい、排泄 ○柔軟体操 ・グループリーダーが椅子を並べる。 ・リーダー以外の子は壁ぺたんをして待つ。	・片付けをするよう声を掛け、一緒に片付けをする。 ・次の活動に期待が持てるようにしながら片付けを呼び掛ける。 ・手洗い、うがい、排泄をするよう ・きちんと柔軟ができているか声掛けしながら数（20回）を数える。 ・柔軟体操の仕方を教えながら、膝が曲っていたり伸びていない子どもの背中を押したりしながら援助していく。 ・グループごとにリーダーが椅子を並べるよう声掛けする。 ・時計の長い針が○になるまでに並べられるようにと伝え、子どもたちが協力をして目標を持って取り組めるようにする。	（配置図：水道、P、ベランダ、ロッカー） ☆：保育者 ○：子ども ●：グループリーダー ★：当番
9	35	○朝の集まり ・リーダーがグループの連絡帳、手紙を配る。 ○歌 「♪手のひらを太陽に」 「♪秋のこびとオータムタム」 「♪秋の子」 ○当番の発表 ・当番の自己紹介 ○朝の挨拶 ・起立 ○朝の歌 「♪あさのあいさつ」 ・着席 ○出欠確認 ・リーダーが前に立ち、グループの友達の出欠をとる。 ・「♪おはようクレヨン」に合わせて欠席人数を確認する ・当番が職員室へ出欠カードを出しに行く。 ○読み聞かせ 「ねしょんべんものがたり」 ○保育者の話	・リーダーに連絡帳、手紙を配るよう声掛けする 名前を間違えて渡さぬように注意しています。 ・子どもたちの様子を気に掛けながら一緒に歌う。 大きな声で元気よく歌えているか？歌詞は覚えているか、など配慮。 ・今日の当番を発表する。 ・年長児として起立、着席はしっかりと行い、きちんとした態度で取り組めるようにする。機敏にだらだらしないよう気づかせていく。 ・保育者がピアノを弾き、子どもと一緒に歌う。 友達の返事に耳を傾けられているか姿勢を正せるよう気付かせていく。 ・リーダーがグループの友達の出欠確認をした後でリーダーの名前を呼ぶ。 ・きちんと返事ができた子どもを誉める。（周りの子にも手本となるように） ・ピアノを弾き、欠席人数を確認する。 ・当番に出欠カードを出しに行くよう声掛けし、子どもたちと一緒に見送りをする。（歩いて行くことを注意していく。） ・子どもたちの様子を見ながら、読み聞かせを行う。 ・子どもたちの想像が広がるよう、読み方等に気を付けて読む。（物語に興味を持っているか？） ・今日の連絡事項や予定を話す。	（配置図：水道、P、ベランダ、ロッカー） ↑当番登場 出欠確認 ・出欠カード ・本「ねしょんべんものがたり」
10	00	○体操〈りす組と合同〉 （縄跳び、ドッジボール） ・準備運動 ・講師からの話 ・縄跳び	・カラー帽子を被り、縄跳びを持って行くよう声を掛ける。 ・一度引っかかってしまっても、諦めずに跳び続けるよう声を掛ける。 ・跳び方のポイントを声掛けしたり、頑張っている子を誉め、自信が持てるようにする。	・箱ティッシュ 救急箱

（清水裕子）

〈前期実習　初日：3歳児クラス〉

実習日誌（第1週第1日目）

○ 年 11 月 13 日					曜日	天候 晴れ
ぱんだ 組	出席数	男 10 名 女 8 名	計 18 名	学生氏名 齊坂 みなみ	指導者印	㊞

本日の保育のねらい・主な活動	本日の自分の実習目標
話している先生の顔を見て、話しを聞く.	子どもの遊びの中に自分から入り、名前を覚え合う.

時程	幼児の活動	○教師の活動 ◎実習生の活動
8:30	順次登園する ・元気よく挨拶する.・おたより帳にシールを貼る. ・タオルを掛ける.・スモックに着替える. ・かばんを掛ける. 自由遊び 保育室内でブロック，お絵描き，粘土で遊ぶ. ままごと，本を読む.	○登園してきた子どもたちに挨拶し、変わった様子はないか視診をする. ◎子どもたちに挨拶をする. シール貼りや.着替えを手伝い、遊びに加わる. 「何して遊ぼうか.」「いつも何して遊ぶの.」等. ○子どもたちの視診をしながら遊ぶ。
9:40	玩具を片付ける. 自分の遊んでいた玩具を箱に入れ棚にしまう。友だちの分も片付けてくれる子もいた。 片付ける場所を教えてくれる子もいた. トイレを済ませ、お眠りをする. 帽子を被り、トイレを済ませ、朝礼の準備をする 外遊び 滑り台，鉄棒，お砂場で泥団子を作る， チクチク鬼，追いかけっこをして遊ぶ.	○子どもたちに片付けをするように声掛けをする. 「みなみ先生は、お片付けの場所知らないから、お片付け見せてあげようね.」と声を掛けると、子どもたちはやる気を出していた。 ◎子どもたちに片付ける場所を教えてもらいながら、片付けをする. ○トイレに行くよう声掛けをする. ◎トイレについて行く. ○「出ない.」と言う子にも座るように言う. 座ると出る子が多くいた. ○◎外で子どもたちと遊ぶ. チクチク鬼を5人でやり、お砂場へ行き、土に水を加えて泥団子を作る. 他のクラスの子たちも混じえて遊ぶ.
10:00	朝礼 お並びをする. 朝のご挨拶，園長先生のお話し（いじめ，いい子悪い子のお話し），体操，園歌，仏様へご挨拶，今週のお約束（お遊戯の練習を頑張ろう.）	○並ぶように声を掛ける. 前で歌，体操をする. 泣いている子に対応する. ◎一番後ろに並ぶ. 一緒に歌，体操を行う. ○たいこ橋まで誘導し、横に立ち声掛けをする. 「降りたら遊ぼうね.」と声掛けをする. ◎子どもたちが降り終わるのを待ち、一緒に遊ぶ.
10:15	かけっこでたいこ橋の所まで行く. 1人づつ登り、降りたら自由遊び. 鉄棒，滑り台，砂場で泥団子を作る， かけっこの競争をして遊ぶ.	○◎子どもたちと遊ぶ ○保育室に戻るよう呼び掛ける. ◎子どもたちと一緒に保育室へ戻り
10:35	保育室に戻り，手洗い，うがいをする.	手洗い，うがい，帽子を掛けるよう声掛けをする.

時　程	幼児の活動	○教師の活動 ◎実習生の活動
10:45	お眠りをする．朝の会 歌を歌う．・ミックスジュース・へっちゃらぽんち・山の音楽家・おじぎの練習 お遊戯会の歌の練習 身体も使って元気よく歌う．	○ピアノを弾きお眠りを促す． ◎子どもたちと同じくお眠りをする． ○ピアノを弾き、歌う． ◎子どもたちと一緒に歌う． ○出欠をとる．「今日は、元気だね．」，「お声が小さいよ．」などと声を掛ける．
11:10	自己紹介，製作，手遊び 製作帳を受け取り、クレヨンを用意して、絵を描く． 終わった子から、お絵描きか、粘土で遊ぶ．	◎先生に紹介してもらい、自己紹介を短くする． ○◎製作のためのスケッチブックを配る． ○◎製作の様子を伺う． ◎一緒に絵を描いたり、粘土をする． 「どんな野菜描こうか」「りんご上手に描けてるね．」と声掛けをした．
11:35	お遊戯の練習 男の子「ウリボーマンボー」，女の子「みんな大好き」 女の子，男の子の順で練習をする．待っている子はお絵描きか、粘土で遊ぶ．	○お遊戯会の踊りを子どもたちに教え、音楽をかけて、子どもたちの前で一緒に踊る．動きに合った声掛けをして、覚え易くしていた． ◎待っている子たちと一緒に、お絵描き、粘土をして遊ぶ．「おにぎり作って．」「くじら作って」と言われ、一緒に作った．
12:20	トイレに行く 片付け，給食の準備，お眠り コップ，給食の準備をして、出来た子からお眠りをする．→牛乳をお当番が取りに行く お弁当の歌を歌い、いただきますのご挨拶をして、食べる． 先生に「いいですか．」と聞きに行き、片付けをする．好き嫌いがある子もいれば、全部食べられる子もいた．1人1つごみ拾いをする．	○片付けて、お弁当の準備をするように声掛けをする．机を拭く． ◎まだ準備を始めていない子に声掛けをする．手を洗うように声を掛ける． ○ピアノを弾き歌い、いただきますのご挨拶をして、牛乳を注ぐ．（牛乳はコップの半分より少なめ．） ◎歌を歌い、ご挨拶をして、牛乳を注ぐ．先生と一緒にいただきますのご挨拶をして、お弁当を食べる．
12:50	お眠り，ごちそうさまのご挨拶 帽子を被り、外遊びの準備をする． マイペースな子もいたが、一人で出来ていた． トイレに行く． り近くに先生が座っていると、お遊戯会の練習のことを話してくれたり、私のお弁当の中身を見ようとしたりしていた。ほとんど、みんなしっかり座って食べていた。 「なんで先生はお給食じゃないの．」と何度も聞いてきた．私に沢山話し掛けてくれた．	○牛乳のおかわりや「いいですか．」に対応する． ◎片付けを手伝う． ○ピアノを弾き、ごちそうさまのご挨拶をする．帽子を被り、外遊びをするよう声掛けをする． ◎ごちそうさまのご挨拶をして、外遊びをする準備をするように声掛けをする．
13:05	外遊び 鉄棒，滑り台，ボール，砂場，かけっこをして遊ぶ．ごっこ遊び（レストラン6人）	○◎子どもたちと外で遊ぶ． ◎鉄棒しているところを見に行ったり、ごっこ遊びをして遊ぶ．
13:45	保育室に戻る．帰りの準備．トイレに行く． 手洗い、うがいをして保育室に戻り、着替えて、お帰りの準備をする． お眠り	○手洗い、うがい、帰りの準備をするように声掛けをする． ◎トイレについていく，帰りの準備をするよう声掛け、手伝う．
13:55	紙芝居「まさるくんとようこちゃんのおつかい」 段々静かになり、集中して見る．	○手遊び「トントントントンアンパンマン」をして静かになってから、紙芝居を始める．

時　程	幼児の活動	○教師の活動 ◎実習生の活動
14:05	・帰りの会 お帰りの歌を歌い、ご挨拶をする. 順次降園する バスを待っている子、お迎えがまだの子は、遊んで待っている。 ブロック，パズルで遊ぶ。 帰る前に自分が遊んでいた物を全部片付けて、先生が持っているタンバリンを叩き、挨拶して帰る.	○おかえりの歌のピアノを弾き歌う. ◎子どもたちと一緒に歌を歌う. ○タンバリンを持って、帰る子1人1人に挨拶をして、タンバリンを叩いてもらう. 保護者との連絡をし合う. ◎バスを待っている子たちと一緒に遊ぶ ○バスを待っている子，保護者に話しを聞く、一緒に遊ぶ.

全体考察と反省

登園してきた子から順に遊んでいました。初日なので遊ぶ子が偏ってしまわないようなるべくみんなと遊べるように行動したのですが、「一緒に行こう」と言う子や、手をつなぎたがる子が多くいて、どちらに行けばいいのかが分からなく、曖昧な言葉を返してしまいました。この時、先生がおっしゃっていたように「順番だよ」という一言を上手く掛けてあげることがよいのだと学びました。外に出る時、靴を出してくれる子がいました。早く遊びたいという気持ちからだと思いましたが、ごっこ遊びで先生役をやりたがる子が毎回出してくれていたので、先生の様にお世話をしたいという気持ちからだったのかもしれないと思いました.
お眠りをする時、まだ私に話しをしたがる子がいて「静にしようね、お眠りの時間だからね.」と言っても、次つぎに呼ばれて、困りました。そこで、自らお眠りのポーズをしたら、その様子を見て、段々と静かになりました。これは、声掛けで効果がない場合、態度で効果があったのだろうと思いました。このことから、先生の行動を子どもたちはよく見ているのだなと感じました。ごっこ遊びからも、先生がいつもみんなに言っている声掛けをしている姿を目にして、子どものお手本になる行動が出来るよう気をつけなければならないと思いました。
私が子どもたちと遊んでいる時、他の子が後ろで様子を見ていたことに先生に言われるまで気づけなかったので、明日は注意出来るように気をつけたいです。
今日から5日間という短い期間、少しでも多くのことを学び、自分に取り入れていけたらと思っています。よろしくお願いします。

〈ここがポイント〉（←前頁まで）

※前期実習初日の日誌です。実習前に、どのような心構えで実習に臨んだのかがよく出ています。実習後にも改めて思い出したことを小さい字で追加してあります。こうした振り返りも大切です。

〈ここがポイント〉（次頁→）

※前期実習初日、４歳児クラスの日誌です。文字の大きさ、吹き出しを使っての気付いた点の書き方、図示など、とても見やすくわかりやすく記入されています。子どもが登園する前と、降園してからの動きも書いてありますが、園によっては、子どものいる時間だけを記入するように指導されることもあります。

〈前期実習　初日：４歳児クラス〉

○○○○短期大学	実習生氏名	木下夏海	
第1日目　年 2月14日（　曜日）天気 晴れ 習字の日	組・人数	（年中） 桜 組	男 12名・女 9名 計 21名
		欠席　名（　）	
今日の目標	クラスの一日の流れを理解する。		

時	分	子どもの活動（生活の流れ）	保育者の動き・保育の配慮	実習生の動き	環境・準備他
7	40			・廊下をほうきで掃く。	
			○朝礼	・朝礼に参加する。	
8	00	○順次登園	○掃除・準備	・廊下をほうきで掃く。	
		・クラスへ行き、スモック・ジャージに着替える。	・保育の準備をしたり、早く登園してきた子どもに挨拶をする。	・早く登園してきた子どもに挨拶をする。	・テーブルを出す。
		・おたよりばさみを箱の中に入れる。 ・出席ノートにシールを貼る。	・子どもと休日の様子などについて話をする。	★先生が元気いっぱいに挨拶することで、子どもも元気に挨拶し、楽しそうに話をしていました。	★子どもたちが、先生に何も言われなくても自分から着替えたり、シールを貼ったりしていて、驚き、感心しました。
		・赤白帽子をかぶり外に出る。	・体育サーキットの準備をする。		
9	00	○体育サーキット	○体育サーキット		園庭の環境
		・マット・平均台・フラフープ・跳び箱・鉄棒を順番にまわりながら運動する。	・それぞれの場所につき、子どもができないところは手助けしたり、声をかけたりする。	・マットにつき、子どもができないところは手助けしたり、声をかけたりする。	マット 平均台 跳び箱 鉄棒 フラフープ
		○外遊び	○外遊び		
		・園庭の遊具で遊ぶ。	・子どもと一緒に遊ぶ。	・子どもと一緒に遊ぶ。	
		・ままごとや縄とびをして遊ぶ。		★「かして」「いいよ」などを自分の言葉ではっきりと言え理解できることがわかりました。	
		・手洗い、うがいをしてクラスに戻る。	・手洗い、うがいをしてクラスに戻る。		・用具を片付ける。
		・椅子を持ってきて座る。	・椅子を持ってきて座るよう声をかける。		
10	00	○朝の会	○朝の会	★「子守り唄」を弾くことで子どもたちが落ち着いた状態で活動を始められるのだと思いました。	
		・♪「子守り唄」に合わせて眠るふりをする。	・♪「子守り唄」を弾く。		
		・返事をして起きる。	・♪「起きよ」の歌を弾き、子どもたちを起こす。		
		・♪「お当番さん」の歌を歌う。	・♪「お当番さん」の歌を弾く。		
		・♪「おはよう」を歌う。	・♪「おはよう」を弾く。	・♪「おはよう」を歌う。	
		・朝の挨拶をする。	・朝の挨拶をする。	・朝の挨拶をする。	
		・日付、曜日、天気を言う。	・日付、曜日、天気の確認をする。	・日付、曜日、天気を言う。	
		・名前を呼ばれたら元気よく返事をする。	・出席の確認をする。 …子どもの名前が書いてある札を見せながら、一人ずつ名前を呼ぶ。	★子どもたちがみんな手をまっすぐに挙げ、元気に返事をしていて、とてもしっかりしていると思いました。	・名前カードを準備する。
			・一人一人の返事を聞いて「元気だね」「かっこいいね」		

時間	子どもの活動	保育者の援助・配慮	実習生の動き・気づき	環境構成
		などと声をかける。		
		・実習生を紹介する。	・自己紹介をする。	
	・漢詩『友を送る』を読み上げる。	・読むところを指しながら読む。	★漢字だけしか書いていないのに、つっかえずに読み上げる子どもたちを見て、とても驚きました。	・漢詩の紙を黒板に貼る。
	・赤白帽子をかぶり、外に出る。	・赤白帽子をかぶり、外に出るよう声をかける。		
	・クラス毎に並ぶ。			
	・前へならえをして列を整える。	・「前へならえ」と声をかけ、列を整える。		
10:20	○朝礼	○朝礼		・放送で園歌、体操の音楽を流す準備をする。
	・園長先生の話を聞く。	・園長先生の話を聞く。	・園長先生の話を聞く。	
	・♪「園歌」を歌う。	・♪「園歌」を歌う。	・♪「園歌」を歌う。	
	・音楽に合わせて体操をする。	・音楽に合わせて子どもの前で体操をする。	・音楽に合わせて体操をする。	
	・トイレに行く。	・トイレに行くよう声をかける。	★集中して活動に取り組めるようにするための配慮なのだと思いました。	・机の上と床に新聞紙を敷く。
	・習字用スモックに着替える。	・習字の準備をするよう声をかける。		
	・硯、下敷き、文鎮を机の上に準備する。			
10:40	○習字	○習字		
	・姿勢を正し、黙想をする。	・姿勢を正し、黙想をするよう声をかける。		・硯に墨汁を注ぐ。
	・一人ずつ紙と筆をもらいに行く。	・紙と筆を配る。	★調子が悪そうで活動をしない子どもに対して「大丈夫?」「どうしたの?」としか声をかけることができず、戸惑ってしまいました。先生が「一緒に書こうか」と言って対応している様子を見て、"先生と一緒に"書くことで、子どもが書く気になれたのだと感じました。	
	・保育者が書く様子を見ている。	・黒板に貼った紙にお手本を書く。		
	・保育者の話を聞く。	・注意するところを言う。		
	・自分の半紙に「生」の字を書く。	・一人ずつに声をかけながら花丸をつけていく。		
	・書き終えた子どもから習字道具を片付ける。	・作品を集め、新聞紙を片付ける。		・筆を集める。 ・筆を洗う。
	・お当番さんが床を拭く。			
	・何人かで机をたたみ運ぶ。	・机を片付けるよう声をかける。		・机を片付ける。
	・赤白帽子または園帽子をかぶる。	・グループ毎に赤帽子、白帽子、園帽子をかぶるよう声をかける。		
	・椅子を持ってきて座る。	・椅子を持ってきて円形にするように声をかける。	・椅子を持ってきて座る。	子ども 先生
11:30	○なんでもバスケット	○なんでもバスケット		
	・保育者の話を聞く。	・ルールを説明する。 …「おには『赤い帽子をかぶっている人』って言うんだよ」などと例をあげて、わかりやすく説明する。	・保育者の話を聞く。	
	・なんでもバスケットをする。	・なんでもバスケットをする。 ★おにになって、何を言えばいいか迷っている子ども	・なんでもバスケットをする。	

	・椅子の向きを変える。 ・給食の準備をする。	に、そっと耳うちをして何を言えばいいかヒントを教える。 ・椅子の向きを変えるよう声をかける。 ・何人かの子どもに給食を取りに行くよう声をかける。	★子どもがゲームを楽しめるようにするための配慮だと思いました。先生に教えてもらって、とても嬉しそうな様子でした。	
12:00	○給食 ・お当番さんは前に出る。 ・♪「おべんとう」を歌う。 ・「いただきます」の挨拶をする。 ・給食を食べる。 ・「ごちそうさま」の挨拶をする。 ○歯みがき ・歯みがきの準備をする。 ・歯みがきをする。 ・椅子を片付ける。	○給食 ・お当番さんを前に呼ぶ。 ・♪「おべんとう」を弾く。 ・「いただきます」の挨拶をする。 ・給食を食べる。 ・「ごちそうさま」の挨拶をする。 ○歯みがき ・歯みがきの準備をするよう声をかける。 ・♪「はをみがきましょう」を弾く。 ・椅子を片付けるよう声をかける。	・♪「おべんとう」を歌う。 ・「いただきます」の挨拶をする。 ・給食を食べる。 ・「ごちそうさま」の挨拶をする。	・給食を片付ける。 ・おたよりばさみにおたよりをはさむ。 ・床を掃く。
13:10	○自由遊び ・ロビーで自分の好きな遊びをする。（ブロック・ままごとなど） ○片付け ・遊んでいたものを片付ける。 ・制服に着替え、帰りの仕度をする。	○自由遊び ・子どもと一緒に遊ぶ。 ○片付け ・子どもと一緒に片付けをする。	・子どもと一緒に遊ぶ。 ・子どもと一緒に片付けをする。	
13:40	○帰りの会 ・♪「ごそつぎょうのうた」を歌う。 ・♪「お別れのワルツ」を歌う。 ・♪「おかえりのうた」を歌う。 ・帰りの挨拶をする。 ・おたよりばさみをもらいに行く。	○帰りの会 ・♪「ごそつぎょうのうた」を弾く。 ・♪「お別れのワルツ」を弾く。 ・♪「おかえりのうた」を弾く。 ・帰りの挨拶をする。 ・一人ずつ名前を呼び、おたよりばさみを配る。	・♪「ごそつぎょうのうた」を歌う。 ・♪「お別れのワルツ」を歌う。 ・♪「おかえりのうた」を歌う。 ・帰りの挨拶をする。	
13:50	○自由遊び ・ロビー、保育室で遊ぶ。 （ブロック・ままごと・絵本など）	・迎えに来た保護者と話をする。 ・子どもと一緒に遊ぶ。	・子どもと一緒に遊ぶ。	
15:00	○外遊び ・園庭で元気よく遊ぶ。 （色おに・氷おに・チョコレート作りごっこなど）	○外遊び ・子どもと一緒に遊ぶ。	・子どもと一緒に遊ぶ。	★たたかれたと言って泣いている子どもがいたので、そのときのことをその子どもや周りの子どもに確かめながら話を聞きました。けれど、たたいた子がいなくなってしまったので、完全には納得してもらえませんでした。
16:00		○掃除・保育の準備	・ロビーの床を掃く。 ・習字の作品を台紙に貼る。 ・カレンダーを作る。	
17:35		○打ち合わせ（毎週月曜日に行う） ・一週間の予定・制作についての確認をする。	・先生方と一緒に打ち合わせに参加する。	
17:50		○後会 ・引き継ぎ・連絡をする。	・後会に参加する。 ・カレンダーを作る。	18:15 実習終了

（※「今日一日をふり返って」は省略）

〈前期実習　初日：５歳児クラス〉

○○○○短期大学		実習生氏名	蜂須彩乃	
第1日目	○年 2月 14日（　曜日）天気 晴れ	組・人数	（5歳児）つき組	男 10名・女 17名 計 27名
			欠席 0名（　　）	
今日の目標	早く子ども達の名前を覚え、幼稚園での一日の流れを理解する。			

時	分	子どもの活動（生活の流れ）	保育者の動き・保育の配慮	実習生の動き	環境・準備他
8	30	◎登園（バス、徒歩） ・着替えたら外へ出て、自由遊びをする。 ・鐘が鳴ったら部屋に戻る。 ・手洗い、うがい、排泄	◎視診、視察 ・朝の挨拶 ・子ども達に外へ行く様促す。 ・外遊び終了の鐘を鳴らす	◎朝の挨拶 ・子ども達と一緒に遊ぶ	
9	30	◎朝のお集まり ・「おはよう」の歌を唄う ・朝の挨拶 ・日直さんは、今日の人数を伝えに行く。 ・「クラリネットをこわしちゃった」「ビビデバビデブー」英語「てんまでかけるよ」 ⇨唄う ・バレンタインのプレゼントをもらう。	・「おはよう」の歌の伴奏 ・朝の挨拶 ・出欠を確認し、日直さんに今日の人数を伝えてもらう様に言う。 ・子ども達が元気に唄えるように言葉掛けをする。	・朝の挨拶 ・子ども達と一緒に唄う。	ピアノ ☆実習生
10	15	◎お遊戯会の練習 ・自分の楽器を指定の場所にセットする。 （木琴グループと、打楽器グループに別れて練習） ・木琴、打楽器グループの人は、グループ練習をし、他の人は、ブロック、お絵書きなどをして遊ぶ。	・練習する場所を指定 ・打楽器グループの指導 ・言葉掛けをし子ども達にやる気を出させながら指導する。	・木琴グループの人は集まる様言葉掛けをする。 ・木琴グループの指導 ・練習が終わった子達と一緒に遊ぶ。	木琴 ピッコロ 大太鼓
12	20	◎昼食 ・かばんからナフキン、コップ、お箸、お弁当を床に出し、座って待つ。 ・日直さんは、「いただきます」の号令を掛ける。 ・お弁当を食べる。 ・日直さんは、「ごちそうさま」の号令を掛ける。 ・片付ける。	・お弁当の準備をする様、声を掛ける。 ・床にみんなが座れる様、整える。 ・日直さんに号令を掛ける様促す。 ・お弁当を食べる。 ・日直さんに号令を掛ける様促す。 ・片付ける。	・床にみんなが座れる様整える。 ・お弁当を食べる。 ・片付ける。	〈お弁当形態〉 保 ☆実習生
12	50	◎外遊び ・昼食の終わった人から、外へ出て、自由遊びをする。 ・鐘が鳴ったら部屋に戻る。	・片付けが終わった人から、外に出る様言葉掛け。 ・外遊び終了の鐘を鳴らす。	・子ども達と外で遊ぶ。	

13 20	◎帰りの準備 ・着替えをして床に座る。 ・おはようブックをしまう。 ・なぞなぞ遊び	・きちんと座る様声を掛ける。 ・なぞなぞを出しながら全員がそろうのを待つ。	・きちんと座る様、声を掛ける。 ・パネルシアターの準備	
13 35	◎帰りのお集まり ・パネルシアターを見る ・「おかえり」の歌を唄う ・日直さんは、「さようなら」の号令を掛ける。	・「おかえり」の歌を伴奏 ・日直さんに、号令を掛ける様促す。 ・明日も元気に幼稚園に来れるように言葉掛けをする。	◎部分実習 ・パネルシアターを演じる。「ドキドキドン一年生」 ・歌を一緒に唄う。	
13 45	◎降園 ・1．2番バスから園庭に出て、徒歩．3．4番バスの順で降園する。 ・時間までは、外遊びと室内遊びで過ごす。	・順番に外へ出る様、声掛けをする。 ・外遊びをしている子達と遊び、バスが来たら並ぶ様に声掛けをする。	・3．4番バスの子ども達と室内遊びをする。	
			〈実習終了〉	

今日一日をふり返って（実習中に学んだこと、感じたこと、反省すること等を記入する）

今日は、お遊戯会の練習がメインということで、あきてしまう子達に、何と言葉掛けをすればよいのか解からず、戸惑ってしまいました。パネルシアターの部分実習では、思ったよりも、ずい分早く終わってしまい時間が余ってしまいました。予想される子どもの動きや言葉を想定しながら練習しなければいけないなと思いました。自由遊びの時にケンカが起こりました。しかし、さすが年長さんで、周りのお友達の仲裁も入りつつ、自分達で解決してしまいました。保育者として、毎回口をはさむのではなく、"見守る"ことも大切なのだと感じました。明日は、一人ひとりの自由遊びに着目し観察したいと思います。ご指導の程よろしくお願い致します。

〈ここがポイント〉

※1日の保育の流れに沿って（時系列形式）、活動ごとに区切って記入してあります。担任の先生によっては、さらに具体的に（どのような言葉掛けをしたのか等）記入するように指導される場合もあります。
なお、修正してほしいところとして、"今日一日をふり返って"の1行目、「子達」を「子ども達」とするとよいでしょう。

〈後期実習　初日：５歳児クラス〉

第1日目	年　10月　15日（　曜日） ・月曜保育	天気 晴れ 気温	組・人数	つばき 組　28 名 （男 15 名・女 13 名）
今日の目標	・一日の流れを把握する。 ・先生の援助の仕方を観察させて頂きながら思い出し、行動する。			

時	分	子どもの活動	保育者の動き	実習生の動き	環境・準備他 考察
8	45	（順次登園） ・朝の挨拶をし、クラスに入ったら、朝の仕度を行う。 ・連絡帳にシールを貼る。 ・スモックに着替える。 ・仕度が終わった子から部屋の中で自由に遊ぶ。 （ブロック・おままごと・お絵描き）	・園内の掃除をする。 ・保育の準備をしたり、登園してきた子どもに挨拶をする。 ・クラスに入り、仕度が終わった子と一緒に遊ぶ。 ＊子どもと一緒に遊びながら、部屋の中の様子を常に把握し、必要な時に声掛けをする。	・園内の掃除をする。 ・子どもや保護者に朝の挨拶をする。 ・クラスに入り、仕度をしている途中の子に声掛けをしたり、話しをしながら名前を聞く。 ・仕度が終わった子と遊ぶ。 ＊年中の時一緒だった子たちと一緒に遊ぶ。	＊おままごとで遊んでいた際、部屋の周りを把握できる位置で座ること。
9	35	⊙片付け ・先生の呼びかけと、ピアノの音楽で片付け始める。 ＊先生がピアノの前に座っただけで自前に気付き、「お片付けだ」と呼びかけていた子もいた。 ・ロッカーの端に上履きを揃えて脱ぎ、トイレに行く。 ・カラー帽子をかぶり、先生の周りに集まり、話を聞く。	・「♪お片付け」をピアノで弾き、片付けるよう呼びかける。 ＊片付けるよう促し、一緒に片付けをしながら声掛けをする。 ・トイレに行くよう呼びかける。 ・カラー帽子をかぶり、先生の周りに集まるよう声掛けをし、外で遊ぶ際の注意を話す。	・片付けをするよう呼びかけをし、一緒に片付けをする。 ＊一緒に片付けをしながら、片付ける場所がわからない時には子ども達に聞く。 ・トイレに行くよう呼びかけをし、トイレに行って様子を見守る。 ・カラー帽子をかぶり、先生の周りに集まるよう声掛けをする。	＊トイレや水道を見守る時の声掛けに注意する。 自分の事は自分で出来るので進んで楽しく出来るように。どうやったら動けるかを考えながら工夫して言葉掛けをすることが大切。 ＊4歳児と異なることは、外で遊ぶ時の注意を確認してから、並んで外に出るのではなく、各自で外へ出ていく。 自立心を育てるため
9	50	⊙外遊び ・先生の注意を守りながら、各自で外へ行って自由に遊ぶ。 〈タイコ橋〉 ・うんていが出来る。 ・上まで登って下りることが出来る。 〈鉄棒〉 ・前回り、坂上がりが出来る。 ・足掛け回りが出来る。	＊子ども達と一緒に外へ出てジョウロを使って水で線を描いて、リレーが出来るようにする。 子ども達に声掛けをしながら、青と白グループに分けて、リレーが出来るよう促す。	・子ども達と一緒に外へ出てタイコ橋や鉄棒で見守りながら遊ぶ。	※運動会が終わったばかりなので、遊びでリレーをしたり、かけっこをすることが多い。
10	10	⊙片付け ・先生の呼びかけで片付けをし、円になって集まる。 ＊実習生の声掛けで円になり、「きれいな丸にまだなってないよ」と子ども同士で声を掛けながら丸を作る。 ・クラスへ戻り、トイレ・手洗い・うがいをする。	・片付けをするよう呼びかけし、円になって集まるよう促す。 ・円になったら、身体の砂などの汚れをはたき、クラスへ戻ってトイレ・手洗い・うがいをするよう伝える。	・片付けをするよう呼びかけし、円になって集まるよう促す。 ＊「円になって」と声掛けをし、「きれいな丸になってないよ」と呼びかけながら円になって待つ。 ・クラスへ戻り、子ども達を見守る。	
10	30	⊙朝の会 ・「♪おはようのうた」を歌う。 ・名前を呼ばれたら、元気に返事をする。 ・今日の日にちと天気を答える。 ・当番の子は前に出て、紹介する。 ・キンダーブックを受け取り、先生と一緒にページをめくりながらきのこの名前を学んだり、仕事のことを知りながら楽しむ。	・「♪おはようのうた」をピアノで弾き、一緒に歌う。 ・出席の確認を行う。 ・今日の日にちと天気を質問する。 ・当番の子の名前を呼び、前に出るよう呼びかけをする。 ・キンダーブックを配り、子ども達と一緒にページをめくりながら興味が持てるよう言葉掛けをする。	・「♪おはようのうた」を歌う。 ・自己紹介絵本を使って自己紹介をする。 ・今日の日にちと天気を答える。 ・キンダーブックを配り、子ども達と一緒に見ながら、話しをしたり、先生のやり方について学ぶ。	入口　〃　テーブル　流し台　ピアノ　保　実　トイレ　玩具　ロッカー

		・キンダーブックをロッカーに入れて、給食の準備をする。 ・ビニールシートとござの上に座り、道具を出す。 ・当番の子はジョアを取りに行く。 ・当番の子はみんなにジョアとお弁当(軽食)を配る。	・キンダーブックをロッカーに入れて、給食の準備をするよう呼びかける。（テラスで食べることを子ども達に伝える。） ・テラスにテーブルを出す。 ・当番の子とジョアを取りに行く。 ・当番の子にジョアとお弁当(軽食)を配るよう、呼びかける。	・テラスにビニールシートを敷き、給食の準備をする。 ・当番の子とジョアを取りに行く。	・テラスに、ビニールシートを敷き、テーブルを出す。 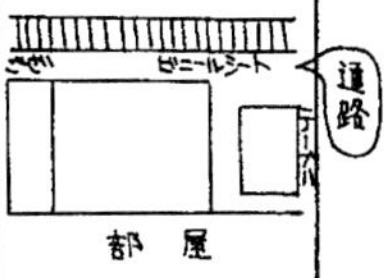 （図：ござ　ビニールシート　通路　テーブル　部屋）
11	30	⊙給食 ・挨拶をして、食べ始める。 ・テラスで楽しく会話しながら食べる。	・挨拶をして、食べ始める。 ・子ども達と会話しながら楽しく食べる。	・挨拶をして、食べ始める。 ・子ども達と会話しながら楽しく食べる。	※天気が良い時や軽食の時には雰囲気を変えて楽しめるような環境づくりをしていました。
12	00	⊙片付け ・挨拶をして、片付ける。 ・歯みがきをする。 ・部屋の中で自由に遊ぶ。 ・帰りの準備をする。 ・玩具を片付ける。	・挨拶をして、片付ける。 ・歯みがきをしたら、部屋の中で遊んで良いことを伝える。 ・帰りの準備をし、玩具を片付けるよう声掛けをする。	・挨拶をして、片付ける。 ・シートの上を掃除してから片付けをする。 ・帰りの準備をし、玩具を片付けるよう声掛けをする。	・ビニールシートとテーブルを片付ける。
12	20	⊙帰りの会 ・連絡帳と手紙を受け取り、かばんの中に入れる。 ・「♪さようならのうた」を歌う。 ・明日のことを先生から聞く。 ⊙室内遊び ・部屋の中で自由に遊ぶ。 （お絵描き・粘土遊び・ブロック・おままごと） ・1便の子は下へ行き、徒歩園児お迎え	・一人ひとりの名前を呼び、連絡帳と手紙を渡し、かばんの中に入れるよう声掛けをする。 ・「♪さようならのうた」をピアノで弾きながら歌う。 ・子ども達と一緒に遊ぶ。 （絵画製作が終わっていない子と一緒に絵を描いたり、言葉掛けをしながら活動を促す。）	・帰りの会のやり方を観察しながら、周りの様子を見る。 ・「♪さようならのうた」を歌う。 ・子ども達と一緒に遊ぶ。 （ブロック・粘土で餃子を作る） （絵を描いている子に「何描いたの」と話し掛けながら見守る。）	（図：入口　入口　流し台　テーブル　ピアノ　実　保　トイレ　玩具　ロッカー）
13	20	・片付けをし、2便の子は外に出て、実習生と一緒に遊ぶ。	・片付けるよう呼びかけ、下に行く。	・片付けるよう呼びかけ、外で遊ぶ。	

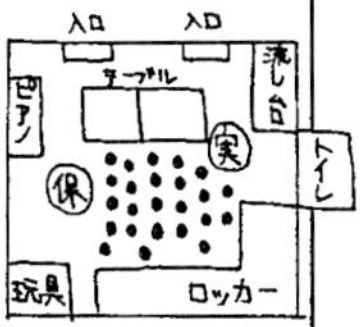

今日一日をふり返って

今日は後期実習一日目で少し緊張しながら行動していました。今回、5歳児のつばき組で実習をさせて頂くことになり、保育園の後期実習と幼稚園の前期実習でも4歳児を担当させて頂いていたので、5歳児で責任実習をさせて頂くのが不安ではありますが、もも組にいた子ども達と今回も○○先生が担当して下さるということになり、少し不安も減りました。これから、毎日目標を持って責任実習に向けて頑張っていきたいと思います。

また今日の目標は「一日の流れを把握する」「先生の援助の仕方を観察させて頂きながら思い出し、行動する」でした。一日の流れを思い出しながら行動し、先生の援助の仕方、言葉掛けの仕方を観察させて頂きながら前期実習で行ったこと、異なる点を確認しました。まだ思い出しきれず行動するのが遅くなってしまうことが多々あるので、積極的に行動し、わからないことは質問するようにしていきたいです。

（鈴木夕貴）

〈ここがポイント〉

※項目の区切り方としては参考にするとよい実例です。後期実習の日誌にふさわしく、環境・準備の他に考察も記入できるようになっているところがいいと思います。

第5日目・体操参観	○ 年 10 月 19 日（ 曜日）	天気 晴れのち曇り 気温	組・人数	つばき 組 25 名（欠席3名） （男 14名・女 11名）

今日の目標	・体操参観での先生の動きと配慮点について学ぶ。 ・朝の会の流れを把握し、実際にやらせて頂く。

時	分	子どもの活動	保育者の動き	実習生の動き	環境・準備他 考察
8	45	（順次登園） ・朝の挨拶をし、クラスに入ったら朝の仕度をする。 ・連絡帳にシールを貼る。 ・仕度が終わった子から、部屋の中で自由に遊ぶ。 （ブロック・おままごと・ディズニー）	・園内の掃除をする。 ・保育の準備をしたり、登園してきた子どもに朝の挨拶をする。 ・クラスに入り、仕度が終わった子と一緒に遊ぶ。 ＊誕生日会で使ったディズニーのカチューシャで子ども達がかぶって遊んだりして楽しむ。	・園内の掃除をする。 ・子どもや保護者に朝の挨拶をする。 ＊クラスに入り、子ども達の名前が憶えられるよう、子どもの名前を呼ぶよう心掛ける。 ・仕度が終わった子と遊ぶ。	
9	25	◉片付け ・先生の呼びかけとピアノの音楽で片付け始める。 ＊先生がピアノの前に座ると気付いて「お片付けだ」と言いながら片付け始める。 ・ロッカーの端に上履きを揃えて脱ぎ、トイレに行く。 （先生に言われなくても、ロッカーの端に上履きを揃えて脱いでからトイレに行くことが出来る。） ・カラー帽子をかぶり、子ども会でうたう歌の練習をする。 ・先生の話を聞いてから、各自で外へ遊びに行く。	・「♪お片付け」をピアノで弾き、片付けるよう呼びかける。 ＊片付けていない子に「誰が上手に片付けてるかな」と声掛けをし、片付けを促す。 ・トイレに行き、カラー帽子をかぶるよう呼びかける。 ・だいたい子ども達が準備出来たら、子ども会でうたう歌を弾き、練習をする。 ・外で遊ぶ時の約束を確認して、外へ出て良いことを伝える。	・片付けるよう呼びかけをし、一緒に片付けをする。 ＊片付けていない子に声を掛けながら、片付けを促す。 ・トイレに行くよう呼びかけ、トイレの様子を見守る。 ＊カラー帽子をかぶっていない子に「何か忘れてない」と声掛けをし、気付くよう促す。 ・先生の話を聞いてから、子どもと一緒に外へ行く。	
9	40	◉外遊び ・先生の注意を守りながら遊ぶ。	・子どもと一緒に遊びながら、周りの状況を把握する。	・子どもと一緒に遊びながら、周りの状況を把握する。	＊ブランコや鉄棒には、必ず先生が付いた上で遊ぶことが約束。
10	10	◉片付け ・実習生の言葉掛けで、他の友達にも「つばきさんお片付け」と声を掛け合い、片付け始める。 ・実習生の言葉掛けで、円になって集まる。 ・身体の砂をはたいて、外か部屋で手洗いうがいをし、部屋に戻ってトイレに行き、ロッカーの前で待つ。	・片付けをするよう呼びかける。	・「つばきさん、お片付けして下さい」と言葉掛けをし、砂場用具を子ども達と一緒に片付ける。 ・だいたい片付けられた所で「つばきさん、片付け終わったら円になって集まって下さい」と呼びかける。 ・集まった所で「お手てもパンパン」と身体の砂をはたき、集まれをして、「外か部屋どちらでも良いので手洗いうがいをし、部屋に戻ってトイレに行き、テーブルを出すのでロッカーの前で待っていて下さい」と伝える。	・テーブルを6コ用意する。 （図：入口・入口・ピアノ・テーブル・流し台・トイレ・玩具・ロッカー）
10	20	◉朝の会 ・準備が出来た子から子ども会でうたう歌をうたう。 ・当番の子は前に出る。 ・「♪おはようのうた」を歌う。 ・当番の子は先生に声を掛けられ、朝の挨拶をする。 ・名前が呼ばれたら、元気に返事をする。 ・今日の日にちと天気を答える。	・子ども会でうたう歌を弾き、練習する。 ・「お当番さん出てきて下さい」と当番の子に呼びかける。 ・「♪おはようのうた」をピアノで弾き、歌う。 ・「それでは朝のご挨拶をします」「お当番さんどうぞ」と声掛けをし、挨拶をする。	・「♪おはようのうた」を歌う。 ・子ども達と一緒に朝の挨拶をする。 ・出席の確認をするため、「では、お名前を呼びます」と声掛けをする。 ・今日の日にちと天気を質問する。「今日は何日かみんなで言ってみましょう」と声掛けをする。 ＊天気は、もしかしたら雨が降るかもしれないことを子ども達に話す。	（名前を呼び終わった後に、「今日のお休みは○人です」とみんなと一緒に言う。）

10	40	• 先生の説明を聞いてから、それぞれ必要な用具を持ってグループごとにテーブルの前に座る。 • サイコロを作り、こまも作り終わった子から、遊ぶ。 • 先生の声掛けで、作り終わった子から片付け始める。 • テラスに並び、ホールに向う。	• キンダーブックの付録の説明をし、グループごとにテーブルの前に座るよう声掛けをする。 • 各テーブルを周り、出来ない子やわからない子に声掛けをしたり、補助をしながら活動を促す。 • 途中の子にも「色塗りまでね」と声掛けし、終わった子から片付けるよう呼びかけをする。 • テラスに並ぶよう声掛けをし、ホールに向う。	• 先生の説明を聞く。 「グループさんで座ります」と声掛けをする。 • 出来ない子やわからない子に声を掛けたり、補助をしながら活動を促す。 • 作り終わった子から片付けるよう呼びかけをする。 • シートを洗って干す。 • 体操参観が終わったら、帰る子がいるので準備をする。	• テーブルの上にシートを敷く。（のりを使うため）
11	30	⊙体操参観（鉄棒） • 準備体操をし、男女別れて鉄棒をする。 （• のぼっておりる • 前回り • 坂上がり→前回り） • 部屋に戻り、給食の準備をする。 • 早退の子は保護者と一緒に帰る。 • 当番の子は先生の声掛けで前に出て、牛乳を取りに行ってくることをみんなに伝えて行く。 • 給食も取りに行き、みんなに牛乳を配る。	• 準備体操をし、男女別れて並ぶよう声掛けをしながら子ども達を見守る。 • 部屋に戻り、手洗いうがい、トイレに行き、給食の準備をするよう伝える。 • 早退の子と保護者に挨拶をする。 • 当番の子を呼び、「今から牛乳を取りに行ってきます、どうぞ」と声掛けをし、牛乳を取りに行くよう促す。 • 当番の子に「今から牛乳を配ります、どうぞ」と声掛けし、活動を促す。	• 準備体操をし、男女別れて並ぶよう声掛けをしながら子ども達を見守る。 • 一緒に子ども達と部屋に戻り、手洗いうがい、トイレに行き、給食の準備をするよう伝える。 • テーブルを拭く。 • 当番の子と一緒に牛乳を取りに行き、子ども達に牛乳を渡す。 • 当番の子と給食を取りに行く。	＊…先生・実習生 ○…保護者 〈ホール〉 舞台 ピアノ 鉄棒 マット
12	40	⊙給食 • 「♪給食（お弁当）」のうたを歌う。 • 挨拶をして食べ始める。 • おかわりをしたい子はする。	• 給食をよそい、当番の子にみんなに配るよう呼びかける。 • 「♪給食（お弁当）」のうたを歌う。 • 挨拶をして食べ始める。 • おかわりをしたい子に呼びかけ、配る。	• 給食をよそう。 • 「♪給食（おべんとう）」のうたをピアノで弾きながら歌う。 • 挨拶をして食べ始める。 • おかわりしたい子に呼びかけ、配る。	
13	15	⊙片付け • 挨拶をして、歯みがきをして片付ける。 • 帰りの仕度をする。 • 靴袋に外靴を入れに下へ行く。	• 挨拶をして、歯みがきをし、片付けるよう呼びかける。 • 帰りの仕度をするよう伝える。 • 靴袋に外靴を入れるよう声掛けする。	• 子ども達の給食を片付ける。 • 挨拶をして、歯みがきをし、片付けるよう呼びかけ、テーブルを拭き、片付けて床を掃く。 • 給食を下に運ぶ。	• テーブルを2コ残し、他のテーブルは片付ける。
13	35	⊙帰りの会 • 先生の話を聞き、考える。 • 1便の子は連絡帳を受け取る。 • 1便の子は挨拶をし、下へ降りる。 • 手遊び「はじまるよ」をする。 • 紙芝居「スイートポテト」を見る。 • 連絡帳を受け取り、かばんの中に入れる。 • 「♪さようならのうた」をうたう。 • 徒歩園児お迎え ⊙室内遊び • 部屋の中で自由に遊ぶ。 （おままごと、ブロック、粘土）	• 挨拶が出来ているか、給食で起きたことなどを話し、どうしたら良いか問いかけて答えを出す。 • 月曜日に避難訓練があることと、ハンカチを忘れないことを伝える。 • 1便さんの連絡帳を渡す。 • 1便さんと挨拶をする。 • 「♪さようならのうた」をうたう。 • 子どもと挨拶をし、保護者と会話する。 • 子ども達と一緒に遊ぶ。 • 片付けをするよう呼びかける。	• 先生の話を聞く。 ＊今日の給食の時に食べ物が落ちていて、それをどっちも違うと言った。話し合いをしても決まらない場合はどうしたら良かったのかを子ども達に質問する。「話し合う」「ジャンケン」という案が出たが、それ以上の答えが出なかったので、自分のではないけど拾い自分の所に置けば良かったのではないかと子ども達に話す。 • 手遊び「はじまるよ」をする。 • 紙芝居「スイートポテト」を読む。 • 連絡帳を一人ひとりの名前を呼び、配る。 • 「さようならのうた」をピアノで弾き、歌う。 • 子ども達と一緒に遊ぶ。 • 片付けをするよう呼びかける。	➡優しい気持ちを持つということを伝える。
14	30	• 片付けをし、挨拶をして、下に行く。	• 挨拶をして、一緒に下へ降りる。	• 挨拶をして、一緒に下へ降りる。	円になって「握手、月曜日までさようなら」と言い合う

（鈴木夕貴）

〈ここがポイント〉

※今日の目標である「朝の会」の部分実習の実際と体操参観のところもうまくまとめられています。保育者（担任の先生）と実習生の動きに違いがある点もよくわかります。

〈後期実習　10日目：５歳児クラス〉

第10日目・体操	○ 年 10 月 26 日（　　曜日）	天気 雨 気温	組・人数	つばき 組　28 名 （男 15 名・女 13 名）
今日の目標	責任実習で学んだことを活かし、行動する。			

時	分	子どもの活動	保育者の動き	実習生の動き	環境・準備他 考察
8	45	（順次登園） ・朝の挨拶をし、クラスに入ったら朝の仕度をする。 ・連絡帳にシールを貼る。 ・仕度が終わった子から、部屋の中で自由に遊ぶ。 （ブロック・おままごと・かるた）	・園内を掃除する。 ・保育の準備をしたり、登園して来た子に朝の挨拶をする。 ・クラスに入り、子ども達と一緒に遊ぶ。 ・視診する。	・園内を掃除する。 ・登園してきた子どもに朝の挨拶をする。 ・クラスに入り、仕度が終わった子と一緒に遊ぶ。 ＊かるたで子ども達と一緒に遊んでいる時、遊び方がわからず読む前にカードを取ってしまう子がいて、やりたいというのがわかっていたが、どう伝えれば良いかわからず、一緒にやろうとしたがやってくれなかった。そこで先生が来て、やりたかったという気持ちを受け止め、みんなにその子の気持ちを伝え「一緒にやってあげてね。」と言葉掛けをし、先生はその子と一緒にかるたをしたら、その子は満足していたので勉強になりました。	
10	00	⊙片付け ・先生の呼びかけと、ピアノの音で片付け始める。 ＊先生がピアノの前に座ると気付いて片付けを始めていた。 ・ロッカーの端に上履きを揃えて脱ぎ、トイレに行く。	・「♪お片付け」「♪きらきら星」を弾き、片付けるよう呼びかける。 ＊片付けていない子に声掛けをし、片付けるよう促す。 ・トイレに行き、ロッカーの前で待つよう呼びかける。	・片付けるよう呼びかけをし、一緒に片付けをする。 ＊片付けていない子に片付けをするよう声掛けをし、促す。 ・トイレの様子を見守る。	・テーブルを6コ用意する。
10	10	⊙朝の会 ・準備が出来た子から、こども会でうたう歌の練習をする。 ・自由画帳とクレヨンを持ってグループごとに座る。 ・当番の子は前に出る。 ・「♪おはようのうた」を歌う。 ・当番の子が朝の挨拶をする。 ・名前が呼ばれたら、元気に返事をする。 ・今日の日にちと天気を答える。 ・絵本を見る。 ・椅子を元に戻す。	・だいたい準備が出来たら、こども会でうたう歌の練習をする。 ・自由画帳とクレヨンを持ってテーブルの前に座るよう呼びかける。 ・立つ合図をし、当番の子に前へ出るよう呼びかける。 ・「♪おはようのうた」をピアノで弾く。 ・当番の子に朝の挨拶をするよう呼びかける。 ・椅子を元に戻すよう声掛けする。	・テーブルを準備する。 ＊準備をする時、ピアノで活動を促す。「♪きらきら星」 ＊言葉掛けもする。「誰が早く準備出来るかな」 ・実習生の方をむいて椅子に座るよう声掛けをする。 ・出席の確認をし、今日の休みを把握。 ・今日の日にちと天気を質問する。 ・絵本「まじょのほうき」を読む。	入口　入口 ピアノ　テーブル　流し台 トイレ 玩具　ロッカー ＊全員の椅子のむきがこちら側にむいているか必ず見て確認すること。 ＊帰りは時間が少ないので今読むことと、11月の曲「魔女の宅急便」の話をして興味を持てるような言葉掛けをする。
10	40	⊙絵画製作（いも掘りの絵） ・先生の話を聞きながら、いも掘りのことを思い出しながら、自由に描く。 ・終わった子から自由画帳に絵を描く。 ・片付けをし、先生の説明を聞いて、手さげ袋に持ち帰るものを入れていく。 ・給食の準備をし、トイレに行き、テラスに並ぶ。 ・ホールにむかい、体操の準備。	・水曜日に行ったいも掘りの話をしながら楽しかったことを思い出せるよう言葉掛けをする。 ・終わった子は自由画帳に自由に絵を描いていて良いこと伝える。 ・だいたいの子が終わったら、片付けをするよう呼びかけ、月末に持ち帰るものを伝えて配る。 ・給食の準備をし、トイレに行ったらテラスに並ぶよう声掛けする。 ・ホールにむかい、体操の準備。	・子どもの様子を見回りながら、いも掘りの出来事を話したり聞いたりして、描けるよう促す。 ・片付けをするよう呼びかける。 ・活動を促す。 ・テーブルを拭く。 ・ホールにむかい、体操の準備。	（また、最後にハロウィンがを配るため、この絵本を選びました。） ・画用紙を配る。
11	40	⊙体操 ・準備体操をする。 ・走ったり、2人組みになって行う。 ・鉄棒の準備をし、鉄棒をする。 ・片付けをし、クラスへ戻る。	・準備体操をするよう声掛ける。 ・子どもの様子を注意して見る。 ・鉄棒の準備をし、補助をする。 ・片付けをし、一緒にクラスへ戻る。	・一緒に準備体操をする。 ・子どもの様子を注意して見る。 ・鉄棒の準備をし、補助をする。 ・先にクラスへ戻り、給食の準備をする。	舞台 ピアノ 入口　入口 鉄棒　マット コーン

時	分	子どもの活動	保育者の援助	実習生の活動	備考
12	35	・給食を準備に取りに行く。 ⊙給食 ・「♪給食(お弁当)」のうたを歌う。 ・挨拶をして、食べ始める。 ・おかわりをしたい子はする。	・グループごとに呼ぶ。 ・「♪給食(お弁当)」のうたを歌う。 ・挨拶をして、食べ始める。 ・おかわりをしたい子に呼びかけをし、配る。	・給食を配る。 ・「♪給食(お弁当)」のうたを弾く。 ・挨拶をして、食べ始める。	
13	10	⊙片付け ・挨拶をして、片付ける。 ・歯みがきをする。 ・テラスに玩具を出し、自由に遊ぶ。 ・玩具を片付け、帰りの準備をする。	・挨拶をするよう声掛けをし、片付けをするよう促す。 ・給食を下へ運ぶ。 ・玩具を片付け、帰りの準備をするよう呼びかける。	・片付けをするよう促す。 ・テーブルを拭き、ユコ残して後は片付けをし、床を掃く。 ・玩具の片付け、帰りの準備をするよう呼びかける。	
13	30	⊙帰りの会 ・準備が出来た子から、こども会でうたう歌をうたう。 ・実習生の話をし、手紙をもらう。	・だいたいの子が準備出来たら、子ども会でうたう歌の練習をする。	・最後の挨拶をし、ハロウィンが近いことを話し、かぼちゃのカードを一人ひとりに手渡す。	・みんなに渡したカード
13	45	・1便の子は挨拶をする。 ・「♪さようならのうた」を歌う。 ⊙室内遊び ・室内で自由に遊ぶ。 (ブロック・おままごと・お笑い) ＊ステージのような形を作り、その前に椅子を置いてお笑いごっこをして楽しむ。 ・片付けをする。 ・徒歩園児お迎え	・1便の子と挨拶する。 ・「♪さようならのうた」を歌う。 ・子ども達の様子を見ながら、一緒に遊ぶ。 ・片付けるよう声を掛ける。 ・子どもや保護者に挨拶をする。	・「♪さようならのうた」を弾く。 ・子ども達の様子を見ながら、一緒に遊ぶ。 ・片付けるよう声を掛ける。	(お笑い) ＊舞台のようにする ブロック 椅子
14	30	・2便の子とホームの子は挨拶をして、下に降りる。	・挨拶をして、下へ降りる。	・挨拶をして、下へ降りる。	

今日一日をふり返って

今日は、実習最終日となり、「責任実習で学んだことを活かし、行動する」という目標でした。「椅子を先生の方にむけて下さい。」と呼び掛けた時、昨日は全員が椅子をむけているか確認しませんでした。その反省点を活かし、今日は朝の会の時に同じ場面があり、全員の椅子のむきがこちら側にむいているか確認することが出来ました。また、むいていない子がいたら待つことも出来たので良かったと思っています。

また、絵本を読ませて頂いたのですが、11月の曲とたまたま魔女のつながりがあったので驚きがありましたが、流れがあったので良かったです。

最後にはハロウィンのかぼちゃのカードを子ども達に渡しましたが、喜んでくれたので良かったです。十日間の短い間でしたが、つばき組で実習させて頂けて本当に良かったと思っています。多くのご指導・ご助言ありがとうございました。

(鈴木夕貴)

〈ここがポイント〉

※2週間の実習最終日の日誌です。与えられたスペースに、保育者の援助として大事なことと、自分の学んだことをまとめてあります。“今日一日をふり返って”で「むけて」と書いていますが、「向けて」と記入する方がよいでしょう。

〈後期実習　12日目（責任実習）：5歳児クラス〉

実　習　日　誌　（第　3　週　第　2　日目）

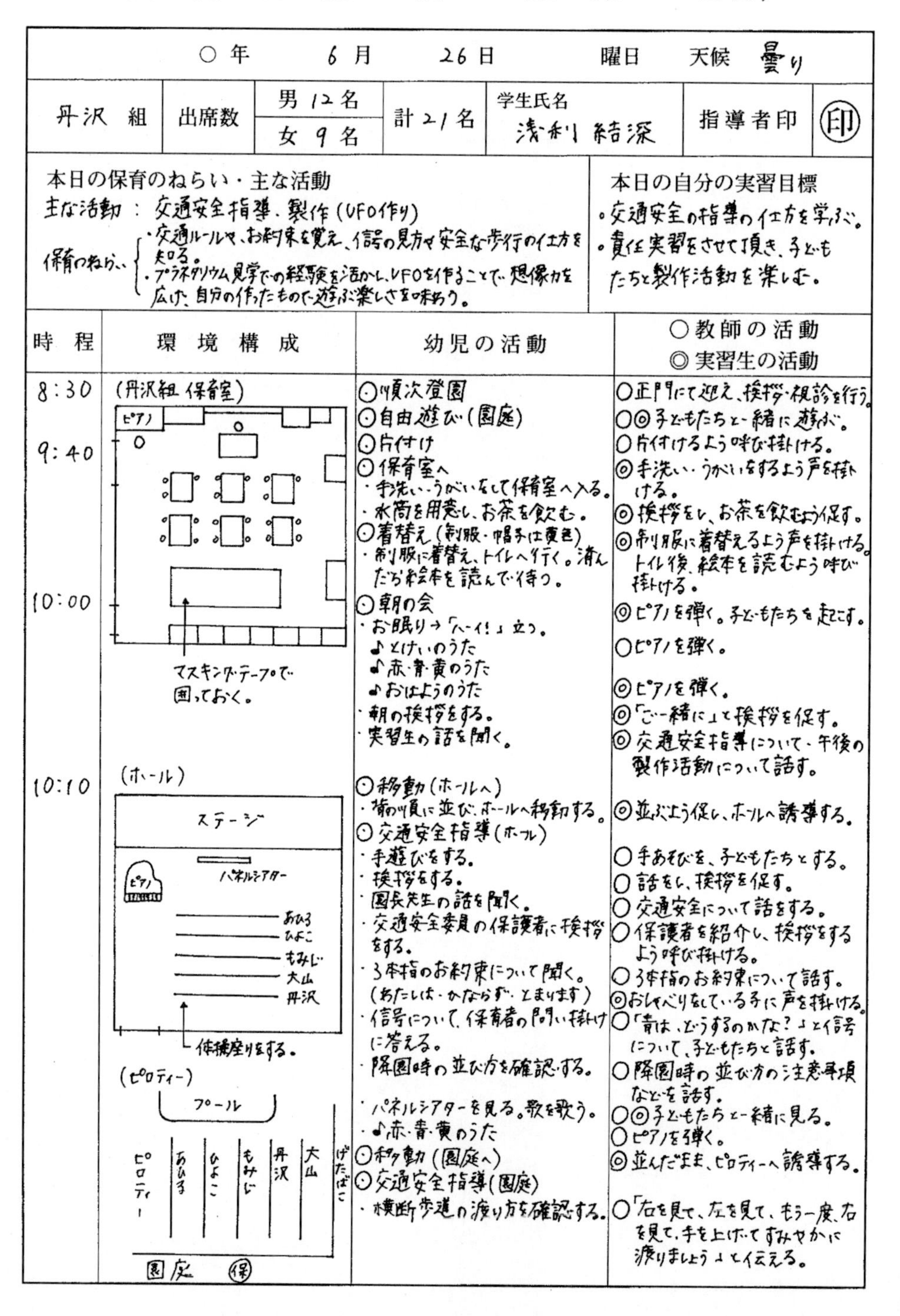

○ 年	6 月	26 日	曜日	天候 曇り

丹沢 組	出席数	男 12 名 / 女 9 名	計 21 名	学生氏名 浅利 結深	指導者印	印

本日の保育のねらい・主な活動	本日の自分の実習目標
主な活動：交通安全指導、製作（UFO作り） 保育のねらい ・交通ルールや、お約束を覚え、信号の見方や安全な歩行の仕方を知る。 ・プラネタリウム見学での経験を活かし、UFOを作ることで、想像力を広げ、自分の作ったもので遊ぶ楽しさを味わう。	・交通安全の指導の仕方を学ぶ。 ・責任実習をさせて頂き、子どもたちと製作活動を楽しむ。

時程	環境構成	幼児の活動	○教師の活動 ◎実習生の活動
8:30 9:40 10:00	（丹沢組 保育室） ピアノ マスキングテープで囲っておく。	⊙順次登園 ⊙自由遊び（園庭） ⊙片付け ⊙保育室へ ・手洗い・うがいをして保育室へ入る。 ・水筒を用意し、お茶を飲む。 ⊙着替え（制服・帽子は黄色） ・制服に着替え、トイレへ行く。済んだら絵本を読んで待つ。 ⊙朝の会 ・お眠り→「ハーイ！」立つ。 ♪とけいのうた ♪赤・青・黄のうた ♪おはようのうた ・朝の挨拶をする。 ・実習生の話を聞く。	○正門にて迎え、挨拶・視診を行う。 ○◎子どもたちと一緒に遊ぶ。 ○片付けるよう呼び掛ける。 ◎手洗い・うがいをするよう声を掛ける。 ◎挨拶をし、お茶を飲むよう促す。 ◎制服に着替えるよう声を掛ける。トイレ後、絵本を読むよう呼び掛ける。 ◎ピアノを弾く。子どもたちを起こす。 ○ピアノを弾く。 ◎ピアノを弾く。 ◎「ご一緒に」と挨拶を促す。 ◎交通安全指導について、午後の製作活動について話す。
10:10	（ホール） ステージ ピアノ パネルシアター あひる ひよこ もみじ 大山 丹沢 体操座りをする。 （ピロティー） プール ピロティー あひる ひよこ もみじ 丹沢 大山 げたばこ 園庭 保	⊙移動（ホールへ） ・背の順に並び、ホールへ移動する。 ⊙交通安全指導（ホール） ・手遊びをする。 ・挨拶をする。 ・園長先生の話を聞く。 ・交通安全委員の保護者に挨拶をする。 ・3本指のお約束について聞く。（わたしは・かならず・とまります） ・信号について、保育者の問い掛けに答える。 ・降園時の並び方を確認する。 ・パネルシアターを見る。歌を歌う。 ・♪赤・青・黄のうた ⊙移動（園庭へ） ⊙交通安全指導（園庭） ・横断歩道の渡り方を確認する。	◎並ぶよう促し、ホールへ誘導する。 ○手あそびを、子どもたちとする。 ○話をし、挨拶を促す。 ○交通安全について話をする。 ○保護者を紹介し、挨拶をするよう呼び掛ける。 ○3本指のお約束について話す。 ◎おしゃべりをしている子に声を掛ける。 ○「青は、どうするのかな？」と信号について、子どもたちと話す。 ○降園時の並び方の注意事項などを話す。 ○◎子どもたちと一緒に見る。 ○ピアノを弾く。 ◎並んだまま、ピロティーへ誘導する。 ○「右を見て、左を見て、もう一度、右を見て、手を上げてすみやかに渡りましょう」と伝える。

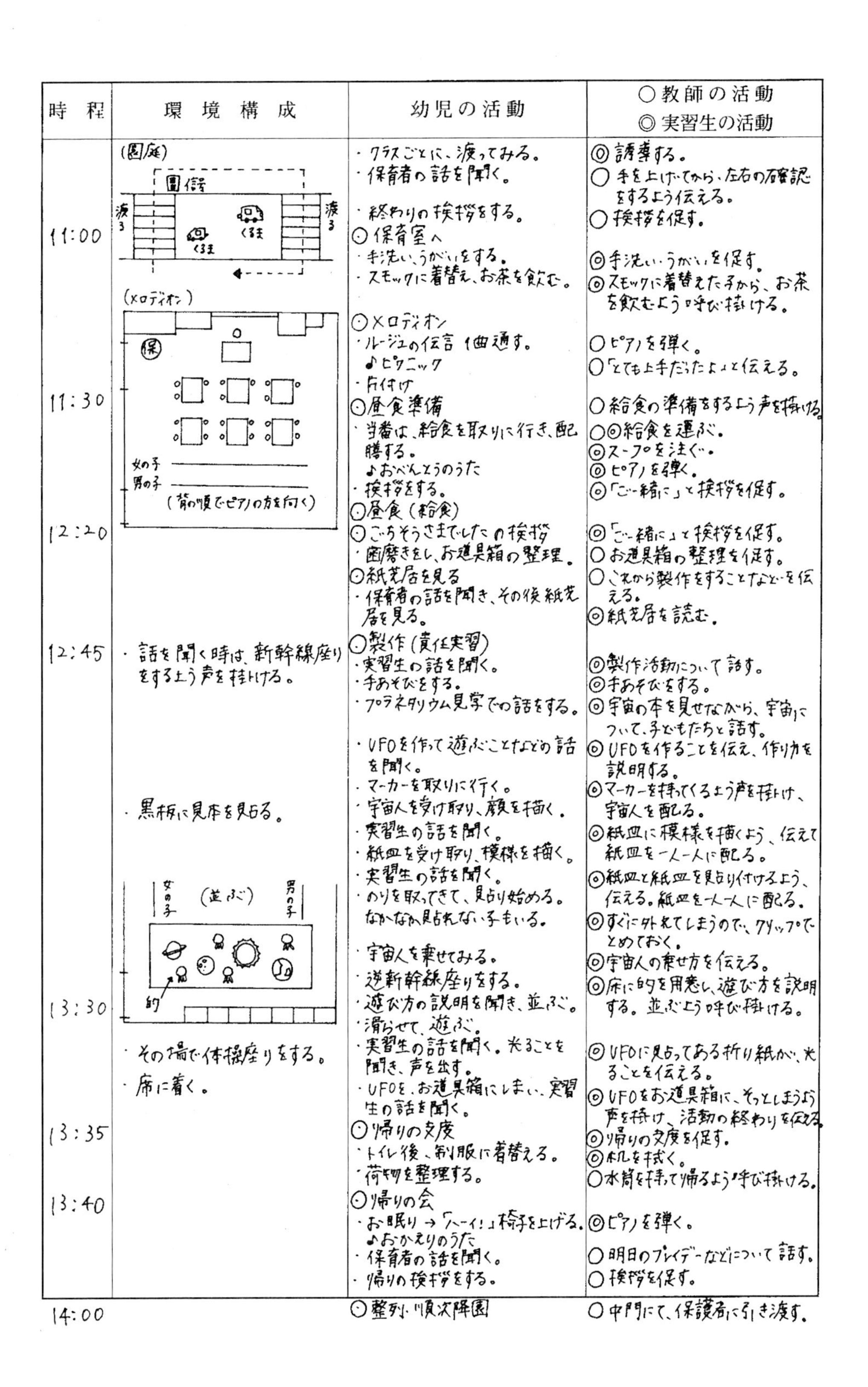

時程	環境構成	幼児の活動	○教師の活動 ◎実習生の活動
11:00	（園庭） 園舎 渡る　渡る くるま　くるま	・クラスごとに、渡ってみる。 ・保育者の話を聞く。 ・終わりの挨拶をする。 ⊙保育室へ ・手洗い、うがいをする。 ・スモックに着替え、お茶を飲む。	◎誘導する。 ○手を上げてから、左右の確認をするよう伝える。 ○挨拶を促す。 ◎手洗い・うがいを促す。 ◎スモックに着替えた子から、お茶を飲むよう呼び掛ける。
11:30	（メロディオン） 保 女の子 男の子 （背の順でピアノの方を向く）	⊙メロディオン ・ルージュの伝言　1曲通す。 ♪ピクニック ・片付け ⊙昼食準備 ・当番は、給食を取りに行き、配膳する。 ♪おべんとうのうた ・挨拶をする。 ⊙昼食（給食）	○ピアノを弾く。 ○「とても上手だったよ」と伝える。 ○給食の準備をするよう声を掛ける。 ○◎給食を運ぶ。 ◎スープを注ぐ。 ◎ピアノを弾く。 ◎「ご一緒に」と挨拶を促す。
12:20		⊙ごちそうさまでしたの挨拶 ・歯磨きをし、お道具箱の整理。 ⊙紙芝居を見る ・保育者の話を聞き、その後紙芝居を見る。	◎「ご一緒に」と挨拶を促す。 ○お道具箱の整理を促す。 ○これから製作をすることなどを伝える。 ◎紙芝居を読む。
12:45	・話を聞く時は、新幹線座りをするよう声を掛ける。 ・黒板に見本を貼る。 女の子　（並ぶ）　男の子 的	⊙製作（責任実習） ・実習生の話を聞く。 ・手あそびをする。 ・プラネタリウム見学での話をする。 ・UFOを作って遊ぶことなどの話を聞く。 ・マーカーを取りに行く。 ・宇宙人を受け取り、顔を描く。 ・実習生の話を聞く。 ・紙皿を受け取り、模様を描く。 ・実習生の話を聞く。 ・のりを取ってきて、貼り始める。なかなか貼れない子もいる。 ・宇宙人を乗せてみる。 ・逆新幹線座りをする。 ・遊び方の説明を聞き、並ぶ。	◎製作活動について話す。 ◎手あそびをする。 ◎宇宙の本を見せながら、宇宙について、子どもたちと話す。 ◎UFOを作ることを伝え、作り方を説明する。 ◎マーカーを持ってくるよう声を掛け、宇宙人を配る。 ◎紙皿に模様を描くよう、伝えて紙皿を一人一人に配る。 ◎紙皿と紙皿を貼り付けるよう、伝える。紙皿を一人一人に配る。 ◎すぐに外れてしまうので、クリップでとめておく。 ◎宇宙人の乗せ方を伝える。 ◎床に的を用意し、遊び方を説明する。並ぶよう呼び掛ける。
13:30	・その場で体操座りをする。 ・席に着く。	・滑らせて、遊ぶ。 ・実習生の話を聞く。光ることを聞き、声を出す。 ・UFOを、お道具箱にしまい、実習生の話を聞く。	◎UFOに貼ってある折り紙が、光ることを伝える。 ◎UFOをお道具箱に、そっとしまうよう声を掛け、活動の終わりを伝える。
13:35		⊙帰りの支度 ・トイレ後、制服に着替える。 ・荷物を整理する。	◎帰りの支度を促す。 ◎机を拭く。 ○水筒を持って帰るよう呼び掛ける。
13:40		⊙帰りの会 ・お眠り→「ハーイ！」椅子を上げる。 ♪おかえりのうた ・保育者の話を聞く。 ・帰りの挨拶をする。	◎ピアノを弾く。 ○明日のプレイデーなどについて話す。 ○挨拶を促す。
14:00		⊙整列・順次降園	○中門にて、保護者に引き渡す。

全体考察と反省

お忙しい中、責任実習をさせて頂き、ありがとうございました。製作活動を通して、実際に保育者の立場となってみると、そこで初めて気付くことばかりで、今まで思い描いていた子どもの姿とは異なる部分がたくさんありました。まず今回の活動は、45分間という時間に対して、少し難しすぎてしまい、時間内に収めることばかり考えてしまって、失敗でした。すると、ひとつひとつの言葉掛けや動きに、十分に時間をとって行うことが出来ず、すべてが雑になってしまいました。子どもたちが、私に話し掛けてきても、ゆっくりと答える余裕がなく、しっかりとコミュニケーションを取り合いながら進めることが出来ませんでした。なので、子どもたちに伝えなくてはならないことが、しっかりと伝わらなかったり、逆に子どもたちの気持ちに、私が気付けなかったり、というようになり、こちらの一方的な活動になってしまったと思います。子どもたちにも、たくさん不快な思いや、悲しい気持ちを持たせてしまったのではないかと思い、とても反省しています。余裕を持たせて計画を立て、ひとつひとつの動きに区切りをつけられるようにし、説明なども、ゆっくりと時間をかけて、分かりやすく出来るようにしなければならないと思いました。

子どもたちに説明をする際の話し方、言葉の掛け方などを、もっと工夫して理解しやすいようにし、黒板なども利用してしっかりと出来るようになりたいです。
保育者の、ひとつひとつの細かい声掛けの仕方などに、もっと注意して観察させて頂き、学ばせて頂きたいです。今日までの実習の中で、学んできたつもりでいたのですが、実際に自分でやってみると、全く身に付いていないことが分かりました。頭の中で、分かっているだけでは駄目なのだということに気付きました。今後の実習では、今までに学んだこと、今日学んだことを、実際にどのようにして行動にすれば良いのか、という実践的な部分を、学びたいと思います。残りの実習も、よろしくお願い致します。

（浅利結深）

〈ここがポイント〉
※日誌の項目に従って、見やすくわかりやすい記入がされています。特に環境構成欄の環境図は、とても見やすく書けています。責任実習について要領よくまとめられています。

第5日	6月10日（月）	天気 曇り	組 ゆり	出席数 男14名 女6名 計20名

ねらい	遊びの中での子ども本来の気持ちを受け取め、援助していく。けじめがつくような言葉かけを行っていく。やるべき時はしっかりと。

時間	保育内容・環境構成	子どもの姿	保育者の指導・実習生の留意点
8:00	○順次登園 ・身辺整理 ・自ら選んだ遊びを行う {LaQ、レゴ、おままごと、トランプなど行っている}	・保護者と共に登園し、保育者や友達と「おはよう」と挨拶をすると、各自身辺整理を行う。 ・その後、自ら選んだ遊びを行う。	◎保育者 ○実習生 ◎子ども、保護者と挨拶をかわすと、一人ずつ受け入れる。 ○園庭そうじ、かめの水そうの水かえなど、子どもたちが伸び伸びと過ごせる安心安全な環境の為つ（園内の環境を整える）
9:00	○外あそび ・砂山づくり ・水でプールづくり ・穴をほり、落とし穴づくり ・鉄棒、ブランコ、遊具 ・サッカー、一輪車 →Sくんとの遊びの様子エピソード	・外あそびの時間になると、みんないきおいよく園庭にとび出し思い思いの遊びを楽しむ。 ・Sくんは、一人で穴をほって「発掘してるの」と夢中になって遊んでいる様子。 ・Sくんの遊びに保育者も関わりながら発展させていると、途中から他の子どもがその様子に興味を示し、Sくんと一緒に遊びはじめ、2人で水や砂を化石のように見立て遊ぶ様子が見られる。	◎外あそびにあまり気がのらない子どもにも「プールつくろう」などと行きたくなるような声かけを行い遊びを促す。 ○Sくんと一緒に発掘遊びを行う。Sくんは、土の色や石の形などに興味を示しながら、途中から穴に水を入れてみたりと発展して遊ぶ。一緒に水をくんで、Sくんの世界を崩さず遊びに関わる。
9:55	○紙しばい 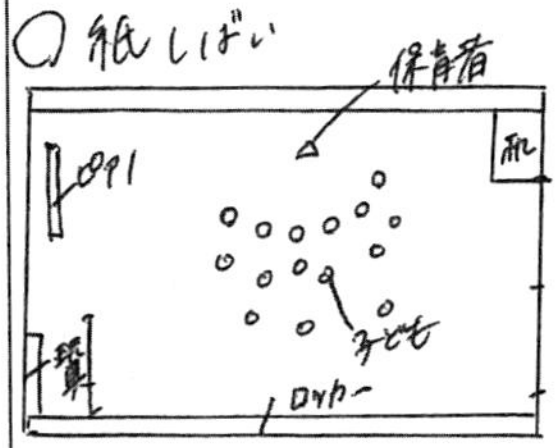	・外あそびから帰ると、排泄、手洗い、着替えを行う人などそれぞれで（次の活動へ）準備を整える。 ・終えた人から保育者の周りに集まり、紙しばいを静かに見る。	○外あそびの玩具のどろを水で落とし、砂場にまだ玩具が残っていないか確認する。 ◎子どもがそろうのを確認する。
10:05	○朝の会 ・朝の挨拶 ・出欠確認 ・1日の活動の流れを聞く	・今日の予定についてホワイトボードに示してあるものをながめつつ、言葉に出しながら一人ひとりが確認していく。 ・プール開きについて興味を示し、水に入れない事に残念がっている。	◎文字や言葉でわかりやすく伝わるように、一人ひとりの様子を見ながらも予定を伝えている。 ○机を片付けたり、子どもが次の活動に移れるよう準備する。

時間	保育内容・環境構成	子どもの姿	保育者の指導、実習生の留意点
10:20	○プール開き ・プール前に整列して座る ・プールに入る為の約束を聞く ・塩まきを学年主任の先生が（例えば？）行い、その様子を見る。	・全員一列でプール前に整列し、先生の方を見て話を聞く。 ・プールで行ってはいけない事について真剣に聞きながら次に入れる時が来るのを楽しみにしている様子がある。	◎子どもが目をそむけていたり、別の所へ行ってしまう時など集中できていない時は「先生のお話きくよ？」と言葉がけをする。 ○子どもに目を向けながらも全体の様子を見る。
10:40	・室内に戻り、再度約束の振り返りを行う	・ボードに描かれた絵を見ながら、全体の時にわからなかった事も含めて、くわしく理解する。	◎ホワイトボードにわかりやすくプールのイラストを描いて、子どもに再度確認させ、より安全についての約束を示す。
10:45	鼓隊 ○パート練習 ベルリラ　うめ組 カラーガード　ゆり組 小太鼓中太鼓　遊戯室 ステージ　●小太鼓 ピアノ 保育者 子ども サイドに分かれ、取り付ける ●中太鼓	・小太鼓、中太鼓の人は横二列で遊戯室に座り、保育者から太鼓を受け取り、説明を聴く。 ・太鼓を受け取った際は、「重っ」と言いながらほこらしげに嬉しそうにしている。 ・腰ベルトと、肩ベルトを取り付けていくが、出来ない人は「出来ない」としっかり伝えられる。	○ベルトを人数分そろえて、保育者が子どもへ説明している間に用意しておく。説明が終わり次第、子どもへ手渡していく。 ◎2つのベルトの違いや、装着のやり方など全体が見やすいよう子どもを一人前に出して（見て分かる工夫をしながら）伝えるようにしている。
11:45	○給食 ・ごはん、ほうれん草、トマトスープ ・キャベツサラダ、エビフライ、チーズ	・「給食」の歌を歌って全員で「いただきます」をすると、エビフライなど好物があってとても嬉しそうにしてる。 ・おかわりを待ち遠しくしている。	◎ピアノを弾き、一緒に歌って「いただきます」を行う。 ○お茶をそそいだり、スープごはんなど用意して子どもたちと一緒にごはんを食べて楽しく過ごす。
12:15	・おかわりタイム		
12:30	・ごちそうさま はみがき・排泄		
12:35	○外あそび 砂遊び、鉄棒、遊具遊び	・自ら遊び好きな遊びを行う。 ・友達同士で協力させ遊ぶ。	○それぞれ遊びの場に参加して子どもと共に楽しむ。
13:00	○いもだいかんまつりの練習 ・いもだいかんさまの歌を歌う ・いもだいかんさまの歴史について紙しばいを見る。	・遊戯室に各学年クラスごとに並び、元気よく歌う ・名前を呼ばれた人はステージに立ち、みんなの前で歌う	◎ピアノ以外にも鍵盤ハーモニカやギター、スズなど楽器を使用する。また、まだ1〜3番があやふやな子の為に歌詞カードを見せる。
13:40	○帰りの会	・明日の予定について聴き、さよならの挨拶をする。	◎明日の予定について伝える。
13:50	○降園		

実習生としての保育の中での疑問，感想など
今日は週初めという事で子どもたちの様子も少し疲れ気味だったり、気分が静かだったりする子もいました。2週目では、1週目と違って私の存在に子どもたちも慣れてくれたのか自然と言葉をかけられたり、遊びにさそってくれる様子がありました。 今日の予定として、まず、プール開きがありました。今日の天気が悪く、気温も低い為、水着は着用せず、約束を聞き、塩をまいて終了という短時間のものでした。先週はりきって水着バックを持ってきていた子どもたちにとってみれば、せっかくの水着が着られず、とても残念そうにしていましたが、「次は着る」など、はりきっていてとてもかわいかったです。約束について全体で確認しました。子どもの命をあずかっている者としてその責任の重さを自覚しつつ、子どもたち自身にもその事を伝えていけるよう学ぶ必要があると感じました。 パート練習を行った際、今回は小・中太鼓の練習に参加しました。今までバチのみの練習だったので、実際に太鼓を持ってみて、すごく嬉しそうな表情をしていました。それがすごくほこらしげで、「かっこいい」と言葉をかけると、少し照れた様子が見られました。肩ベルトに名前タグを付ける時、子どもたちに指示を出しながら一緒に行ったのですが、一つ一つ丁寧に伝えていくと子どもたちもしっかりと聴きながら付ける事が出来たり、出来なくても「出来ない」としっかり伝える事が出来ていてすごい子どもたち自身で考える事が出来ているなと感じました。 降園時、かみしばいの担当だったのですが、子どもをいかに引きつけられるのかを考え、新たに手遊びを3つ行いました。年齢に合わせながら引きつける事が出来たのでよかったと感じています。

指導者欄		
	・約束ごとの大切さをしっかり保育者が伝えていきつつ、子ども自身に再度、振り返りをもうけた上で安全面について確認させる事が重要。 ・自分の持ち技として、少しの間、時間について引きつけるものがあれば現場に出た時役立つのでしっかり身に付けておくと良い ・子どものその時々の場面に応じた態度や言葉かけを。 ・遊ぶ時は子どもとめいっぱい遊ぶ時と、よりそう遊びの中で本当に子どもの心が花く時があるので、そういう視点も見極める。	指導者印 ㊞

（浦　逸稀）

〈ここがポイント〉

※午前中の外あそびの記録に、自分なりに工夫してエピソードを記入していますね。

※この園では、指導者からの助言を実習生が記入するように指示されています。

〈前期実習を終了して〉

実習を終了しての感想（自分の今後の学習への課題）

今回の実習で、私は1週間年少児クラスのぱんだ組に入れさせて頂きました。1つのクラスに集中していたことでクラスの子どもたちの性格や得意なことなどを把握し、接することが出来たのはとても良い経験になりました。また、お遊戯会の練習がある時期だったので、年少児への指導のし方も見ることが出来てとても勉強になりました。

先生の声掛けのし方も生で学ぶことが出来ました。トイレに行かせる時、子どもが大勢で静かに行けるように、遊びの一貫の様に行けるように工夫していたのは是非身に付けたいと思いました。

マイペースな子ばかりに目が行ってしまい、他の子を放ってしまい悲しい気持ちにさせてしまったことが反省です。一人一人を理解し、それを踏まえて声掛けをすることの難しさを知ることが出来ました。

園庭では、他のクラスの子どもたちとも遊ぶことが出来、年少児との見た目の違い、出来ること、出来ないこと、年少児とはどこが違うのかを観察することが出来ました。

部分実習では、子どもたちの前に立つことで先生から見た子どもたちの姿を学ぶことが出来ました。

この一週間の実習を通してたくさんのことを学び、自分の中に取り入れることが出来ました。反省点については考えて改善するよう努力していきたいと思います。ご指導ありがとうございました。

指導と助言

一週間お疲れ様でした。今回の実習で、色々な事を感じ、体験できたと思います。子ども達は私達が思いつかないような事を感じたり、やったりします。 ――― 以下略 ―――

〈ここがポイント〉

※初めての実習を終えて学んだこと、反省点、これから後期実習に向けて改めて学んでおくべきことを明らかにしてあるところがよいですね。

前期実習を終えての反省と感想

今回の実習で自分の困ったこと、意外だったこと、嬉しかったことなどまとめてみよう。また実習の前にもった抱負についても思いおこし、自分なりに整理してみよう。

今回は初めての教育実習ということで、初めはとても緊張していましたが、とても2週間とは思えないほど、あっという間に過ぎてしまいました。毎日、楽しく過ごすことができたのは、○○幼稚園の先生方や子どもたちがあたたかく受け入れてくださったおかげです。2週間という短い間でしたが、その中で、本当にたくさんのことを学ぶことができました。

○○幼稚園の子どもたちの様子を見てまず感じたことは、子どもたちがとてもしっかりしているということです。自分のことは自分でやり、「お願いします」「ありがとうございます」などの挨拶をきちんとしたり、名前を呼ばれたときに手をぴんとまっすぐ上に挙げ、大きな声ではっきりと返事をする姿に感心しました。私がわからないことがあると、何でも親切に教えてくれました。そんな子どもたちを見て、私もしっかり頑張らなくてはと強く思いました。

子どもたちと毎日一緒に遊ぶ中で、私はあることに気付きました。遊びというものは子どもたちの中に入って一緒に盛り上げていくものだということです。私は、最初は子どもたちが遊んでいる様子を傍で見ているだけでした。けれど、それでは子どもたちと一緒に楽しめていないということに気付きました。そこで、子どもたちの中に入って、子どもたちと同じことをしたり、話をしながら遊んでみたりしました。すると、子どもたちが楽しいと思うことは私も楽しいと思え、子どもの気持ちを理解できたような気がしました。子どもたちと一緒に思いきり遊び、笑うことによって、子どもたちがどのようなことを楽しいと思うのか、どのようなことに興味をもっているのかなど、一人一人の子どものことを知ることができたと思います。

また、言葉がけについてもたくさんのことを学びました。子どもとかかわる中で、けんかも起こりました。初めはどのように対応したらよいかわからず戸惑ってしまいました。そこで、先生方の対応の仕方を見てみると、先生方は両方の子どもに話を聞き、両方ともが納得のいくように、子どもの目をしっかりと見て、真剣に話をしていました。それを参考にして子どもたちに納得してもらえるように話をしてみましたが、やはり、子どもにわかるように説明することは難しいと感じました。それでも、何度か経験するうちに少しは納得してもらえるようになったように感じます。さっきまでお互いににらみ合って、相手のことを悪く言っていた子どもたちが、自分がかけた言葉で、また楽しそうに遊ぶ姿を見て、ほっとしました。今はまだ、先生方の言葉がけを真似している段階なので、自分なりの言葉で話ができるよう努力していきたいと思います。けじめをつけるときにも、言葉がけは重要であると思いました。子どもが間違った方向に進んでしまっているとき、悪いことをしたときは、しっかりと注意しなければならないことがわかりました。私は、なかなか注意することができませんでした。それは、子どもたちに嫌われることを恐れる気持ちがあったからだと思います。しかし、先生のお言葉から、悪いことは悪いと教えることが教育者の役割なのだと気付きました。幼児期という子どもにとって大切な時期の教育に携わる者として、悪いことはしっかりと正してあげる必要があることを学びました。それからは、子どもに注意が必要であると思われるときには、できるだけ注意するよう心がけました。注意しても、子どもたちに嫌われるということはありませんでした。これからも、普段は笑顔で子どもたちに接し、注意するときは真剣にというように、子どもたちとかかわっていきたいと思います。

この実習中、桜組さんでは紙芝居を読ませていただき、菊組さんではパネルシアターをやらせていただきました。紙芝居を読み始めたときは、とても緊張していましたが、子どもたちが楽しそうに見てくれていたので落ち着いて読むことができました。私が思っていたよりも子どもたちの反応が大きかったので驚きました。子どもたちの反応に応えながら読むことに精一杯で、持ち方のことは気にしていませんでした。次に読むときには持ち方にも注意して、もっと子どもたちに楽しんでもらえるよう準備したいと思います。パネルシアターは子どもたちの前で演じるのは初めてだったので、子どもたちがどのように反応してくれるのかがわからず、不安でした。緊張していて、きっと表情もこわばっていたのではないかと思います。もっと表情に気をつけて、楽しんで演じられるようにしたいです。また、どのように終わりにしたらよいかわからず、だらだらとしてしまったので、次は終わり方にも気をつけたいと思います。けれど、子どもたちがパネルに興味を示してくれて、楽しそうに触っていたのを見て、とても嬉しくなりました。やらせていただいてよかったと思いました。
　第1週目には、パンダクラブとのふれ合い保育の様子を見させていただきました。子どもたちの様子を見ていて、桜組の子どもたちはパンダクラブの子どもたちに思いやりをもって接しており、また、パンダクラブの子どもたちも、桜組の子どもたちをお兄ちゃん、お姉ちゃんのように慕っていると感じました。このふれ合い保育のような場は、園児にとっては年下の子どもを思いやる気持ちを育てるために、未就園児にとっては家庭とは違った園での環境に慣れるために、必要な場であると思いました。また、実習中には2回、アフタークラブに参加させていただきました。クッキー作りも焼き物作りも、普段の生活ではあまり体験することができないように思うので、子どもたちにとっては貴重な体験だったのではないかと思いました。このような体験は、子どもたちのその後の人生に影響を与えると思います。幼児期に様々なことを経験しておくことは、大変重要なことであると感じました。
　実習が始まる前は、大変緊張しており、不安な気持ちでいっぱいでしたが、子どもたちの明るく元気な姿に励まされ、毎日を楽しく過ごすことができました。子どもたちには、本当にたくさんの力をもらいました。また、いつも元気いっぱいの先生方の姿を見ていて、私も大東幼稚園の先生方のようになりたいと思いました。
　この実習を通して、幼児教育者は子どもの人間形成に大きな影響を与える立場であると共に、子どもが毎日を楽しく、安定した気持ちで過ごすためには欠くことのできない存在であると感じました。また、子どもたちは先生方をとても信頼していて、先生方のことが大好きだということを感じました。実習中、毎日、目標を頭においておくことで、目的意識を忘れず、一日一日を大切にすることができたので、とても充実した実習にすることができました。今回の実習で学んだこと、感じたこと、先生方からいただいたアドバイスを今後の勉強に生かしていきたいと思います。2週間、たくさんのことを体験することができ、とても良い実習になりました。御指導いただき、本当にありがとうございました。

（木下夏海）

〈後期実習を終了して〉

教育実習を終了しての感想（自分の今後の学習への課題）

　3週間、お忙しい中、教育実習をさせて頂き、ありがとうございました。
今回の実習では、長い期間、やらせて頂いたので、行事や季節に合った活動など、たくさんの事を経験することができ、本当に多くのことを学ぶことが出来ました。今まで学校で、様々なことを勉強してきましたが、実際に保育の場で、先生方や子どもたちと関わりながら過ごすと、これまで分からなかったことなどが、とてもよく分かり、自ら気付くことも多くありました。又、学校で学んだこととは、違っていることもありました。保育とは、人間同士が毎日関わりながら行われることなので、その場の環境や、そこにいる子どもたちの数だけ、内容があり、それらは全て違うのだと、実感しました。
　又、今回は責任実習も行わせて頂きました。私は、実際に、保育者の立場を経験させて頂く中で、子どもたちと楽しみながら行う、ということを忘れずにしようと、目標を立てていました。しかし、実際に行ってみると、上手くいかないことばかりで、焦ってしまい、子どもたち一人一人の気持ちを考えることも出来ず、あまり楽しむ余裕がありませんでした。子どもたちも、遊ぶ時間があまり無かったりして、楽しめてはいなかったと思い、反省しました。私は、"楽しむ"というのは簡単に出来ることではないのだと思いました。子どもたちに、活動の内容をしっかりと理解してもらい、活動の中で、子ども同士の関わり合いも大切にする、などの基本的なことが出来た上で、初めて楽しめるのではないかと思います。そして、それを受けて、保育者自身も、楽しい活動となった、と感じられるのだと思いました。私は、子どもたち全体に対しての、言葉掛けの仕方を、もっと工夫して、一人一人にしっかりと伝えられるようになりたいと思いました。先生方から頂いた助言をしっかりと振り返り、自分なりにまとめ、保育者となる為に、努力していきたいと思います。

（浅利結深）

〈ここがポイント〉

※実習前に考えて臨んだ「実習課題」が、実習を通してどのくらい学びとれたのか。自分が保育者として子どもとかかわった体験から実感したことや反省点、担任の先生からのアドバイス等より、後期実習を振り返って書いています。

後期実習を終えての反省と感想

今回の実習で自分の困ったこと、意外だったこと、嬉しかったことなどまとめてみよう。また実習の前にもった抱負についても思いおこし、自分なりに整理してみよう。

前期実習に引き続き、後期実習でも大変お世話になりました。この10日間は毎日が緊張と戸惑いの連続でした。しかし、先生方や子ども達があたたかく笑顔で受け入れてくださり、日々学びと発見、感動であふれた時間を過ごすことができました。お忙しい時期にも関わらず行事に参加させて頂いたり、責任実習という大変貴重な体験をさせて頂いたり、未熟な点が浮き彫りになり、自分自身の保育を見直すことができとても中身の濃い実習となりました。

今回の実習では、年長組のゆき組さんに10日間実習に入らせて頂いたことで一人ひとりの子どもの性格・友達へのかかわり方やクラス全体としての雰囲気・状況を一つずつ感得することができました。また、『結び』という課題を掲げ観察・実践してきたなかで、知識や技能面の木に沢山の実がなりました。大きく分けてそれは5つあります。

一つ目の実は、子どもと保育者の絆です。私自身も「子ども達と早く絆を結びたい」と思い初日から子どもの側に寄り添い自分なりに積極的に声をかけかかわりを持ちました。そのかかわりの間違いに気づいたのは少し後になってからでした。先生の子どもへのかかわりを観察すると、子どもが遊んでいる様子を隣で見守る場面が多く見られました。話しかけることも大切だとは思うのですが、「見守る」大切さが私には欠けていました。声をかけすぎることで子どもの成長を邪魔してしまったのです。かかわりを持つ行動の全てを話しかけるだけに限定している私主体の接し方になっていました。子どもの性格・その日の状態を考えてかかわることの大切さ、同じ空間を共有することもかかわり方の一つということを学びました。

二つ目の実は、子どもと環境との結びつきです。部屋の中の環境に着目していくと様々な留意点が目に留まりました。その中でも特に目を引いたのが保育材料の多様さです。今回は雨天の日も多く室内での子どもの様子もしっかり見ることができました。広告紙や包装紙をはじめとした材料が子どもの手の届く場所に置いてありました。このことからわかったことは二つです。一つは、玩具等の置いてある場所です。ほとんど全てのものが子どもの手の届くところにあるのを見て、「子どもが触ると危険だ」よりも「一人ひとりの子どもが自分の身のまわりのことができるようにするため」の配慮を感じました。二つ目は、種類の多様性です。広告紙や包装紙だけではなく先生があらかじめ用意していらっしゃった画用紙でつくったハートや星・魚、等です。それを子ども達は広告でつくった棒につけたり、別々のものを貼りあわせたりして創意工夫をこらしていました。またそれを見た友達が「教えて」と言い、協力しあって表現したり、『友達が○○しているから私もやる』といった、子ども同士で互いに影響しあう様子が見ることができました。『環境構成の充実』という一つのことから、「必要な基本的習慣を身につける」「お互いに相手の立場を認めあい、協力しあう」等、多くの子どもの成長を促す要素が含まれていると理解の幅が広がりました。

このニつの実の習得を課題として掲げましたが、自身の実践を通して出た反省から他に二つの「結び」の実を得ることができました。

言葉の語彙数も増え、使い方も達者になるこの時期。喧嘩でのかかわり方です。子どもの様子を捉えるという反省のもと、日々一人ひとりの様子を細かく見るよう心がけ、自分なりにですが捉えて念頭に置きました。しかし、実際に喧嘩の場面に立ち合った際に出た言葉かけは、学校の机上で学んだ相互の気持ちを伝えあえるようなものや自分達で解決できるような見守りでした。それも非常に大切なのですが、子どもは一人ひとり違い全て同じ対応にはなりません。子どもの姿を捉えるということは、次のかかわりに活かし結びつける大事な段階なのだと思いました。自分のように、捉えたままになり『教科書通り』のかかわりをするのでなく、捉えたものから考えだされる一人ひとりの子どもの育ってほしい姿等を考慮すると子どもの数だけかかわりがあると痛感しました。自分の対応の腑甲斐無さも感じました。この体験から学んだことを胸に、自分の対応について深く見つめ考えていきたいです。

また、実習期間中に行事に参加させて頂いたり、送迎バスの乗車も体験させて頂きました。そこで学んだ「結び」は保育者同士のつながりです。園外保育では、不測の事態が起きても子どもを第一に考え、スムーズに動けるように先生方同士で連携をとりあい、瞬時に対応していらっしゃいました。また、バス業務では前に乗っていた先生が次の子どもを座るよう促したり、担任の先生がバスに乗務している先生に今日一日の子どもの様子を言い、保護者の方へ伝えたりしていらっしゃいました。子どもと日々生活していく者として、一人ひとり・全体のことを考え保育者間の信頼の結びつきを強くすることが、子どもの園生活を支えていると感じました。
責任実習で得た実は大きいものでした。今まで取り組んできた幼児教育の勉強を全て出しきれるよう努めましたが、『思慮不足』という未熟な点が見えました。指導案計画では、自分は入念に計画を立てたつもりであっても、子どもの姿をしっかり予想しきれていませんでした。先にマラカスの中身を入れた子どもがどのような行動にでるか、事前に言葉かけをしておくべきか等考えておらず、私自身の対応に焦りが出てしまいました。指導案の計画はより具体的に子ども一人ひとりの姿を予想し、もし何かあった時、瞬時に対応できるような計画を立てることの重要性を身をもって感じました。また、用意しておいた各素材をテーブルに並べる際、焦りから全てを用意するのに大変時間がかかってしまいました。子ども達も次第に出歩き焦りの気持ちがさらに高まりました。咄嗟に、「何入れようかなって考えてみて」「もう決まったかな」という言葉がでました。しかし、その言葉には私の気持ちも含まれていたせいか、クラス全体に伝わりませんでした。言葉かけと一言で言ってみても、自分自身の状態やその時の子どもの受けとめ方が大きく反映すると感じるとともに、焦ることがないよう事前の準備を入念にし、臨機応変に対応できる柔軟な考えが持てるようになりたいです。反省ばかりでしたが、中身による音の変化を導入として伝えた時「わぁ！本当だ、おもしろい」という声があがりました。子どもの新たな発見に共に出会い、その喜びを共有できた時、何ものにも代えがたい感動がありました。
この10日間で経験した事は、本当にかけがえのない宝となりました。子どもの笑顔や先生方からの御指導で沢山の学びと感動の実が得られました。最後に子どもからもらった手紙の『かなしいけどおわかれです。だいすき』の言葉に胸がいっぱいになり涙があふれました。子どもとかかわるこの仕事の素晴らしさを感じ、今後より精進していきたいです。最終日には、先生方にご迷惑をおかけし大変申し訳ありませんでした。10日間本当にお世話になりました。ありがとうございました。

（澤田未来）

先輩の感想から①

前期実習では、朝のうた、給食のうた、帰りのうたのピアノを経験させて頂いたり、毎日何か1つ経験をさせて頂きました。この園では実習中の2週間は同じクラスに入りました。そのため、子ども達の名前も実習最後の日までには完璧に覚えることが出来ました。

後期実習では、1つのことを経験というわけではなく、責任実習に向けて、実際に子ども達の前に立たせて頂きました。ピアノは毎日弾き、紙芝居も毎日読みました。それ以外にも、朝のお集まりや給食の時間、また製作の説明も体験させて頂きました。毎日担当して前に出る時間が少しずつ増えていったので、責任実習ではあまり緊張せずに行うことが出来ました。反省会は、前期も後期も保育後に毎日あるのでその日困ったことや分からなかったことを日々教えて頂けました。

2週間という実習の中で、様々な体験を実際にさせて頂けるのでとても勉強になり、また楽しみながら実習に取り組めました。

次の実習生への連絡事項・申し送り事項等

○オリエンテーションの時は、AM8：00までに来れば大丈夫ですと言われましたが、朝は7：30頃に行き、そうじをしていました。
○ピアノは前期も後期も朝のうた、おべんとう、帰りのうたは弾くと思うので練習しておいた方が良いです。
○実習中分からないことがあれば、担当の先生に質問すると先生方は優しく教えて下さいますので、自分のためにも、どんどん聞いてみて下さい。笑顔を忘れずに頑張って下さい。
○手遊びやペープサートなどを用意しておくと、子ども達をひきつけやすいと思います。責任実習までに何個か、手遊びを子どもたちにも覚えてもらうと良いと思います。

（土屋聡美）

21 指導計画案

（1）指導計画案とは

幼稚園の１日の保育は、その日の指導計画案（日案）に沿って行われます。指導計画案を立てることは保育者の重要な仕事の１つなのです。

実習生も、責任実習（全日実習）や部分実習に際しては、その日１日（部分実習ではその部分）の指導計画案を立てます。実習の準備としても、保育者になる準備としてもしっかり取り組みましょう。ここでは責任実習を想定しての日案の立て方について説明します。

（2）事前にチェックすること

指導計画案を立てるには、これまでの見学実習・観察実習などで、学び経験してきたことが必要です。以下の点についてもう一度チェックしましょう。

○１日の保育の流れは理解できていますか。

○自分の配属されたクラスの子どもの名前を覚えましたか。

○教材の置き場や道具の配置、保育に必要なもの、日常使っているものなどの使い方、扱い方を覚えましたか。

○自分の配属されたクラスの担任保育者の動きや指導方法が、ある程度わかってきましたか。

○今の保育がどんなねらいのもとに組み立てられているのか理解していますか（先週、今週、来週の保育の流れとねらいが何かがわかると、さらによいでしょう）。

（3）指導計画案の形式

指導計画案は、幼稚園によって多少の違いがありますが、次のような形式が基本です。

①基本項目

実習日時・年齢・クラス名・人数（男女内訳）・担任氏名（実習生氏名）

②子どもの実態

遊びの様子・子どもの興味・友達関係などを中心に、クラスの雰囲気・子どもの体調等を記入します。

③今日の目標（ねらい）

子どもの実態をもとにした保育のねらい。

④時間配分

それぞれの活動のおおまかな時間配分

⑤子どもの活動

予想される子どもの活動を具体的に記入します。

⑥保育者（実習生）の動き・援助

子どもの活動に対応した、保育者（実習生）の援助を具体的に記入。「もしも」も想定して記入します。

⑦環境構成・準備

活動を行うための環境構成や必要な準備（見取り図なども記入するとわかりやすい）。

◇ワンポイントアドバイス⑮：指導計画案の用紙について◇

養成校で学んだ形式をもとに、A4のレポート用紙や5mm×5mm方眼紙等に書くことが多いようです。なかには、実習園から指定の指導計画案用紙を渡される場合もあります。

（4）指導計画案（日案）の立案の時期

①実習に向けて、まずは早めに書いてみる

幼稚園には、3～5歳児のクラスがありますから、どのクラスで責任実習を行うかわかりません。ですから、すべての年齢の指導計画案（日案）を書けるように準備しておくことが必要です。実習期間に入ってからでは十分な時間がとれません。

実習期間に入る前に、参考書や先輩の指導案を見て、実際に指導計画案（日案）を書いてみましょう。基本的には4歳児を想定して練習しておくとよいでしょう。

②クラスが決まったら書き始める

実習園でのオリエンテーションのあと、実習するクラスの年齢が決まったら、実際のクラスを想定して書き始めましょう。実習が始まったら、実習担当の保育者に内容を早めに相談し、責任実習を行う日の3日前には下書きを担任保育者に提出しましょう。後日指導をしていただき、修正します。責任実習当日にはペン書きして清書したもの（コピー）が必要です。

（5）書き方の手順

①１日の保育の流れをつかむ

日ごろの子どもたちの様子（子どもの実態）を基本に、責任（１日）実習の１日を思い浮かべ、流れをつかみます。指導計画案を立てる際、まずは、実習担当のクラスの子どもたちの様子を振り返りながら、自分がやろうとする活動内容が受け入れられるかを考えていきましょう。

②主活動を決める

次に、主活動（中心となる活動）を決めます。大体の活動時間配分をつかみ、子どもの動きを予想して書き込みます。

※主活動は、子どもの実態に即していることが大切で、やさしすぎても難しすぎてもよくありません。

a．ねらい：その活動で、子どもたちにどんな経験をさせたいかを考えましょう。心情・意欲・態度の観点から子どもの育ちの内面をとらえることが大切ですから、多くは「…して楽しむ」「…を味わう」「…しようとする」といった表現になります。

b．内　容：この活動を通して子どもに経験させたい内容を、より具体的に記入します。

c．「主活動」の流れ：次の３段階をふまえて構想します。

導　入：子どもたちにとって、これから行われる活動が「楽しみ」「やってみたい」という雰囲気をつくる場面です。話を聞く子どもたちの位置、子どもたちが理解できるような内容・話し方、活動の準備などを具体的に計画しましょう。

展　開：いよいよ「主活動」に入ります。子どもたちが、十分に楽しめるような内容と方法、援助や配慮が必要です。あらかじめいろいろ考えておきましょう。

まとめ：この活動の楽しさや達成感を、子どもたちと共感したり頑張った姿を認めたり、次回への期待を高めたりする大切な場面です。また、次の活動につなげるための動機付けも大切です。

③予想される子どもの活動

実習生の用意した環境や働きかけ（言動）を受けて、子どもたちはどんな反応をするのか、できるだけ具体的に予測して記入します。

④保育者（実習生）の動き・援助を考える

子どもの活動に対応した、保育者（実習生）の援助を具体的に記入。「援助の留意点」（保育者の配慮点）は、具体的に、詳しく記入します。なお、毎日繰り返される活動と、自分が入れ込む活動（例：「主活動」）では、保育者として配慮するポイントが違います。

毎日繰り返される活動、例えば「朝のあいさつ」「帰りの集まり」などは毎日繰り返されており、クラスごとにパターンがあります。子どもと担任の保育者を観察して、その担任と同様の動き、言葉掛けを基本にすることが大切です。

自分がその日に入れ込む活動では、自分が事前にやってみて学習し、クラスの子どもたちに応じた援助を考える必要があります。例えば製作では、何をつくるのか、材料は何にするのかなど、クラスの子どもの実態に合わせる必要があります。

さらに、園によって、はさみやのりの使い方の約束や、経験の違いもあります。どんな説明の仕方がふさわしいのかを自分なりに考え、担任の保育者に事前によく相談するとよいでしょう。

＊注意点＊　常に、「もしも」を考えておく必要があります。園庭での活動を考えていたら、急に雨が降り出したということもあります。そうなったときにあわてないように、担任の保育者に相談しながら、「代案」を考えておきましょう。

⑤何度も修正する

担任の保育者に下書きの段階で相談し、修正を重ねて清書します。責任実習の場合、園長・主任・担任の保育者用に必要部数を用意（コピー）し、実習当日の朝、「本日はよろしくお願いします」といって直接渡すことができるとよいでしょう。

◇ワンポイントアドバイス⑯：保育関係の月刊誌を参考に◇

指導計画案は、実際にクラスに入って子どもの実態を把握し、子どもの動きと保育者の援助を考えて書くのが基本です。ところが実習生は、実習前に子どもの実態は把握できません。そこで、保育関係の月刊誌などに掲載されている月間保育計画を参考にすることをおすすめします。その月の「ねらい」がわかり、取り入れるとよい歌や遊び、絵本、製作などが示されており、大いに役に立ちます。

※では、実際の指導計画案の例を見てみましょう（実習中は、用語の表記の仕方など、実習園の指導に従ってください）。

園長印	印	教育実習指導案	No.1

6月　26日（　　）	天候　曇り	指導者名印	○○○○　印
○○組（5歳）	男 12名 女 9名　計 21名	実習生氏名	浅利結深　印

子どもの実態

- ○年長児としての生活の仕方が分かり、意欲を持って活動に参加したり、遊びに参加したりしている。
- ○当番活動に積極的に取り組み、責任を持って行動出来るようになってくる。
- ○外遊びでは、鬼ごっこや縄跳びなど、体を動かすことを楽しみ、出来るようになったことを、友達や保育者に伝える。
- ○虹の絵を描いたり、プラネタリウム見学に行ったことで、空や星、宇宙への興味が広がり、関心を深めている。

ねらい	主な活動
・プラネタリウム見学へ行った経験を活かし、UFOを作ることで、想像力を広げる。 ・自分の作ったもので遊ぶ楽しさを味わう。	製作：UFOを作り、滑らせて、飛ばして遊ぶ。

準備

- ○紙皿 42枚
- ○小石 21個
- ○セロハンテープ
- ○光る折り紙

（紙皿・小石は）貼り合わせておく。

- ○画用紙（宇宙人の形に切ったもの）21枚
- ○マーカー
- ○のり
- ○宇宙の本
- ○マスキングテープ
- ○トイレットペーパーの芯
- ○画用紙

（トイレットペーパーの芯・画用紙は）的（予め作っておく）

時間	環境構成	幼児の活動	保育者の援助と配慮
	・（丹沢組 保育室） ［保育室の配置図：ピアノ、絵本、黒板、おたより、棚、机、水筒、作品棚、入り口、棚、おもちゃ、ロッカー］ 話を聞く時は、新幹線座りをするよう声を掛ける。	○「ごちそうさまでした」の挨拶をする ・食べ終えた子から、歯磨きをする。 ・ゴミ拾いをする。	○挨拶を促す ・食べ終えた子から歯磨きをするよう、声を掛ける。 ・これから、床を使って遊ぶことを伝え、ゴミを拾うよう促す。
12:45 〈導入〉		○手遊び「いっぽんゆび」をする ・実習生の真似をして、手を動かす。少しずつ、歌も合わせられるようになり、楽しむ。 ・落ち着き、話を聞く態勢になる。 ・プラネタリウム見学について、思い出したこと、気付いたことを話し始める。 ・実習生の問いかけに答える。 ・宇宙への興味が湧き、UFOについて話し出す。 ・活動への期待感を持ち始める。	○製作活動への導入 ・みんなで楽しめるよう、動作を大きく、はっきりと、分かりやすくする。 ・「とても静かになったね。今日は、とっても楽しいことをしようと思ってるんだ！」と、プラネタリウム見学の話を始める。 「先生は、行ってないから、どんなだったのか分からないんだけど、みんなは覚えてる？」などと声を掛け、思い出すようにする。 ・宇宙の本を見せながら、「こんなお空を見てきたのかな？お星さまがいっぱいだね」 ・宇宙には、星の他に、どんなものがあるか子どもたちに問いかける。 ・UFOの話へ持っていくようにする。 ・UFO作りをすることを伝える。 「みんなで、かっこいいUFOを作って、楽しく遊びたいと思ってるんだ！出来上がったら、こうやって滑らせてみよう。こんな風に、くるくる回って進むんだよ！」などと話し、作ることへの期待感を持つような言葉掛けをする。
12:55		○材料の準備 ・マーカーとのりを、お道具箱から持ってきて、席に着く。材料を受け取る。	○材料を配る ・お道具箱から、マーカーと、のりを持ってくるよう、声を掛け、「準備の出来たお友達から、UFOの材料を渡していくよ。座って待っててね」と呼びかける。 ・「石が貼ってある方が、UFOの下の部分になるよ。そっちは、まだ使いません。三角に切ってある方の紙皿に、みんなの好きな

実習生
氏　名　浅利　結深

教育実習指導案

No.2

時間	環境構成	幼児の活動	保育者の援助と配慮
〈展開〉	(下になる紙皿)　(上になる紙皿) 小石　切込み 紙皿の内側　紙皿の外側 折り目をつけておく (宇宙人) マスキングテープで囲む トイレットペーパーの芯 スペースを広めに取っておく。	・自分の作りたいUFOのイメージを膨らます。 ・紙皿に貼ってある、折り紙について、実習生に話す。 ・宇宙人について、イメージを膨らます。 ・気付いたことを話す。 ○作り始める ・UFOと宇宙人の、実習生の見本を見て、出来上がった時の様子をイメージしながら、描き始める。 ・模様が描けた子は、実習生に声を掛けたりして、のりで貼りつける。 ○実習生の話を聞く ・的を目がけて、滑らせて遊ぶ。 ・友達と競い合ったりして楽しむ。	UFOの模様を描くよ！」と、見本を見せながら伝える。 ・予め、貼っておいた折り紙について、「この折り紙はね、実はすごい秘密のある折り紙なんだ！その秘密は、みんながかっこいいUFOを作れたら、こっそり教えたいと思ってるんだよ。作れるかな？」と話す。 ・宇宙人の形に切った画用紙について、「みんなが自分のUFOに乗せてみたいと思う、宇宙人の絵を描いてみよう！」と話す。 ・模様が出来上がったら、石が貼ってある紙皿と、のりでくっつけるよう伝える。 ・UFOと、宇宙人に、マーカーで自由に模様を描き始めるよう促す。 ・子どもたちを見て回り、「宇宙人て、どんな服を着てるんだろう？」と、想像が広がるような言葉掛けをする。 ・のりで貼るよう、声を掛ける。 ○的の準備・遊び方の説明 ・子どもたちに、一度話を聞くよう呼びかける。「出来上がったお友達から、ロッカーの前で滑らせてみよう！四角の中は、宇宙になってるよ。宇宙に居る敵に当たるかな？」と話す。 ・模様を描くことに夢中になっている子は無理に遊びに誘わず、続けさせる。 ・製作の様子と、遊ぶ様子を見て回る。
13：20 〈まとめ〉 13：30		○実習生の話を聞く ○片付け ・UFOと、マーカーと、のりをお道具箱にしまう。 ○帰りの支度をする	○まとめ ・「たくさん敵を倒したお友達も、模様をきれいに描けたお友達も、とてもよく出来ていたので、この折り紙の秘密を教えるね！」と、暗い所で光ることを教える。 ・「お家に持って帰って、光るかどうか試してみてね。もっとかっこよくなるよ！」と声を掛け、壊れないように、そっとお道具箱にUFOと、マーカーと、のりを片付けるよう促す。 ○帰りの支度を促す ・的などを片付ける。

反　省　責任実習をさせて頂き、ありがとうございました。最後は、予定の時間を過ぎてしまい、申し訳ありませんでした。なかなか、スムーズに進めることが出来ず、とても焦ってしまって、子どもたち一人一人の進み具合を把握できていなかったり、子どもたちから出た言葉にきちんと反応して答えられなかったり、と丁寧に関わり合うことが出来ませんでした。笑顔でいることも忘れてしまい、反省しました。やはり、紙皿と紙皿を貼り付けるなどの、難しい作業が多かったのだと思いました。宇宙人の顔は、みんなすぐに描けたのですが、UFOの模様にはとても戸惑っていました。私の見本が良くなかったと思います。又、子どもたちは遊ぶことを楽しみにして作っていたのに、最後、遊ぶ時間を5分程しか取ることが出来ませんでした。もっと、作る作業を短かく出来るように工夫し、遊びの時間を多く取れるようにするべきでした。
　又、子どもたちに、のりやマーカーを取りに行ったり戻したり、と呼び掛ける部分では、全体に一度に伝えることが出来ず、何度も子どもたちから、「のりとかどうするの？」などと声を掛けられてしまいました。今日の反省点をしっかりと振り返り、改善の方法を考えて、今後に活かしたいです。

〈ここがポイント〉

※昼食後の一斉活動を部分実習として担当した指導案です。「導入 → 展開 → まとめ」の流れが明確に区分できています。「環境構成」の図や絵がとてもわかりやすく、見やすい例です。

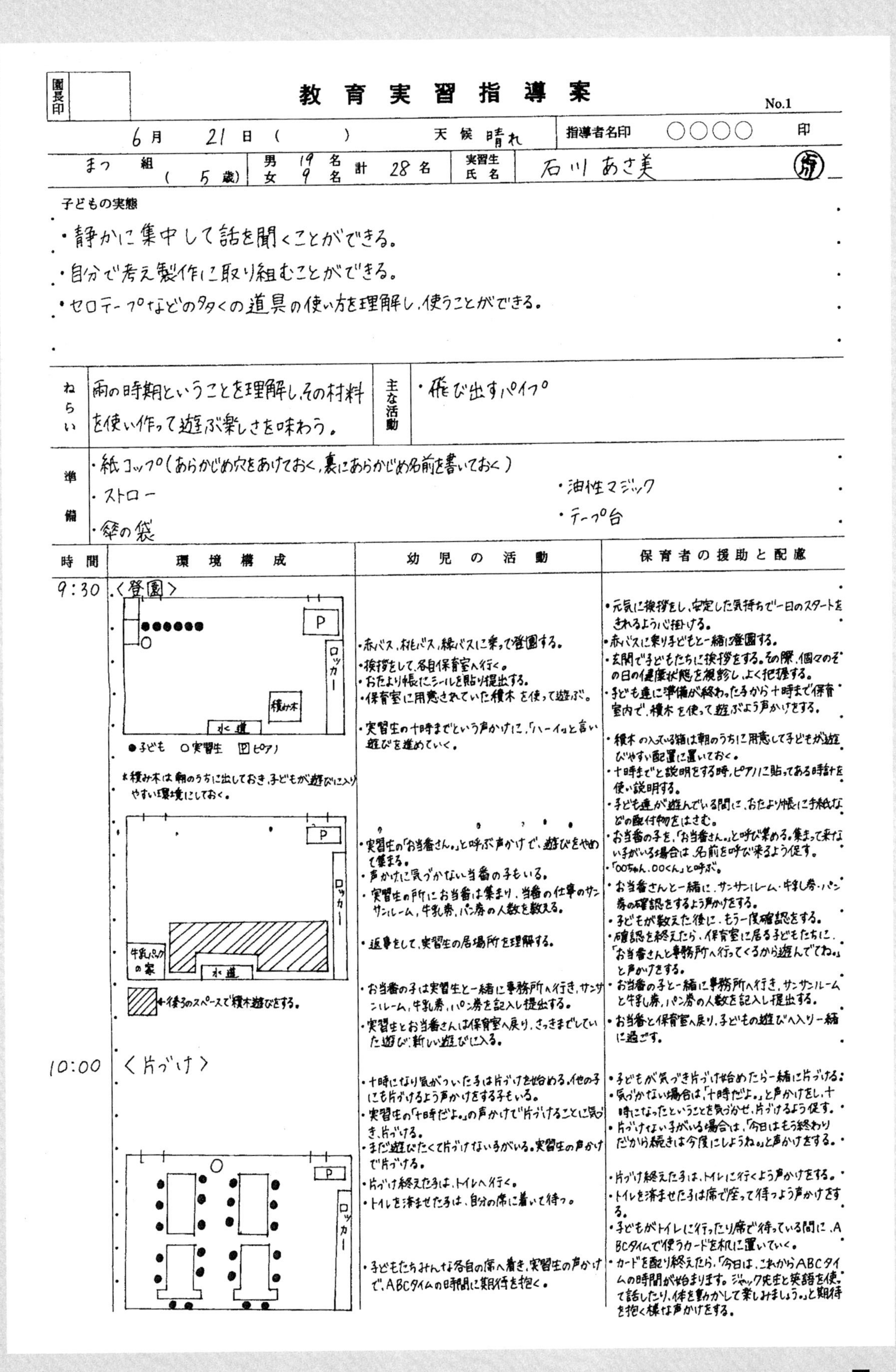

園長印	

教育実習指導案

No.1

6月 21日（　　）　天候 晴れ　指導者名印 ○○○○ 印

まつ 組（5歳）　男 19名　女 9名　計 28名　実習生氏名 石川あさ美 印

子どもの実態

- 静かに集中して話を聞くことができる。
- 自分で考え製作に取り組むことができる。
- セロテープなどの多くの道具の使い方を理解し、使うことができる。

ねらい	主な活動
雨の時期ということを理解し、その材料を使い作って遊ぶ楽しさを味わう。	・飛び出すパイプ

準備

- 紙コップ（あらかじめ穴をあけておく、裏にあらかじめ名前を書いておく）
- ストロー
- 傘の袋
- 油性マジック
- テープ台

時間	環境構成	幼児の活動	保育者の援助と配慮
9:30	〈登園〉 P　ロッカー　積み木　水道 ●子ども　○実習生　Ⓟピアノ ＊積み木は朝のうちに出しておき、子どもが遊びに入りやすい環境にしておく。	・赤バス、桃バス、緑バスに乗って登園する。 ・挨拶をして、各自保育室へ行く。 ・おたより帳にシールを貼り提出する。 ・保育室に用意されていた積木を使って遊ぶ。 ・実習生の十時までという声かけに、「ハーイ」と言い遊びを進めていく。	・元気に挨拶をし、安定した気持ちで一日のスタートをきれるよう心掛ける。 ・赤バスに乗り子どもと一緒に登園する。 ・玄関で子どもたちに挨拶をする。その際、個々のその日の健康状態を視診し、よく把握する。 ・子ども達に準備が終わった子から十時まで保育室内で、積木を使って遊ぶよう声かけをする。 ・積木の入っている箱は朝のうちに用意して子どもが遊びやすい配置に置いておく。 ・十時までと説明をする時、ピアノに貼ってある時計を使い説明する。 ・子ども達が遊んでいる間に、おたより帳に手紙などの配付物をはさむ。
	P　ロッカー　牛乳パックの家　水道 ←後ろのスペースで積木遊びをする。	・実習生の「お当番さん。」と呼ぶ声かけで、遊びをやめて集まる。 ・声かけに気づかない当番の子もいる。 ・実習生の所にお当番は集まり、当番の仕事のサンサンルーム、牛乳券、パン券の人数を数える。 ・返事をして、実習生の居場所を理解する。 ・お当番の子は実習生と一緒に事務所へ行き、サンサンルーム、牛乳券、パン券を記入し提出する。 ・実習生とお当番さんは保育室へ戻り、さっきまでしていた遊び、新しい遊びに入る。	・お当番の子を、「お当番さん。」と呼び集める。集まって来ない子がいる場合は名前を呼び来るよう促す。 ・「○○ちゃん、○○くん」と呼ぶ。 ・お当番さんと一緒に、サンサンルーム・牛乳券・パン券の確認をするよう声かけをする。 ・子どもが数えた後に、もう一度確認をする。 ・確認を終えたら、保育室に居る子どもたちに、「お当番さんと事務所へ行ってくるから遊んでてね。」と声かけをする。 ・お当番の子と一緒に事務所へ行き、サンサンルームと牛乳券、パン券の人数を記入し提出する。 ・お当番と保育室へ戻り、子どもの遊びへ入り一緒に過ごす。
10:00	〈片づけ〉	・十時になり気がついた子は片づけを始める。他の子にも片づけるよう声かけをする子もいる。 ・実習生の「十時だよ。」の声かけで片づけることに気づき、片づける。 ・まだ遊びたくて片づけない子がいる。実習生の声かけで片づける。	・子どもが気づき片づけ始めたら一緒に片づける。 ・気づかない場合は、「十時だよ。」と声かけをし、十時になったということを気づかせ、片づけるよう促す。 ・片づけない子がいる場合は、「今日はもう終わりだから続きは今度にしようね。」と声かけをする。
	P　ロッカー	・片づけ終えた子は、トイレへ行く。 ・トイレを済ませた子は、自分の席に着いて待つ。 ・子どもたちみんな各自の席へ着き、実習生の声かけで、ABCタイムの時間に期待を抱く。	・片づけ終えた子は、トイレに行くよう声かけをする。 ・トイレを済ませた子は席で座って待つよう声かけをする。 ・子どもがトイレに行ったり席で待っている間に、ABCタイムで使うカードを机に置いていく。 ・カードを配り終えたら、「今日は、これからABCタイムの時間が始まります。ジャック先生と英語を使って話したり、体を動かして楽しみましょう。」と期待を抱く様な声かけをする。

No.2

時間	環境構成	幼児の活動	保育者の援助と配慮
10:20	〈ABCタイム〉	・実習生と「やおやのおみせ」の手遊びをして、ジャック先生を待つ。 ・ABCタイムの時間を会話や体を使って楽しむ。	・時間が余ってしまったら、「やおやのおみせ」の手遊びをする。 ・ジャック先生の補佐をする。
10:40	〈お朝礼〉 P	・トイレに行きたい子はトイレへ行く。 ・行かない子はお念珠を持ち席へ座り、みんなが集まるのを待つ。 ・お眠りの曲で、落ち着きお朝礼の準備をする。 ・全員がお朝礼の準備ができる。 ・お当番さんは起き、明りをつけて次はまつ組のみんなを起こす。 ・お当番は、実習生の「ご挨拶」の声かけで、実習生と一緒に言う。まつ組のみんなは、お当番の後につづいて言う。 ・ほとけさま、しっている、せんせいおはよう、はをみがきましょうを歌う。 ・当番の子は名前と意気込みを一人ずつ言う。 ・「はい!」と大きな声で手を挙げる。 ・指名された子は、考えていた質問をお当番さんにする。 ・お当番は質問に答える。 ・当番の子は自分の席へ戻る。 ・「はい」と元気よく返事をする。 ・呼ばれたグループから順にお念珠を片づけお道具箱のふた、クレヨンを持って座る。 ・全員とりに行き席に座る。	・ABCタイム終了後、ABCタイムで使ったカードを集め子どもたちにトイレに行きたい子は行くよう促す。 ・お念珠を持ち席へ座るよう声かけをする。 ・保育室の明りを消し、お眠りの曲を弾き、子どもを落ち着かせお朝礼の準備をするよう促す。 ・静かになり落ち着いたら「起きよー」の曲を弾きお当番さんを起こす。大きな声で歌う。 ・次は、まつ組さんのみんなをお当番と一緒に起こす。 ・「ご挨拶」と言い、お当番さんに「ご挨拶」を言うよう促し、お当番と一緒に言う。 ・ほとけさま、しっている、黙想の曲、せんせいおはよう、はをみがきましょうを弾いて歌う。 ・当番の子に名前と意気込みを言うよう、「お当番さんお願いします。」と言う。 ・お当番さんに質問あるかを聞く。 ・二人位、あてるが時間によって一人、三人と減らしたり増やしたりする。 ・答えられない子が居た時は、「また後で聞くから考えておいてね」と声かけする。 ・一人ずつ名前を呼び出席確認をする。子どもの顔を見て視診する。 ・今から製作をするので、お念珠を片づけ道具箱のふたとクレヨンを持って席へ座るよう声かけをする。 ・グループごとに呼び、ロッカー前で混雑するのを防ぐ。 ・道具箱のふたにはあらかじめ名前の書いてある紙コップ、傘の袋、ストローを入れておく。 ・子どもが取りに行っている間に、各机に油性マジックを置く。
11:10	〈製作〉 P ロッカー	・「わぁ。」と驚いたり不思議に感じたりする。 ・「知ってる」「知らない」や自分の考えをそれぞれに答える。 ・「傘入れる袋」と言う子がいる。	・「みんな準備できたかな」と確認する。 ・「今日は飛び出すパイプを作りたいと思います。」と見本を見せる。 ・「まずこの袋に机に置いてあるペンを使って絵を書いてもらうのだけど、この袋は何を入れるものか知っている?」と問いかける。 ・「そう、これは雨の日に傘を入れる袋だよ」と言う。 ・答えが出ない場合も同じように説明する。
11:15		・傘の袋には自分で考えた出てきたら驚くような絵を油性マジックで書き、紙コップにはクレヨンで好きな絵や模様を書く。	・この傘の袋に、出てきたら驚くものや、好きな物を書くよう声かけをする。 ・紙コップには何でも好きな絵や模様をクレヨンで書くよう声かけをする。 ・各机にセロテープを置き次の製作の準備をしながら、子どもの様子を見てまわる。

反省	

指導者からの助言	

No.3

時間	環境構成	幼児の活動	保育者の援助と配慮
11:20	・穴にストローをさし込む。 ・傘の袋を紙コップにかぶせ、空気がもれないようセロテープでとめる。	・作業をやめて、組み立て方の説明を聞く。	・様子を見て、だいたいの子が絵を書き終えていたら、終えていない子も全員に作業をやめてもらい、ストローのさし方と傘の袋のセロテープでの止め方を説明する。 ・セロテープは机の上のを使い、紙コップの口に傘の袋をおおうようにかぶせると、実際に見せながら説明をする。 ・セロテープは少しずつ切って使うよう声かけする。 ・ストローのさし方も見せながら説明する。
11:25	・完成	・自分たちで組み立てる。 ・できなくて困っている子がいる。 ・作り終えた子が、終わっていない子に教えたりしている。 ・作り終えたら実習生に見せて、クレヨン・道具箱のふた・油性マジックを片づけてから、飛び出すパイプで遊ぶ。	・組み立て方の説明が終わったら、「みんなも組み立てよう」と促す。 ・少しだけヒントを教え、まわりの友達をみたりさっきの話をよく思い出して作ってみてね。と声かけをし自分で考えてもらう。 ・終わったら先生に見せに来てから、クレヨンと道具箱のふたを片づけ、マジックをもとに戻してから、飛び出すパイプで遊ぶよう声かけをする。
11:40	<晴れ:外遊び 雨:ゲーム> P ＊話の聞きやすい位置に集まる。	・ロッカーに飛び出すパイプをしまって、前へ集まる。 ・「はじまるよ」の手遊びをする。 晴れの場合 ・トイレに行きたい子はトイレに行ってから、玄関のピンク色の所で、実習生を待つ。 ・実習生の話を聞き、十二時十分までアスレチックで遊ぶ。 ・時間になったら、気づき片づけをはじめる。友達に片づけと教える。 ・手を洗い保育室へ戻る。 雨の場合 ・「やった」などと、ゲームへ期待を抱く。 ・言葉や動作で、問い掛けに答えゲームに参加する。 ・「おちたおちた」のゲームをして楽しむ。 ・難かしくなるに連れて、ゲームへの集中力が高まる。 ・パネルシアターを見て、自分の想像したものを「○○」と言い、パネルシアターに参加し楽しむ。	・飛び出すパイプは、各自のロッカーにしまい、前へ集まるよう声かけをする。 ・「はじまるよ」の手遊びをして、話に集中できるようにする。 ・「トイレへ行きたい人はトイレに行ってから赤白帽子をかぶり外へ行きます。」と声かけをする。 ・子どもたちと外へ行く。 ・全員いるかを確認してから、ピンクの所で「十二時十分までアスレチックで遊びましょう」と声かけをして、子どもたちとアスレチックで遊ぶ。 ・安全配慮をしながら、遊ぶ。 ・子どもが気づかない場合は声かけをする。 ・手を洗い保育室へ戻るよう声かけをする。 ・手遊びをした後に、「今日は外が雨ふっているので遊べません。なのでみんなでゲームをしたいと思います。」と声かけをする。 ・ペープサートを見せ、子どもに「これは何かな?」と問い掛ける。 ・「もしもみんなは、これが空から落ちてきたらどうする?」と問い掛け考えるよう促す。 ・「おちたおちた」のゲームをする。ペープサートを使い遊びを展開させ、難しくしていく。 ・ゲームが終わったら、パネルシアターの「そっくりさん」を行う。 ・そっくりな動物の顔がかくれているので、子どもたちへ「誰かな?」と問い掛けクイズをしてパネルシアターを楽しむよう行う。
雨12:00 晴12:10		・トイレへ行き昼食準備をする。	・トイレへ行き昼食の準備をするよう声かけをする。

反省

半日実習を行い、実際子どもたちを目の前にすると、指導案通りには行かず、特にABCタイムの前の片づけの時間が思っていた以上に子どもたちの片づけが速かったのと、ABCタイムの時間がおしてしまっていたのとで時間に余裕ができすぎてしまいました。そのため、子どもたちの集中力がきれてあきさせてしまいました。製作の時も指導案とは変更して行いました。一人一人の速さに差があり、遅い子を待つべきか迷ってしまいました。速く終えている子も多かったので、もっと進行をはやめて製作したもので遊ぶ時間を多くとれればよかったなと思いました。
今回の半日実習で学んだことをしっかり見直し、来週の責任実習を行いたいと思います。

指導者からの助言

〈ここがポイント〉

※午前中の一斉活動を部分実習で担当したときの指導案です。予想できる限りでの具体的な言葉掛けが記入されていて、わかりやすいです。晴れの場合と雨の場合も考えられています。

○○○○短期大学

（　責任　）実習指導計画案		指導者名	○○○○　印
○年　10月　25日（　曜日）天候晴れ		実習生名	澤田　祐美　（印）
前日までの子どもの姿	・着替えなどちょっとした援助が必要なものの自分で着替えなどができる ・言葉掛けをすることでしっかりと製作を行うことができる	組・人数	（　3　歳児）すずらん　組　男　19　名・女　11　名　計　30　名
		準備するもの	色画用紙（名前を書いておく），クレヨン，わりばし，新聞紙，絵本
主活動	ひっかき絵を楽しむ	ねらい	・普段とは違った描き方を楽しむ ・自分の思ったことを自由に表現する楽しさを味わう

時	分	子どもの活動（生活の流れ）	保育者の援助・保育の配慮	環境・準備
8	30	○順次登園 ・先生に挨拶をする ・連絡ノートを出して着替えのできた子から外に出て自由に遊ぶ	・登園して来た子に挨拶をする ・外に出て来た子と一緒に遊ぶ ・園庭全体を見ることができるよう配慮し、危険のないようにしていく	園児が登園して来る前に園の掃除を済せておく
9	45	○片付けをする ・使っていた玩具を元の場所に戻す ・皆で協力して片付けを行う ・クラスに戻ったら手洗い・うがいをする ・トイレに行きたい子はトイレに行く ・自分の席に着く ○朝の挨拶をする 「おはようのうた」を唄い挨拶をする ・乾布摩擦の用意をする	・片付けをするよう言葉掛けをする ・子ども達だけでは片付けられないものを一緒に片付ける ・片付け終えたことを確認し、クラスに戻るよう促す ・トイレに行きたい子はトイレに行くよう言葉掛けをする ・自分の席に着くよう促す ・全員が揃ったら「立てやホイ」と声を掛け起立するよう促す ・ピアノを弾いて元気よく挨拶ができるようにしていく ・乾布摩擦の用意をするよう促す ・ブラウスで行う子の名前を呼ぶ ・用意が遅れてしまう子の援助をしていく ・用意が出来たらクラスの前に並ぶよう促す ・靴下は下がっているか、ブラウスはお腹に入っているか確認をするよう言葉掛けをする ・音楽が鳴ったら外に出るよう言葉掛けをする	
10	10	○乾布摩擦とマラソンを行う ・クラスに戻り着替えをする ・トイレに行く ・自分の席に着く	・クラス毎に並ぶよう促す ・手本となるよう大きく動作をする（一緒に乾布摩擦をする） ・マラソンでは順番に道路の角に立ち危険のないようにしていく ・クラスに戻るよう促す ・タオルはロールケーキにしてロッカーに戻すよう促す ・着替えをするよう言葉掛けをし、トイレに行きたい子はトイレに行くよう促す ・自分の席に着くよう言葉掛けをする	・新聞紙を机にしく
11	00	・手遊びをする ・絵本を見る ○ひっかき絵を行う	・手遊びを行い、全体が落ち着いたら絵本を読む ・「みんなはクレヨンの黒をたくさん使うかな？あまり使わないよっていうお友達もいるのかな？今日はそんな黒くんが大活躍する絵を描くよ」と説明をする ・「ひっかき絵」の描き方を実際に自分でも行いながら説明をしていく ・後で配る割りばしの使い方やしてはいけないことをわかりやすく説明をする ・作業中は1人ひとりを見て回り上手くできない子にはアドバイスをしながら楽しくできるようにしていく ・ひっかき方によって模様のつき方が変わることを伝えたりしながら、ひっかく楽しさを味わえるようにしていく ・塗ることに飽きてしまった子には、無理に進めるのではなく	・クレヨンを用意する ・画用紙を配る ・黒を塗り終えた子から割りばしを配っていく

時	分	子どもの活動（生活の流れ）	保育者の援助・保育の配慮	環境・準備
		・早く終えた子は自主活動をする	できている所でひっかき絵ができるよう働き掛ける ・早く終わってしまった子には「まだやっているお友達がいるからクレヨンをお道具箱に片付けてから絵本を見て待っていてね」と言葉掛けをする	・完成した子から作品を回収していく
	50	・自分の席に着く ・実習生の話を聞く	・全員が描き終えたら、絵本を片付けて自分の席に着くよう促す ・「ひっかき絵をしてみてどうでしたか？黒くんは大活躍できましたか？」と感想を聞いていく ・「帰る時に連絡ノートと一緒にかわいい袋に入れて渡すのでお家に帰ったら、お家の人にも見せてあげてね」とまとめる ・新聞紙にクレヨンのゴミがたくさん乗っているので、ゴミを下に落さないよう、そっと新聞紙を丸めるよう促し、ゴミを拾てるよう言葉掛けをする	
12	00	○図書 絵本を借りる	・図書の絵本袋を取りに来るよう促し、図書カードを配る ・図書カードは袋に入れるよう言葉掛けをする ・男の子と女の子に分けてクラスの前の方に並ぶよう促す ・絵本を借りたらクラスに戻るよう促す ・カードに名前を書いてもらう間は絵本を見て待つようにしていく	
12	15	・お弁当の用意をする ○いただきますをする 「お弁当」の歌を唄い挨拶をする	・絵本をロッカーにしまいお弁当の用意をするよう促す ・伴奏を弾いて挨拶ができるようにしていく ・お茶を配る ・子ども達の中に入り一緒に食べる ・食べ終えた子のお弁当箱を見ていく ・食べ終えた子は片付けをし、歯みがきをするよう促す ・自主活動をするよう促す ・ピアノを弾いて片付けをするよう言葉掛けをしていく	・机を拭く
13	10	・片付け・着替えをする	・着替えをするよう促し、片付けや着替えが遅れてしまう子の援助をしていく ・男の子と女の子に分け、連絡ノートを受け取りに来るよう言葉掛けをする	
	25	・連絡ノート・作品を受け取る ・椅子を机に乗せる	・連絡ノートと作品を渡していく ・連絡ノートを受け取った子は、椅子を机の上に乗せるよう促す ・靴下は上がっているか、裸は出ているかなど身仕度の確認をするよう促す	
	35	○さようならの挨拶をする 「おかえりのうた」を唄う	・伴奏を弾いて元気よく唄えるようにしていく ・「気をつけ ピッ」と声を掛けきちんと挨拶できるようにする	
	40	・外に出てバス毎に並ぶ	・外に出るよう促しバス毎に並ぶよう言葉掛けをする ・身仕度の確認をするよう言葉掛けをしていく	バスのプラカードを用意する
14	00	○順次降園		

評価・反省

今日は、お忙しい中1日責任実習をさせていただきありがとうございました。実際に自分で保育を進めていくことで今まで気づくことのできなかった所に気がつくことができました。また、私自身時間ばかりを気にしすぎてしまい、個人個人を落ち着いて見ていくことができなかったように思います。――― 略 ―――

〈ここがポイント〉

※登園から降園までの計画を、限られた中に要領よく書けています。「環境・準備」のところに図が入るともっとわかりやすくなりますね。

○○○○短期大学

(責任)実習指導計画案		指導者名	番 印
○年 10月 24日(曜日)天候 晴れ		実習生名	清水 紗央里 印
前日までの子どもの姿	・外で元気に遊ぶ ・自分たちで考え行動できる	組・人数	(4、5 歳児)ほし 組 男 18 名・女 16 名 計 34 名
		準備するもの	画用紙・竹ひご・ボンド・割りばし ワイヤー・のり・どんぐり・クレヨン サインペン・ハッポウスチロール
主活動	「かざぐるま」をつくる	ねらい	・自分で作ったもので遊ぶ楽しさを味わう ・かざぐるまの特徴を知る ・かぜとふれ合う

時 分	子どもの活動(生活の流れ)	保育者の援助・保育の配慮	環境・準備
7:45		⊙各クラスの準備をする ・園内の清掃をする	
8:00	⊙順次登園 ・自分の荷物をロッカーに掛けて、出席ノートにはんこを押したら自由に遊ぶ	⊙朝礼 ・日直の先生が今日の予定と連絡事項を伝える ・子どもと保護者の方に笑顔で挨拶をする ・園内の清掃をする	
10:20	⊙片づけをする ・遊んでいたものを片づけて、保育室に戻り、はだかになって園庭へ集まる(軍手を持っていく)	⊙片づけをして保育室に戻るよう促す ・はだかになって園庭に集まるように声を掛ける(軍手を忘れない)	
10:35	⊙体操をする ・音楽に合わせて踊る ⊙乾布摩擦をする ・"さんぽ"に合わせて乾布摩擦をする(軍手をする)	⊙体操をする ・子どもの前に立って、音楽に合わせて踊る ⊙乾布摩擦をする ・"さんぽ"に合わせて乾布摩擦をする(軍手をする)	
10:50	・保育室に戻って集まる ⊙朝の挨拶 ・歌をうたう ・朝の挨拶をする ・名前を呼ばれたら元気に返事をする	⊙保育室に戻って集まるよう促す ⊙朝の挨拶 ・お当番を前に出して、"朝のうた"をうたう ・朝の挨拶をする ・ピアノを弾く(どんぐりころころ・きのこ・かまきりじいさん) ⊙出席をとる	
11:00	⊙落ち着き、話を聞く態勢になる ・保育者の問い掛けに答える(すっごくビューってとばされちゃうよ、歩けなくなるんだよなど) ⊙絵本を見る 「葉っぱがとばされてたよ」 「本がペラペラーってなってた」など言う ・知っている子は、「かざぐるま!」と答える	⊙「今日は昨日少しお話ししたように、とっても楽しい事をしようと思っています。」と声を掛ける ・「みんなは風ってどんなものか知ってるかな?今日も風ふいてたよね、台風の時の風ってどんな感じかな?」など問いかける ・「今から風についての絵本を読むから、みんなはどんな風があるのか考えてみてね」 ⊙絵本を読む「かぜフーホッホ」 ・「どうだった?どんな風があったかな?」と色んな風がある事を伝える ・「じゃあ今日はこれからこの風さんがふくと楽しく遊べちゃうある物をみんなで作りたいと思います」 ・「じゃじゃーん!これみんなは見たことあるかな?」 ・当たった子がいたら、「そう!ピンポーン、今日はみんなでかざぐるまを作って楽しく遊びたいと思います」と言う	(ほし組) トイレ ドア ・実習生…☆ ・子ども…○

時 分	子どもの活動（生活の流れ）	保育者の援助・保育の配慮	環境・準備
	•どんなふうにしたら回るのか考えてみる 「ふーってやると回るよ！」など答える	•このかざぐるまは、どんなふうにしたら回ると思う？と子どもと一緒に考える •意見が出たとおりにやってみせる •出来上がったらこんなふうに回るんだね、と話し、作ることへの期待感を持たせる．	→後から2つ出して、更にみんなで一緒に回してみたらすごくきれいだよ！と伝える．
	⊙準備をする	⊙準備をする •みんなにこれから用意してもらうものを言うから持ってきて下さい． •まずハサミと．サインペン・クレヨン（どちらか）を持ってきてもらいます。	
	•「ハサミを持って走っちゃダメ」 「ふざけない」と意見を言う．	•ハサミを使う時は、お友だちに向けては？と問い、子どもに答えてもらう．（目にささっちゃったら目が見えなくなっちゃうと大変だからね） •注意を守って、取りに行って下さい．	※机を準備する
	•順番に並んで取りにくる．	⊙好きな所に座るよう促す． •「次に、女の子からここに色んな色の紙があるので一列に並んで取りに来て下さい」と伝える→終わったら男の子 ※まだ何もしないでね、と声掛けをする． ⊙みんな作り方まだ分からないよね、一度お姉さんが作ってみたいと思います．よく見ていてねと言う． •実際に作ってみる．	→説明の間は、はさみを持たない．
	⊙自由に絵や模様を描く． •早く描けた子は、線にそって切ってみる．	⊙作り方が分かった所で、「それではまずこの紙に好きな絵を描いて、描き終わった子は線の所を切ってみてね」と言う． •おわっちゃったら．周りのお友だちの手伝いをしてあげよう． ――― だいたい終わったら ―――	
	•「目にささって．目が見えなくなっちゃうよ」など答える．	⊙注目するよう促す． •ワイヤーのついた竹ひごを配る •「この竹ひごはとても危険です．お友だちの目をつついちゃったり、ふり回したりするとどうなるかな」と問いかける •「お友だちの方に向けない、持ったままふざけてはいけません」と伝える 「グループに配る」 •「さっきお姉さんは、どうやってやっていたかな？」と問いかける． •真ん中にあいている穴を先にワイヤーに通すよう促す． •できたら．4つの穴を通すよう声掛けをする．	
	•まだ終わっていないお友だちを手伝う．	★難かしいけどできるかな？できたお友だちは．できないお友だちを手伝ってあげようと促す． •穴が通ったら、とれないようにワイヤーを曲げる	
	•割りばしの先にボンドをつけて、どんぐりをくっつける．	⊙最後に今、幼稚園にたくさんおちているどんぐりをさきっぽにつけて完成です。これはのりではつかないので、ボンドでくっつけます．でも、このボンドでくっつけてもすぐに遊んでしまうと、かわいていなくて、せっかくつけたどんぐりがとれてしまうので、ボンドをつけた人は、このハッポウスチロールにさして．少しかわかします。 その間に、終わっていない子の様子を見てあげてね．	→ビニールテープをまいて．名前を書く． ※持ち帰る時は．ビニール袋に入れて
	⊙実際に外に出て走ったりしてかざぐるまで遊ぶ	⊙全員完成したら、実際に外に出て回してみようと促す．（ぼうしをかぶる事）	
11:50	⊙保育室に戻る ハッポウスチロールに差して、給食の準備をする．	⊙保育室に戻るよう促す． •ハッポウスチロールに差して、給食の準備をするよう促す．	
12:20	⊙給食を食べる •お当番が前に出て、"おべんとう"のうたをうたって、「いただきます」をする．	⊙給食を食べる •お当番は、給食を取りに行くよう促す． •"お弁当のうたをうたって「いただきます」をする．	

	・食べ終わったら先生に見せる。 ・食休みをする（粘土・お絵描き）	・食べた量を確認する。 ・連絡帳を記入する（今日の出来事を書く）	
13:00	◎「ごちそうさま」をする。 ・自由に遊ぶ	◎「ごちそうさま」をする ・掃きそうじをして、子どもと一緒に遊ぶ	
13:30	◎片づけをする ・遊んでいたものを片づけて保育室に戻る ・帰りの仕度をして座る ・かざぐるまを受け取る ・"おかえり"のうたをうたう ・早バスの子と「さようなら」をする ・絵本を見る	◎片づけをするよう促す ・帰りの仕度をして座るよう声を掛け、ビニール袋に入れたかざぐるまをわたす。 ・"おかえり"のうたをうたって早バスの子と「さようなら」をする ・絵本を読む	
14:00	◎順次降園 ・園庭に移動して、「さようなら」をする。	・園庭へ移動するよう促し、子どもと保護者の方に「さようなら」をする ◎園内の清掃をする。 ・バス待ちの子と遊ぶ。 ※反省（いただいた助言） ・絵本の際の子どもの並び方（後ろまで見えない時、自分が動いたり、角度を変える ・全体を常に見る（特にひかえめな子を見れるようにする） ・信頼関係をきづく ・子どもが自分で考える力を伸ばせるよう問いかける（話し方） ・風について、ふくらます（風と風邪があるという事・子どもから出た答えについて話を盛り上げる ◎絵本のページをめくる時に出てしまう「はい」の一言。くせなので直す!! ・子どもの立場で考えてみる。	

評価・反省

今日は貴重な一日を責任実習させていただき、ありがとうございました。やる前はとても緊張していましたが、やり始めたら、子どもたちもよく反応してくれて先生方にも助けていただきながらやったのでやりきる事ができました。製作についての反省は、子どもに説明するのが長すぎで製作をするまでにかなりの時間がかかってしまいました。もっと簡潔に分かりやすく伝え、子どもの気持ちを第一に考えることが大切なんだと気づく事ができました。それと、製作中に評価を入れることができませんでした。子どもたちが一生懸命作った作品を途中でみんなに紹介しながら進めれば、もっともっと子どもがやりたいと思えるので、欠かしてはいけない事だという事に気づきました。どんぐりの穴も大きすぎてしまい、なかなか乾かずに、遊ぶ所までできなかったのが残念でした。研究が足りなかった事に反省しています。結果としては、給食後に子どもたちは実際に回してみて、よく回すことができた子が多く、とても喜んでくれたので作ってよかったと思いました。まだまだ自分の苦手な所やくせが分かり、課題が多く見つかったので、これからしっかりうめていきたいと思います。今日は本当にありがとうございました。

〈ここがポイント〉

※どんな言葉掛けをするのか、よく考えてあります。図がわかりやすく描けています。使った材料と数も記入しておくとさらによいでしょう。

また、「※反省」として、実習後に反省会での助言を記入してあります。今回の学びと課題として大切なことです。

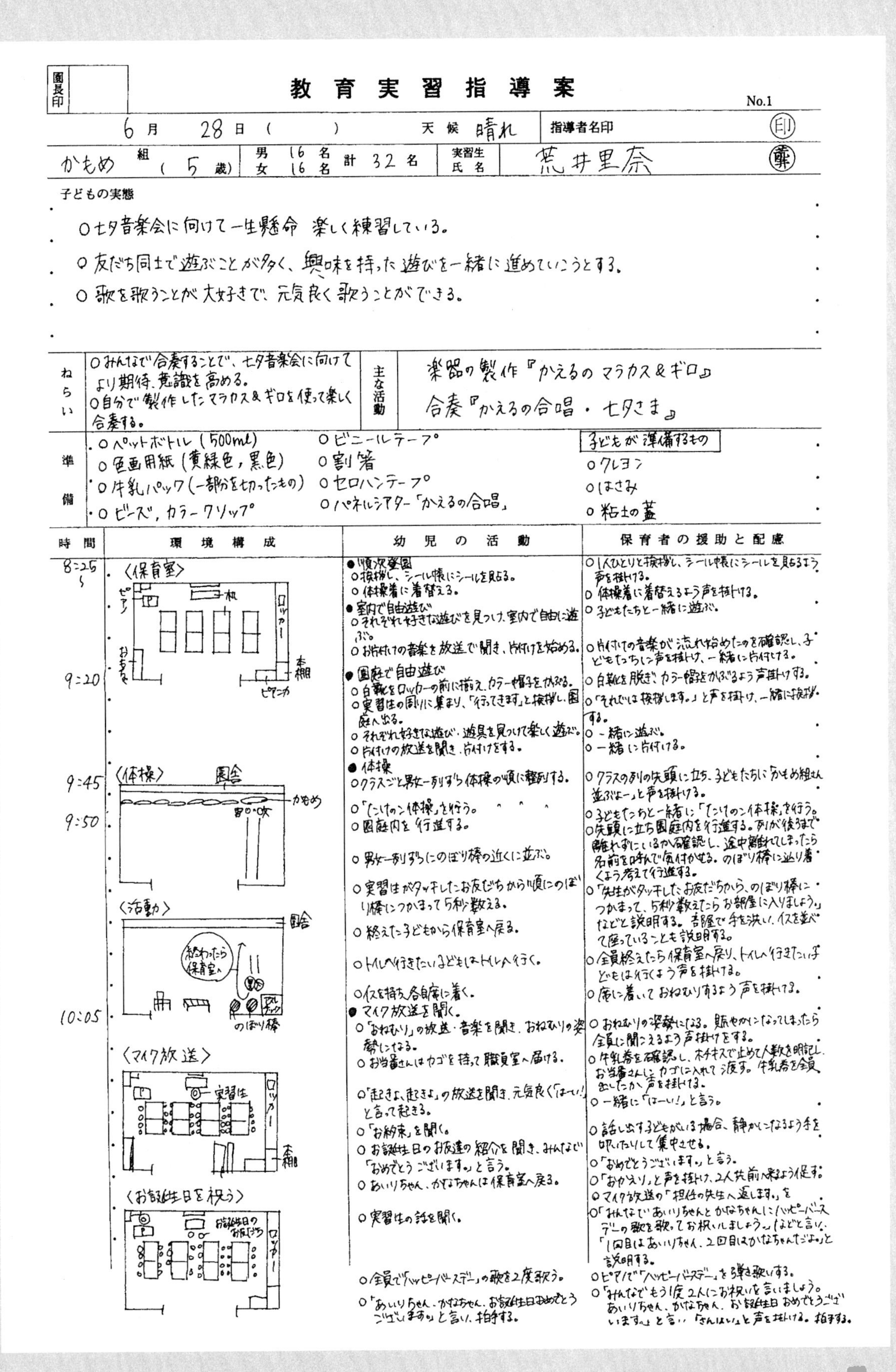

教育実習指導案

園長印

No.1

6月 28日（ ） 天候 晴れ 指導者名印 印

かもめ 組（5歳） 男 16名 女 16名 計 32名 実習生氏名 荒井里奈 印

子どもの実態

○七夕音楽会に向けて一生懸命 楽しく練習している。

○友だち同士で遊ぶことが多く、興味を持った遊びを一緒に進めていこうとする。

○歌を歌うことが大好きで、元気良く歌うことができる。

ねらい

○みんなで合奏することで、七夕音楽会に向けてより期待、意識を高める。

○自分で製作したマラカス＆ギロを使って楽しく合奏する。

主な活動

楽器の製作『かえるのマラカス＆ギロ』

合奏『かえるの合唱・七夕さま』

準備

○ペットボトル（500ml）
○色画用紙（黄緑色，黒色）
○牛乳パック（一部分を切ったもの）
○ビーズ，カラークリップ
○ビニールテープ
○割箸
○セロハンテープ
○パネルシアター「かえるの合唱」

子どもが準備するもの
○クレヨン
○はさみ
○粘土の蓋

時間	環境構成	幼児の活動	保育者の援助と配慮
8:25〜	〈保育室〉（ピアノ・机・ロッカー・おもちゃ・本棚・ピアニカ）	●順次登園 ○挨拶し、シール帳にシールを貼る。 ○体操着に着替える。 ●室内で自由遊び ○それぞれ好きな遊びを見つけ、室内で自由に遊ぶ。 ○お片付けの音楽を放送で聞き、片付けを始める。	○1人ひとりと挨拶し、シール帳にシールを貼るよう声を掛ける。 ○体操着に着替えるよう声を掛ける。 ○子どもたちと一緒に遊ぶ。 ○片付けの音楽が流れ始めたのを確認し、子どもたちに声を掛け、一緒に片付ける。
9:20		●園庭で自由遊び ○白靴をロッカーの前に揃え、カラー帽子をかぶる。 ○実習生の周りに集まり、「行ってきます」と挨拶し、園庭へ出る。 ○それぞれ好きな遊び・遊具を見つけて楽しく遊ぶ。 ○片付けの放送を聞き、片付けをする。	○白靴を脱ぎ、カラー帽子をかぶるよう声掛けする。 ○「それでは挨拶します。」と声を掛け、一緒に挨拶する。 ○一緒に遊ぶ。 ○一緒に片付ける。
9:45	〈体操〉（園舎・かもめ・男・女）	●体操 ○クラスごと男女一列ずつ体操の順に整列する。	○クラスの列の先頭に立ち、子どもたちに「かもめ組さん並ぶよー」と声を掛ける。
9:50		○「たけのこ体操」を行う。 ○園庭内を行進する。 ○男女一列ずつにのぼり棒の近くに並ぶ。 ○実習生がタッチしたお友だちから順にのぼり棒につかまって5秒数える。	○子どもたちと一緒に「たけのこ体操」を行う。 ○先頭に立ち園庭内を行進する。列が後ろまで離れずにいるか確認し、途中離れてしまったら名前を呼んで気付かせる。のぼり棒に辿り着くよう考えて行進する。 ○「先生がタッチしたお友だちから、のぼり棒につかまって、5秒数えたらお部屋に入りましょう。」などと説明する。部屋で手を洗い、イスを並べて座っていることも説明する。
	〈活動〉（園舎・終わったら保育室へ・のぼり棒）	○終えた子どもから保育室へ戻る。 ○トイレへ行きたい子どもはトイレへ行く。 ○イスを持ち、各自席に着く。	○全員終えたら保育室へ戻り、トイレへ行きたい子どもは行くよう声を掛ける。 ○席に着いておねむりするよう声を掛ける。
10:05	〈マイク放送〉（実習生・ロッカー・本棚）	●マイク放送を聞く。 ○「おねむり」の放送・音楽を聞き、おねむりの姿勢になる。 ○お当番さんはカゴを持って職員室へ届ける。 ○「起きよ、起きよ」の放送を聞き、元気良く「はーい!」と言って起きる。 ○「お約束」を聞く。 ○お誕生日のお友達の紹介を聞き、みんなで「おめでとうございます。」と言う。 ○あいりちゃん、かなちゃんは保育室へ戻る。	○おねむりの姿勢になる。賑やかになってしまったら全員に聞こえるよう声掛けをする。 ○牛乳券を確認し、ホチキスで止めて人数を明記し、お当番さんにカゴに入れて渡す。牛乳券を全員出したか声を掛ける。 ○一緒に「はーい!」と言う。 ○話し出す子どもがいる場合、静かになるよう手を叩いたりして集中させる。 ○「おめでとうございます。」と言う。 ○「おかえり」と声を掛け、2人共前へ来るよう促す。 ○マイク放送の「担任の先生へ返します。」を
	〈お誕生日を祝う〉（お誕生日のお友だち・ロッカー）	○実習生の話を聞く。 ○全員で「ハッピーバースデー」の歌を2度歌う。 ○「あいりちゃん、かなちゃん、お誕生日おめでとうございます。」と言い、拍手する。	○「みんなであいりちゃんとかなちゃんにハッピーバースデーの歌を歌ってお祝いしましょう。」などと言い、「1回目はあいりちゃん、2回目はかなちゃんだよ。」と説明する。 ○ピアノで「ハッピーバースデー」を弾き歌いする。 ○「みんなでもう1度2人にお祝いを言いましょう。あいりちゃん、かなちゃん、お誕生日おめでとうございます。」と言い、「さんはい」と声を掛ける。拍手する。

No.2

時間	環境構成	幼児の活動	保育者の援助と配慮
		○あいりちゃん、かなちゃんは「ありがとうございます。」と言い、席へ戻る。	○2人に「おめでとう。」と言い席へ着くよう促す。
10:20	〈朝の会〉 ロッカー	●朝の会	○「朝の会します。」と声を掛け、ざわざわしている場合は、ピアノで「いいですか?」と弾く。
		○お当番さん(2名)班長さん(8名)お花係さん(2名)は前に一列に並ぶ。	○ピアノを弾き、お当番さん 班長さん お花係さんに前に出るよう声を掛ける。
		○朝の歌を歌う。 ・「おはようのうた」 ・「ほとけさま」 を歌う。	○ピアノを弾き歌いする。
		○朝のご挨拶をする。	○「朝のご挨拶」と声を掛け、一緒に挨拶する。
		○お当番さん、班長さん、お花係さんによろしくお願いします、と挨拶する。	○全員でお当番さんたちに挨拶するよう促す。
		○お当番さんたちは「みんなのために、頑張るぞ!オー‼」と元気良く言う。	○一緒に言う。
		○お当番さんたちに質問コーナー ・質問し、お当番さんたちは1人ひとり質問に答える。	○「質問ある人!」と声を掛け2人にマイクを向け質問内容を聞く。
		○お当番さんたちも席に着く。	○1人ひとりの答えに対し、反復したり答えに関して言葉掛けをする。
10:25		●季節の歌を歌う。 ・「あめふりくまのこ」 ・「七夕さま」 ・「勇気100%」 を歌う。	○「じゃあ、少しお歌を歌いましょう。」などと声を掛け、曲名を言いピアノを弾く。 ○「さんはい」と歌の始めに合いの手を入れる。
		○実習生の話を聞く。	○今日は1日実習生が先生の代わりになることを伝える。
10:40	〈パネルシアター〉 ロッカー	●主活動「かえるのマラカス&ギロ製作」 ○パネルシアター「かえるの合唱」を見る。	○後ろへ移動するよう声掛けし、パネルを準備する。 ○パネルシアター「かえるの合唱」をする。子どもたちが興味をもって製作を行えるよう楽しそうに行う。 ○「みんなは今音楽会に向けて練習を頑張ってるよね。今日はかもめ組さんみんなで手作りのマラカス&ギロを作ってみんなで素敵な合奏をしよう」などと言葉掛けする。
		○男の子はお仕事着を着てからクレヨン、はさみ、粘土箱を取りに行き着席する。 ○女の子ははさみ、クレヨン、粘土箱を机に置き、お仕事着を着て着席する。	○混雑しないよう男女別に取りに行くよう声掛けする。
		○実習生の話を聞く。	○見本を見せながら、大まかに作業の流れを説明する。
	〈製作〉 ロッカー	○かえるの顔、手足、おたまじゃくしの作り方の説明を聞く。	○かえるの顔の見本を見せ、好きな表情を描いて良いことを説明する。手足は線に沿って切り取るよう説明する。
		〈かえる〉 ・緑の画用紙に鉛筆でかえるの顔と手足を下書きしておく。子どもはクレヨンでかえるの顔を描き、はさみで顔と手足を切り取る。 〈おたまじゃくし〉 ・黒の画用紙に白の色鉛筆でおたまじゃくしを下書きしておく。子どもはクレヨンでおたまじゃくしの顔を描き、はさみで切り取る。	○おたまじゃくしの顔の見本を見せ、目は白のクレヨンでないと見えないことを強調して説明する。線に沿って切り取るよう説明する。 ○切り終えたら無くさないよう箱に入れて置くよう声を掛ける。
		○緑と黒の画用紙1人1枚ずつ、1グループに1つセロハンテープを受け取る。	○緑と黒の画用紙を1人1枚ずつ、セロテープを「後で使うので真ん中に置いといてね」などと声を掛けまとめて配る。
		○かえるとおたまじゃくしを作る。	○子どもたちの様子を見て回る。

反省

No. 3

時間	環境構成	幼児の活動	保育者の援助と配慮
		○牛乳パックのギロの部分の説明を聞く。 〈牛乳パックのギロ〉 ・クレヨンで好きな模様を描く。 ・描けたら、牛乳パックを細かめにギザギザ折る。 ○牛乳パックの一部分を受け取り、作業を始める。 ○ペットボトルの飾りつけの説明を聞く。 〈ペットボトル〉 顔や手足をセロテープで貼りつける。 牛乳パックもセロテープで貼りつける。 〈割箸〉 ・割箸の太くなっている側におたまじゃくしをセロテープで貼る。 ○ペットボトルと割箸を受け取り作業を始める。	○作り終えた子どもが少なくないことを確認し、牛乳パックのギロの作り方を説明する。 ○実際に折り方を子どもたちの前で実践して説明する。 ○牛乳パック（一部を切ったもの）を1人に1枚ずつ配る。 ○作り終えたら粘土の蓋へ入れるよう声掛けする。 ○全体の進度を見ながら、ペットボトルの飾りつけの説明をする。 ○まず、見本を見せかえるの顔、手足、牛乳パックのギロを貼る位置を説明する。その次、割箸におたまじゃくしを貼る説明をする。 ○セロテープのまるめ方を教える。 ○ペットボトルと割箸をグループごと配布する。 ○ペットボトルは1本1本少し形が異なるため、「色々な形のかえるさんで面白いから、ケンカしないでね」などと声を掛ける。
	〈ビーズ、クリップ入れ〉 ロッカー 2班ずつ	○ビーズとクリップの入れ方についての説明、丸いシールとビニールテープの説明を聞く。 〈丸いシールを貼る〉 ・回りに丸いカラーシールを10個くらい貼っても良い。 〈ビニールテープを巻く〉 ビニールテープで巻いても良い。	○ビーズとクリップは2グループずつ後ろに入れに来ることを話し、待っている間丸いシールをペットボトルの回りに10個くらい貼って良いこと、割箸にビニールテープを巻いても良いことを見本を見せ説明する。 ○ビーズとクリップは5個ずつと決め、入れる様子を見る。 ○シールとビニールテープは使い過ぎることのないよう説明する。
11:45	〈合奏〉 ロッカー	○終えている子どもたちからはさみ、クレヨン、蓋をロッカーへ片付ける。 ●製作した楽器を使って合奏する ○「いいですよ」と答える。 ○「かえるの合唱」の楽器を鳴らすタイミングを聞く。 ○「かえるの合唱」を合奏する。 ○「七夕さま」の楽器を鳴らすタイミングを聞く。 ○「七夕さま」を合奏する。 ○実習生の話を聞く。	○全部のグループがビーズとクリップを入れ終えたら子どもたちにはさみ、クレヨン、蓋を片付けるよう声を掛ける。 ○ピアノを弾き、「いいですか？」と声を掛ける。 ○楽器をいつ鳴らすのか教える。 ○ピアノを弾く。 ○楽器をいつ鳴らすのか教える。 ○ピアノを弾く。 ○拍手する。「すごいね。」などと声を掛け、「七夕音楽会に向けて頑張ろう」と話す。
	〈わくわくランチ〉 ロッカー	○楽器をロッカーに入れる。お仕事着を脱ぐ。 ●わくわくランチ ○手洗い・トイレを済ませランチの準備をする。 ○お当番さんは取りに行く。 ・保育室へ戻ったら1人ひとりに牛乳を配る。 ○おねむりする。	○楽器をロッカーに入れておくよう声を掛ける。 ○ランチの準備をするよう声を掛け、お当番さんにお茶と牛乳を取りに行くよう促す。 ○おねむりの曲を流し、おねむりするよう促す。 ○ランチを1人ひとりに配る。

No 4

時間	環境構成	幼児の活動	保育者の援助と配慮
		○元気良く返事をして目を開ける。 ○「わくわくランチのおまじない」を歌う。	○お当番さんたちに前に来るよう促す。 ○「起きよ」の歌を弾き歌いし、お当番さん、かもめ組さんを順に起こす。 ○ピアノを弾く。
12:10		●わくわくランチのご挨拶をする。 ○食べ始める。 ○「どうぞ召し上がれ」と言う。	○挨拶の声を掛ける。一緒に挨拶する。 ○お茶を1人ひとりに注ぐ。 ○「ランチを取りに行ってきます」と声を掛け、職員室へ取りに行く。 ○「先生たちも、いただきます。」と声を掛け、食べ始める。 ○「今日は長い針が10の所に来たらごちそうさましようね」と声を掛ける。
12:50	〈ごちそうさま〉 ロッカー	●「ごちそうさま」のご挨拶をする。 ○白靴をロッカー前に揃え、カラー帽子をかぶる。 ○「行ってきます」と挨拶し、園庭へ出る。 ●園庭で自由遊び ○園庭でそれぞれ好きな遊びを楽しむ。	○ご挨拶すると呼びかけ、後ろに集まるよう促す。 「ごちそうさまのご挨拶」と言い、一緒に挨拶する。 ○白靴を揃えてカラー帽子をかぶるよう声掛けする。 ○ほぼ全員集まったことを確かめ、外で遊ぶときの注意することを述べる。 ○「ご挨拶します」と声掛けする。 ○一緒に遊ぶ。
13:20		○片付けし、保育室へ戻る。 ○手洗い、トイレを済ませ園服に着替える。	○一緒に片付けする。 ○手洗い、トイレを済ませるよう声掛けし、着替えて帰り仕度するよう促す。
13:35	〈帰りの会〉 ロッカー	●帰りの会 ○自分の席へ着く。 ○お当番さんたちは前に一列に並ぶ。 ○全員でお当番さんたちに「ありがとうございました」と挨拶する。 ○お当番さんたちは「どういたしまして。」と言う。 ○「おかえりのうた」を歌う。 ○お帰りのご挨拶をする。 ○実習生とジャンケンし、勝った子どもから帰宅する。	○自分の席へ着くよう促す。 ○ピアノを弾き、お当番さん、到着さん、お花係さん、前に来るよう促す。 ○「お当番さんたちに挨拶しましょう。」と声を掛け「さんはい」と合いの手を入れる。 ○ピアノを弾く。 ○「お帰りのご挨拶」と声を掛け、一緒に挨拶する。 ○子どもたちとジャンケンを行う。
13:40		●順次降園	

反省　責任実習をさせていただき、ありがとうございました。朝、ランチ後園庭へ遊びに行く前子どもたちへ声掛けが行き届かずなかなか挨拶することができなかったことを反省しています。子どもたちは早く園庭で遊びたいのに待たせてしまっていました。時計を指し「長い針が～の所に来たら」などと明確にし、言葉掛けができるようにしたいです。主活動では、まずかえるの手足が小さく切りづらい形だったため子どもが1つひとつ切るのに疲れてしまっていました。もう少し手足を大きくし、切りやすいように配慮するべきでした。作業を1つずつ説明しながら進めていく中で子どもを待たせてしまうことがありました。もう使用しない道具を片付けるなど指示を出せれば良かったです。また、作品に事前に記名しておく、もしくは名前を書くよう声掛けをし、落としてしまっても誰のものか分かるようにするべきでした。ビニールテープは子どもたちに使い方を制限して説明し、時間のかかり過ぎることのないように気を付けたいです。ピアノはよく練習し、子どもたちが歌いやすいよう十分に配慮したいです。時間を確認しながら1日の保育を進められるよう今後努力します。

〈ここがポイント〉

※1日実習の内容が細かくきちんと書けています。
環境構成の図も、製作物の絵も大変わかりやすいですね。

指導案

○○○○○○大学 幼児発達学専攻	学籍番号	○○○○	氏名	浦 逸稀
実習園名: ○○○幼稚園			指導者:	○○○○

実施日	○○○○年 6月 28日(金)	子どもの姿	集団遊びを好み、ルールのある遊びを行っている。言葉を伝え合う事や相手を思いやり遊ぶ姿がある。
対象クラス	ゆり組・ 5歳児		
対象人数	男児 14名 女児 7名 計 21名	ねらい	子ども同士協力し合い、頑張る姿を応援し、達成感を味わう。
予想天気	晴れ・雨	主な活動	「(新聞紙をつかって) ゆり組ミニうんどう会」

時間	予想される子どもの活動	実習生の動きおよび援助の留意点	環境構成・準備
10:00	○遊戯室 ・チーム決め	・くじ引きで分かれ、色帽子を青と黄にするよう伝える。	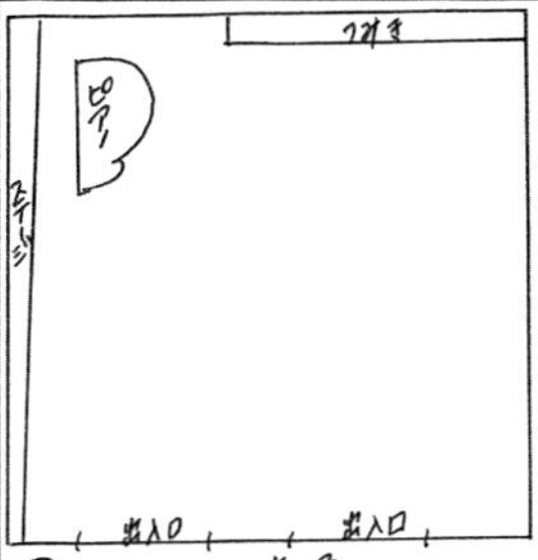
10:15	・準備体操「パプリカ」 ・室内で走り回ったり話をする子どももいるので笛の合図で集まるようにする。	・パプリカダンスを踊って体を動かし、ストレッチまで行う。 ・隣の友達とぶつからないよう踊る範囲を広くとるようにする。	
10:20	①玉入れ競争 ・たくさんのボールを室内にばらまく様子から興味を示す。	・ボールをいちはやく取りに向かう子どもに対して、まだ見ておく時間という事をあらかじめ伝える。	①玉入れ競争 ・カゴ・ボール(2色) ルール ②新聞紙リレー ・2チーム 1枚ずつ
10:35	②新聞紙リレー ・走るコースを確認し、整列。 ・ゴールして座る所まで考える。	・走るコースやルールを伝え、実際に行ってみる。次の人へわたす所も行う。	③つなげてみよう ・2チーム 3~5部
10:50	③つなげてみよう ・リレーの状態のまま座ってルールを聞く。	・形は変えず、再びルール説明をして行う。	④大きな新聞紙の海 ・一人一枚 ・自由に遊んでみる ・折る、やぶく
11:05	④新聞紙プール ・③でならべた新聞紙を一枚手に取り保育者の示すものを作る。 ・作るのを楽しむと、やぶいてみる。	・はじめに色んなものを作れる事を伝えてからゆかに並べてある新聞紙を取るよう伝える。 ※前の人から順番に。	⑤巨大ふうせんリレー ・やぶいた新聞紙を袋に入れてふうせんをつくる。
11:20	⑤巨大ふうせんリレー ・ゆかにある新聞紙をひろい袋の中に入れていく。 ・再度②③のリレーの列をつくり、ルールを聞く。	・ビニールぶくろに落ちている新聞紙を入れるように伝え、どちらが早くふうせんをつくれるか。 ・ルール説明の前に整列し、作ったふうせんを実際に使う。	⑥結果発表 ・スコアボード ・メダル
11:30	⑥結果発表 ・両チームは拍手をする。 ・メダルをもらう。	・両チームとも頑張った事を伝え、どちらにも拍手をするように子どもたちに声をかけ、メダルをプレゼントする。	

〈ここがポイント〉

※5歳児の興味・関心、発達に合った運動遊びをたくさん取り入れた主活動ですね。

指　導　案

○○○○○○大学 幼児発達学専攻	学籍番号	○○○○	氏 名	浦辺祢
実習園名：	○○○幼稚園		指導者：	○○○○

実施日	○○○○年　6月 28日（金）	子どもの姿	集団遊びを好み、ルールのある遊びを行っている。言葉を伝え合う事や相手を思いやり遊ぶ姿がある。
対象クラス	ゆり組・　5 歳児		
対象人数	男児 14名　女児 7名　計 21名	ねらい	子ども同士協力し合い、頑張る姿を応援し達成感を味わう
予想天気	晴れ・雨	主な活動	新聞紙を使って「ゆり組ミニうんどう会」

時間	予想される子どもの活動	実習生の動きおよび援助の留意点	環境構成・準備
10:00	○朝の会（挨拶・今日の予定について） ・チーム決めを保育室で行い、カラー帽子をチームの色に変える。	・朝の会でくじ引きを行ってチームを分ける。3回笛の合図で集まる事を伝える。 ・整列（色別）して遊戯室へ。	子ども 実習生：・くじ ・笛 子ども：・カラー帽子 ・水筒 ・上ぐつはく
10:15	○準備体操「パプリカダンス」 ・手を広げて広がり、好きな場所でパプリカダンスを踊る。 ・保育者の動きを真似ながら楽しみながら友達同士でも楽しさを共有する。 ・走り回ったり、集まりが遅い場面では笛の音で気がつく。	・ステージに上り、子どもへ手を広げて広がるよう指示しながら様子を見て一緒に踊る。 ・ステージ前に集まり、次の活動のルール説明を行う。子どもへ集まる声かけが伝わらない時は笛を使用して合図する。 ・全員がそろって話を聞く姿勢を待つ。	△実習生 子ども （準備） ・パプリカ曲 ・笛 （内容） ・保育者の動きを真似ながら身体をしっかり伸ばす。
10:20	①玉入れ競争 ・玉入れのルールの説明を聞き、両チーム壁に背中をつけて座る。 ・「ヨーイドン」の合図でそれぞれチームのかごを持った保育者の元へかけよって新聞紙のボールを入れていく。 ・終了の笛の合図で投げ入れるのをやめ、入ったボールの数を全員で声をそろえて言う。ボールを拾って終了。	・壁ペッタンが出来た状態を確認し、かごを背負ってスタートの合図と同時に走って逃げる。（保育者2人） ・どちらのかごに投げ入れた方が良いのかしっかりと伝えておく。 ・ボールはなるべく室内に広く配置しておき、一人が必ず数回投げられるようにする。 ・子どもと一緒に数を数えていく。	ステージ　黄　青 （準備） ・カゴ2つ ・新聞のボール ・CD <ルール>①かべに背中をつけて座り、笛の合図で両チームカラーかごの中へ新聞のボールを投げ入れていく。②保育者はかごを背負ってにげまわる。③笛の終了の合図でやめ、保育者と一緒に全員で数を数えていく。
10:35	②新聞紙リレー ・新聞紙を見ながら、色々と遊び方を思いうかべながら保育者の説明を聞く。 ・走るコースを見て、その後2列になり、スタートの合図ではじめる。	・先頭の子どもに新聞紙を配る前にルール説明をする。 ・実際のコースを走ってみて、子どもたちにわかりやすく伝える。 ・コーンをまわって走り、次の人へ渡す所まで行う。	ステージ　コーン （準備） ・新聞紙（2枚） ・破れた用に（4,5枚） ・コーン（4つ） <ルール> ・コーンまで走り、コーンを回って次の人へ渡す ・新聞はお腹にあてて走る。 ・持つのは禁止。

時間	予想される子どもの活動	実習生の動きおよび援助の留意点	環境構成・準備
10：50	③つなげてみよう ・リレーの状態のまま座ってルールを聞く。 ・新聞紙を一人一枚受け取り、スタートの位置でどんどんゴールまで並べていく。	・リレーが終わった形のまま、ルールを説明する。実際に新聞を並べていく。ゴールがコーンまでという事を伝える。 ・必ず一人ずつ行うようにする。 ・風で飛ばないように移動する事もポイントだと伝え、帰り際の衝突に注意する。	ステージ スタート ゴール （準備）・新聞紙（20冊ぐらい） ・コーン（そのまま使う） （ルール） ・一人一枚新聞紙を持ち、先に全て並べ終わったチームの勝ち。きれいさも点に入る。
11：05	④新聞紙プール ・③で並べた新聞紙を列の先頭の子どもから一枚手に取ってステージの前に集まり、説明を聞く。 ・好きな遊び方を自ら見つけ思い思いの工夫をして遊ぶ。 ・ビリビリに破り、遊戯室中を新聞紙にして遊ぶ。	・先頭の子どもから順番に新聞紙を一枚手に取っていくよう伝え、ステージ上で、色々な遊び方を促していく。 ・ひろげて寝てみたり、ふとんにしてみたりと様々なものに見立てながら子どもたちが想像をふくらませていく雰囲気や空間をつくる。	ステージ 子ども ごみ箱 〈ルール〉 ・好きなもの、形を自由につくっていく。 ・たくさんの新聞紙を使って破いたり、破いたものを投げてみたり、思い思いに楽しんでいく。
11：20	⑤巨大ふうせんリレー ・ゆかに落ちている新聞紙をひろって袋の中に入れていく。 ・大きなボールが出来たら、リレーのルール説明を行う為ステージ前に集まる。（笛） ・リレーのコースを見て整列する。 ・スタートの位置で両チームの一番目がスタートし、2番目が出てきて待つ。	・ビニール袋（大）を2袋用意して床にある新聞紙を入れる競争を行う。 ・大きくなり、床がきれいになった所で合図（笛）をし、リレーのルールを説明する。→コーンを置いておく。 ・実際に並ぶ位置や走るコースを自らが走って説明した後子どもたちをスタート位置まで移動するよう声をかける。	ふくろ ふうせんづくり （準備）・ふくろ2袋＋予備2枚 （ルール）ふくろの中に、より速く新聞紙を集めて入れる。 ふうせんリレー （準備）・中身が入ったふくろ ・ゴールテープ ・コーン9個
11：30	○結果発表 ・どっちが勝ったのか気になっている様子。水筒を持って、ゆり組に戻り、結果を聞く。 ・両チームに拍手をし、メダルをもらう。	・結果発表の為、ゆり組に戻る。 ・チームごとに列になって移動する。 ・ホワイトボードに結果を①～⑤まで発表していき、シールの数をかぞえていき、どちらのチームにも拍手を送る。 ・メダルを全員に手渡していく。	ボード 青 子ども 黄 （準備）・結果の紙、シール ・メダル

〈ここがポイント〉

※p.139の指導案の細案です。どのように保育活動を展開するか，詳しく記入されています。

先輩の感想から②

前期実習では、様々なクラスへ入らせて頂きました。最後の4日間は同じクラスで、部分実習がありました。私は4回とも紙芝居を読みましたが、やはり初めは緊張で上手く読めず沢山のご助言をして頂き、徐々に慣れることができました。後期実習は、実習4日目から毎日部分実習がありました。朝・昼・帰り、どの場面でするかは事前に伝えてくださったので、時間帯や翌日の活動を考慮しながら、子ども達の前で何をするか決めるようにしました。責任実習では、毎日の部分実習があったおかげで、反省点を生かしながら行えたのでスムーズに1日を過ごすことができました。主活動では予想外の子どもの行動に戸惑うこともありましたが、落ち着いて対応し、事前に子どもの動きを具体的に予測しておく大切さを学ぶことができました。とにかく笑顔で一人ひとりに丁寧に接するよう心掛けました。前期・後期共に、子ども達の笑顔に支えられ、とても充実した教育実習でした。

次の実習生への連絡事項・申し送り事項等

○日誌はたくさん書いた方が良いです（実習園にもよりますが）。結構細かく直されます。
実習前に、付け足しの紙をたくさん用意しておくとラクでした！
○テラスや下駄箱掃除は砂が多く、のどが痛くなります。
心配な人はマスクを持って行くと便利ですよ。
○終礼がだいたい15：30～あります。実習生はお茶くみがあるので、早く全員の先生の名前とコップを覚えなくてはなりません。
大変ですがメモを取って覚えましょう。
また、先生のお手伝いでは自分ののり・ハサミ・ホチキス・色鉛筆を持って行くと良いです。
子どもと積極的にかかわり笑顔でがんばってください。

（白田友紀）

V 実習の後で

長かった教育実習が終わりました。お疲れ様でした！…と、ほっと一息つくところですが、日誌の受け取りや、実習報告書の提出、学校での実習報告会や事後指導など、まだやるべきことがあります。せっかくここまでがんばったのですから、最後まで気を抜かずにやりきりましょう。

22 実習全体を振り返る

思い起こせば、日々の保育、毎日の実習日誌、部分実習や責任実習などに夢中で取り組み、実習全体や実習日誌を振り返る時間はほとんどなかったことでしょう。

（1）実習日誌での振り返り

実習日誌の最後に、実習全体を振り返って記入するページがあります（「実習を終えての反省と感想」など）。記入する前に、下記のポイントをまとめておき、整理してから記入しましょう。

①子どもとのかかわりからの学び
②保育者の姿からの学び
③保育者からの助言や指導
④今後の自己課題

なお、実習の最初に記入した「実習課題」を振り返って、どのようなことが達成でき、これからどのようなことをしていきたいと考えているのかを明確にできるようにしましょう。

最終日に記入する場合と、帰ってから記入し、次の日（週末なら、次の月曜に）に提出する場合があります。

（2）報告書の記入

養成校指定の実習報告書に、実習に関するさまざまな様子を記入して提出するところが多いようです。実習を振り返って、丁寧に記入しましょう。

実習概要報告書（例）

年　月　日提出

<table>
<tr><td colspan="2">学科</td><td>部　年　組　　番</td><td>氏名</td></tr>
<tr><td>実習先名</td><td></td><td>(　　)長名</td><td></td></tr>
<tr><td>所在地</td><td colspan="3">電話　(　　)</td></tr>
<tr><td>実習期間</td><td colspan="3">前期　年　月　日(　)～　月　日(　)　(　)日間
後期　年　月　日(　)～　月　日(　)　(　)日間</td></tr>
<tr><td>オリエンテーション
・ 実習先より受けた指示・指導・注意
・ オリエンテーション時の服装・持ち物など</td><td colspan="3">実施日：　年　月　日(　)　：　～　：</td></tr>
<tr><td colspan="2">実習の概要報告【一日の流れ】</td><td colspan="2">【実習先の特色（保育形態、行事など）】</td></tr>
<tr><td colspan="2">【部分・責任実習】</td><td colspan="2">【通勤時・実習中の服装】</td></tr>
<tr><td colspan="4">【昼食】　給食 ・ お弁当持参 ・ その他(　　　　　　)</td></tr>
<tr><td colspan="4">実習先までの交通経路

実習先の最寄り駅

＿＿＿線＿＿＿駅 → バス 約＿分(＿＿＿行き＿＿＿下車) → 徒歩＿分
↳ その他 約＿分(＿＿＿)</td></tr>
</table>

※裏面には、「感想」や「次年度の実習生へのメッセージ」を書く欄があります。

23 実習園へのお礼など

（1）実習日誌を取りに行く

実習終了後、最終日（または次の日に）に提出した実習日誌を取りに伺います。取りに行く日程は事前に相談して決めます。実習園に伺う時には、先生方も子どもたちも、引き続き実習生としてあなたを迎えるのです。その際は、実習時と同様、服装や言動に留意しましょう。

また、実習園の先生方のご指導あっての実習です。実習日誌を受け取って帰る際には、感謝の気持ちをお伝えすることを忘れずに。

（2）お礼状について

実習生を受け入れることは幼稚園にとっても大変なことです。お世話になった園長先生をはじめ担任保育者には、必ずお礼の手紙を書きましょう。

①10日以内に出す

実習日誌を園に受け取りに行く日に投函できるとよいのですが、状況に応じて実習終了後１週間から10日を目安に出せると、園の先生方に感謝の気持ちがよく伝わります。

②必ず封書で丁寧に

お礼状は縦書きで黒または紺のペンを使用し、葉書ではなく封書で出します。便箋と封筒は、白の無地（罫線あり・イラストなし）が基本です。同じ学校から２名以上が一緒に実習に行った場合でも、それぞれ別に出します（ただし、附属園での実習の場合は代表者が文章を書いて、参加者が１人ひとり名前を書くというところもあります）。

③学んだことを中心に

内容は、実習中に「学んだこと」を中心に、「感動したこと」「さすが担任の先生は違うなと感じたエピソード」「これから保育者になる抱負」などを交え、お世話になったお礼の気持ちを自分なりの表現で心をこめて書きましょう。
なお、１枚で書き終わった場合は、もう１枚便箋を重ねます。

④宛名は正確に
ここでも、誤字脱字の無いように確かめ「です・ます調」で丁寧に書きましょう。どんなに素晴らしいお礼状でも、宛名が間違っていては台無しです。実際に苗字の標記が間違っていたという例もあるのです（「伊東」を「伊藤」と書くなど）。最後まで気を引き締めて書きましょう。

⑤年賀状や就職報告も
年賀状や、就職の報告を受けると、日常保育を進めながら実習担当をし、指導したことが報われた気がするので、園としては大変嬉しいものです。お礼の気持ちを大切に、是非心がけたいものです。

⑥子どもたちに手紙を送りたいと思ったら
園長先生あてのお礼状とは別に、担任の先生・クラスの子どもたちに１通同封してもよいでしょう。その場合、クラスの子どもたちには、画用紙にひらがなだけの「おてがみ」を書き、簡単な絵を描くとよいでしょう。また、折り紙で飾りを折ったり、切り抜いたものをしっかりと貼るのもいいでしょう。この場合、クラスの子どもたちへのお手紙が入る大きな封筒に、園長先生あてのお礼状を別の封筒に入れるなど、失礼のないようにしましょう。

◇ワンポイントアドバイス⑰：お礼についての注意事項◇

原則として、実習生が実習園や子どもに対して物品（菓子折り、商品券など）を渡すことはありません。実習園によっては、お礼の品を一切受け取らないところもあります。養成校によってお礼の方法が違いますので、よく確かめておくとよいでしょう。
お礼に渡してもよいものは、子どもたちへの手紙や、手づくりのプレゼント（折り紙などでつくったペンダントや、動物など）です。実習中に使ったペープサートや指人形なども良いでしょう（P.67参照）。

（1）お礼状の書き方

3　末文
末文も改行して１字下げて始める。
結語　改行して行末から１字上げて終わるように書く。文末が、行の上のほうで終わるなら、同じ行の下に書いてもよいが、やや小さめの字にする。

1　前文
頭語　手紙の最初のあいさつ。第一行目の頭から書く。
時候のあいさつ　改行して１字下げて書き始める。季節感を自分の言葉で書いてもよい。

拝啓
菊花の薫る季節となりました。先生方にはお変わりなくお過ごしのことと存じます。
さて、過日は三週間の教育実習で大変お世話になり、誠にありがとうございました。おかげさまで無事実習を終え、ほっとした半面、○○幼稚園での生活から離れてしまった寂しさを感じております。
後期実習ということで、特に責任実習に向けての不安が大きく、緊張で一杯でした。けれども、園長先生をはじめ、多くの先生方から「笑顔で子どもとかかわってね。失敗してもいいのよ。」と励ましていただき、楽しく実習させていただくことができました。また、一日実習では、準備不足のまま臨んでしまった私に、途中で先生方から手助けをしていただきました。お忙しい中でも、たくさんの助言をいただき、とても感謝しております。
教育実習を経験し、私はますます保育者になりたいという思いが強くなりました。○○幼稚園で学んだ多く貴重な体験を生かし、これからもがんばっていきたいと思います。
今後ともご指導のほどよろしくお願い致します。まずは心よりお礼申し上げます。
敬具
○月○日
○○○
○○幼稚園園長
○○○先生
教職員のみなさま

4　後付け
日付　行頭より、2～3字下げて書く。
差出人の名前　日付の下か次の行に、行末から１字上げて終わるように書く。
宛名　敬称を忘れずにつけ、差出人よりやや大きめに書く。

2　主文
主文に入るときは、改行して１字下げにする。「さて」「ところで」などでつなげるとよい。
具体的なエピソードを交えた実習の感想、実習において自分が学んだことを書くことを心がける。

※前期実習のお礼状では、「初めての実習ということで、不安や緊張が大きいなか、園長先生をはじめ、多くの先生方に、何から何まで親切に教えていただきました。……」のような内容から書き、エピソードを添えてみましょう。

（2）封筒の書き方と便箋の折り方

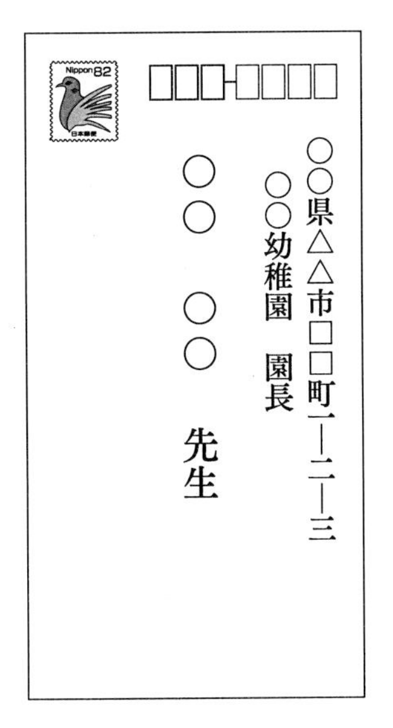

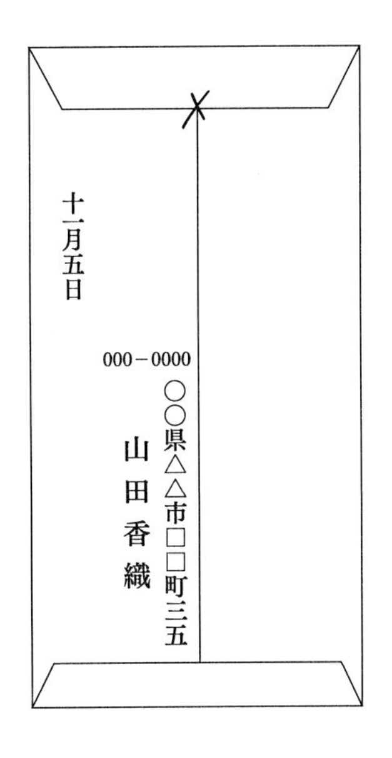

（表）
宛先は右端から書き始め、１行で収めるのが原則。２行にわたる場合は、区切りのよいところから、１行目より１字程度下げて少し小さめに書く。
宛名は中央に大きく。
切手はまっすぐにはる。

（裏）
のりで封をして、封じめを書く（セロテープを使って封をするのは、ぞんざいな印象になるので避けること）。
日付は住所より高い位置に書く。
自分の住所、氏名は相手の名前よりも大きく書かないようにする。

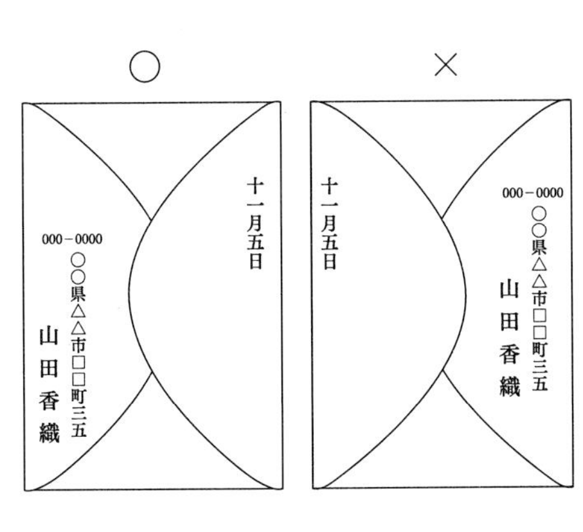

洋封筒の場合は、右側を上にして閉じる。
（左が上になるのは、弔事の場合）

便箋の折り方

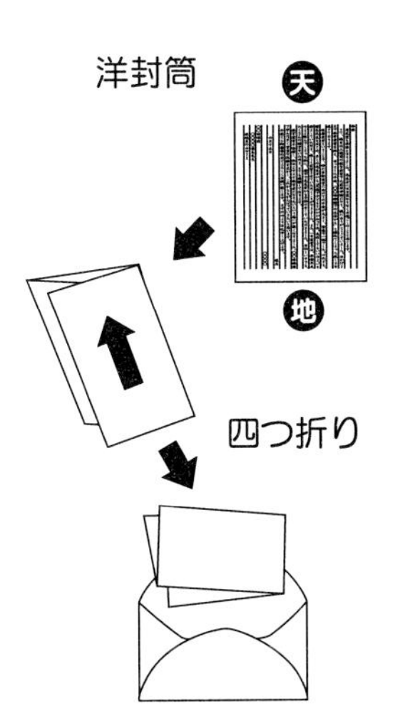

縦半分に折り、次に下を折り上げる。封筒には、折り目が下にくるように入れる。

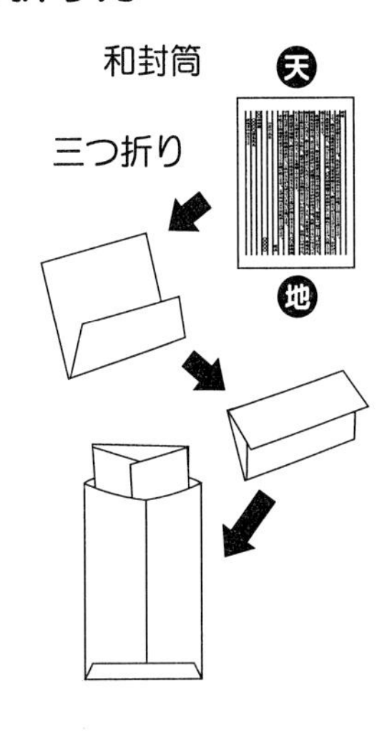

便箋は下から３分の１を折り、次に上を折り下げる。封筒には書き出しが上にくるように入れる。

24 実習後すぐにやること

（1）巡回担当教員に挨拶

実習後はじめて登校したら、実習先に巡回指導に来てくださった実習時の巡回教員に、無事実習を終えたことを真っ先に報告し、巡回のお礼をします。巡回後に何かあった場合は、報告しましょう。また、養成校の指導に応じて、実習担当教員や実習指導センターにも早めに報告しましょう。

（2）実習で学んだことの整理（事後指導を受ける前にやっておくこと）

実習の終了後は、実は保育者として最も成長する時期です。実習では、幼稚園生活の実際から、幼児の姿と保育者の援助のあり方や環境構成などがよく理解できたことでしょう。実習直後の印象が新鮮なうちに、改めて「幼稚園実習で自分は何を学んだのか」を整理しましょう。実習園での反省会（p.59参照）が行われた場合は、そこでの助言なども次に活かしましょう。

養成校によっては「実習のまとめ」といったテーマで、レポートを提出させているところもあります。その場合は、実習日誌や実習中にとったメモなど資料を整理し、そこに自分の考えを入れながらまとめます。

もし、もう一度実習をさせてもらえるならば、どんな点に注意したいか考えると、自分の課題が明確になることもあります。今後どのような知識や指導方法を学べばよいのか、今後に活かしていきましょう。

（3）実習日誌を読み返す

実習園から返された実習日誌には、実習最終日の助言のほか、実習全般にわたる指導・講評が記入されています。一度全体を通して読み返してみましょう。指導・助言などを見て、改めて学んだこと気づいた点などを、加筆しておく（色を変えて記入するなど工夫するとよい）と、“実習生としての今しかできない”内容の充実した日誌になります。

完成した実習日誌は、決められた期限までに養成校に提出します。実習日誌と共に出勤簿や報告書などを提出することもあるので、よく確かめて期限を守って提出しましょう。実習園の先生からのコメントが間に合わず、後で送られてきたら、その部分を実習日誌に貼っておきましょう。

25 実習後の授業

実習が終了しても、幼稚園教育実習の授業は終わりではありません。事後の学習も含めて単位認定がなされるのが一般的です。実習後に行われる授業は、実習経験を経たからこそよく理解でき、身に付くことも多いのです。

（1）自分の実習を振り返る（自己評価）

実習後の授業は、実習を振り返り、問題点を明らかにすることで次のステップへと進むことが目的です。新たな学習課題を明確にし、授業で学んだことと、実践で学んだことを統合することによって、実践力を高めることができます。実習内容の１つひとつについて、どこまでできたのか、到達度を評価し、今後の課題を見つけることが大切です。以下の点に留意して、しっかりと実習を振り返りましょう。自己評価表（各養成校でそれぞれ準備しているもの）によって、数字やA・B・C・Dなどで優劣の段階を示す方法もあります。

①実習への関心・意欲・態度

実習生として、実習期間中に自分がとった態度、行動などを振り返りましょう。主な評価の観点は、次のようなものです。

・無断欠席、遅刻などはありませんでしたか。
・礼儀正しく、適切な言葉づかいでしたか。
・適切な服装でしたか。
・質問するなど、積極的に指導を求め、行動できましたか。
・仕事は最後まで責任をもってやりましたか。
・提出物は指示通りに提出し、期限を守りましたか。
・どんな仕事でも自主的に行えましたか。
・他の人と協力して行動したり、他の人の話に謙虚に耳を傾けましたか。
・目的意識をもって実習に取り組めましたか。

②対象の子ども理解

保育は子どもが中心であり、子どもから学ぶという姿勢が重要です。実習中に体験した子どもとのかかわりを思い出して追体験してみましょう。そのときの自分の対応が正しかったのか、反省点は何かを探ることで、保育者としての体験が深まります。次の観点から振り返っておきましょう。

・子どもの言動と発達過程を理解できていましたか。
・その場の状況を把握していましたか。
・個々の子どもの特徴・傾向・興味・特技などを早く理解できましたか。
・子どもの興味や関心を引くような適切な導入ができましたか。
・うれしかったこと、感動したことはなんでしたか、なぜそう感じたのでしょうか。

③保育者の理解

保育者としての実践・技術について振り返ってみましょう。先輩の保育者は、子どもの行動や心情を理解し、予測することによって適切な行動や援助をしています。自分との違いがどこにあるのかを改めて考えてみましょう。単に慣れているからだけではないはずです。

・子どもの気持ちになって一緒に遊べましたか。
・クラスの子どもの友達関係を早く知りましたか。
・子どもたちと公平に接することができましたか。
・適切な言葉掛けができ、話の内容が子どもによく伝わりましたか。
・クラス全体をまとめられましたか。
・個別指導を十分にできましたか。
・子どもの活動を適切に引き出して、指導できましたか。
・歌、製作、楽器、運動遊びなどの基礎技術を蓄え、それを発揮できましたか。
・指導計画は十分考えて立案し、準備できましたか。
・指導計画とは違った展開になったとき、臨機応変の対応ができましたか。

④保育者としての資質

実習は保育者としての自分の資質を見直すよい機会です。自分の保育者としての資質を以下のような観点で評価してみましょう。

・実習期間を通して、心身ともに健康でしたか。
・明るく、快活に行動していましたか。

・子どもが好きで、保育の仕事に喜びと責任を感じることができましたか。
・誠実に、協調性をもって行動していましたか。
・適切な援助や指導力を発揮できましたか。
・謙虚にアドバイスを受け入れ、辛いことにも耐える力がありましたか。
・目的意識をもって、研究熱心に取り組めましたか。

自分のよかった点、悪かった点を記録しておくことは、保育者として大いに役立つものです。大変ですが手を抜かずにやりましょう。

自己評価はともすれば主観的になりがちです。実習園の先生や一緒に実習をした友人など（ほかの人）に評価を聞くのもよい方法です。

⑤自分の保育観を構築する

以上のように実習を通じて自分の資質を見つめ直し、自分のよいところを見つけることで、それを十分に発揮できるようになるのです。人を援助するためには、自分を客観的に見つめ、自分自身をコントロールする力が必要なのです。このように、自分を見つめ直すことで、自分自身の保育観が構築されていきます。

保育者にとって、人間性や感性を豊かにすることも必要です。幼稚園実習は、子どもや保育者、保護者など多くの人とのかかわりによって、感性を磨き人間性を豊かにする機会でもあります。少しずつでも自分の目指す保育者像をつくっていきましょう。

（2）実習での体験を分かち合う（実習反省会の方法）

養成校の多くでは、お互いに体験を報告しあって実習を振り返る機会を設けています。その内容は、「自分の実習体験を発表する」「他人の実習内容を聞く」「グループディスカッションする」などがなされます。担当教員から個別指導を受けることもあります。実習反省会の方法をいくつか見てみましょう。

①グループディスカッション（グループ討論）

多くの養成校では、同じ学年が同時に実習に行きます。実習が終わって登校すると、同じく実習を終えた学生同士、実習の感想を報告し合うことが多いと思います。

グループディスカッションは、５～６名のグループに分かれ、それぞれ経験した実習体験を話し合い、その結果を代表者が発表する方法が一般的です。その際には、「楽しかったこと」「辛かったこと」だけではなく、「子どもと関わって学んだこと」「保育者から学んだこと」「園の保育方針」「園の様子・環境」など、お互いの体験から学び合いましょう。

②実習報告会（実習発表会）

多くの養成校では、実習の終了後に実習での体験を報告する会が開かれます。その方法は、あらかじめ代表者を選んで報告したり、参加者の１人ひとりがそれぞれの実習体験の発表を行う形式などさまざまです。

自分の体験だけでなく、ほかの実習生の報告を聞くことも大変重要です。さまざまな園での実習体験を知ることによって、学んだことの共通点や異なる部分も認識できます。自分が悩んでいたことは、ほかの人も共通にもっていたことを聞いて安心したりもします。貴重な情報交換の機会ですから必ず参加しましょう。

③個別指導

実習担当の先生から一対一で指導を受けます。ここでは、実習園による評価をもとに、能力的なことや、他人にあまり話したくない自己反省、実習先での問題などが出されます。個別ですので、プライバシーにかかわるような事項や秘密保持が必要な事項についても、指導を受けることができるメリットがあります。前期実習であれば今後の実習の進め方について指導を受けることもあります。

（3）指導力の向上を目指して

実習生に「実習で困ったことは何か」と質問をすると、

①実際に子どもと接したときに出てくる問題

- 言葉掛けが難しかった
- 言うことを聞いてくれなかった
- けんかの仲裁ができなかったなど

②養成校で学習したことが活かしきれなかったこと

- 実習日誌や指導案がうまく書けなかった
- ピアノがうまく弾けなかった
- 手遊びや室内遊びをもっとやっておけばよかった

などを挙げる学生が多く見られます。そこで改めて実習日誌や指導案を見直し、指導担当者からの助言を読み直しておくと、実習が終わったからこそわかる改善点がはっきりしてくると思います。

なかでも、手遊びや室内遊び、ピアノ、絵本、紙芝居など、いろいろな教材の準備や技術習得（練習を含む）については、「もっと練習をしていけばよかった」「準備が足りなかった」などといった反省をして実習を終えたものもあるでしょう。実習を体験し、指導があったのでわかった反省点を、これからの保育内容の指導力につなげていきましょう。特に、実技的な保育技術にかかわる内容は、実習後から次の実習までの期間や就職前までに十分な準備や練習を続けていくことが大切です。

手遊びや室内遊び、製作活動などの内容、指導方法の展開、配慮点等を専用のノート（リングタイプのA6サイズ程度のものが便利）にまとめておくと、自分だけの保育のヒント集ができ上がり、保育をしていくうえで非常に役立ちます。実習の事後学習として、クラスメイトと共にレパートリーを増やしておくと内容が格段に充実します。

（4）就職へつなげる

実習が終了してもその園との関係が終わってしまうのではありません。行事などの際の手伝いや見学をさせていただくことも、その後の子どもたちの成長や幼稚園理解に大変役立ちます。特に実習園に就職を考えている場合は、園長先生に相談のうえ、積極的に参加させていただくとよいでしょう。

卒業までの期間、実習経験を活かした学習を進めましょう。実習を経験したあなたは、（真の）「保育者」へ大きく近づいているはずです。自信をもって最終目標に向かって進みましょう。

前期教育実習：実習評価表（例）

記入上の注意　■実習生の評価についてご記入くださいますようお願いいたします。
■A 評価欄は、5段階で○印をおつけください。なお、総合評価は必ずご記入ください。

評価項目		A評価 劣る　やや劣る　普通　やや良い　優れている	B評価 お気付きやお感じになられたことがありましたらお書き下さい。
Ⅰ実習態度	(イ)表情の豊かさ	1　2　3　4　5	
	(ロ)言葉づかい	1　2　3　4　5	
	(ハ)礼　儀	1　2　3　4　5	
	(ニ)服　装	1　2　3　4　5	
	(ホ)声	1　2　3　4　5	
	(ヘ)時間・規則の遵守	1　2　3　4　5	
Ⅱ実習意欲	(イ)指示への理解	1　2　3　4　5	
	(ロ)実習に対する目的意欲	1　2　3　4　5	
	(ハ)積極性	1　2　3　4　5	
	(ニ)研究課題意欲	1　2　3　4　5	
	(ホ)実行能力	1　2　3　4　5	
	(ヘ)実習日誌の記載	1　2　3　4　5	
	(ト)自己の健康管理	1　2　3　4　5	
総合評価		1 劣る　2 やや劣る　3 普通　4 やや良い　5 優れている	

注：総合評価1は、特に問題があり幼稚園教諭の資格を与えるには不適格であると判断される場合にご記入下さい

先輩の感想から③

私は前期では4歳児クラス、後期では5歳児クラスに入り、実習をさせて頂きました。

前期実習では絵本や紙芝居の読み聞かせやピアノの弾き歌い等の部分実習をさせて頂きました。また、後期実習では朝の会・お昼・帰りの会の部分実習を順番に何回かやらせて頂きました。実習は部分実習がとても多く大変でしたが事前に部分実習をさせて頂けたので責任実習をする際には、とても役に立ちました。保育園では主活動のみの責任実習だったので、今回一日実習で上手くやり遂げることが出来るかとても不安でしたが、その分多くの部分実習をさせて頂けたので良かったです。実際に責任実習をしてみて、今まで気付かなかった配慮点がわかり、自分の保育を見直すことが出来良い経験が出来たと思っています。また、子ども達の成長した姿も見ることが出来、楽しく毎日実習させて頂きました。

教育実習は、一番最後の実習でもあったので、保育者に必要な技能を多く学びました。

次の実習生への連絡事項・申し送り事項等

○絵本や紙芝居は実習前に図書館で借りておき、読む練習をしておいた方が良いと思います。反省会の時に明日の部分実習について「何かやる？」などと質問されるので、季節や、その時の行事に合わせたものを読めるように準備しておくと、子ども達も興味を持ってくれるので話につなげやすいと思います。

○私達はオリエンテーション当日に実習体験はしなかったのですが、先輩達はやっていることが多いので、オリエンテーションの日時について連絡する際に、先生に質問してみると良いと思います。

（鈴木夕貴）

VI 資料編

「こんなときどうする？」の実例と、実際に先輩が実習でやってみて好評だった「絵本」「手遊び」の紹介がありますので参考にしてください。

26 こんなときは？

1 やむを得ず遅刻するときは

すでに何度も述べたように、実習中は時間厳守です。基本的に遅刻・早退・欠勤は許されません。しかし、どうしてもやむを得ない事情が発生した時は、速やかに実習先の主任または担任の保育者あてに電話（事前にわかっている場合は書面など）で伝え、許可を得ます。実習中は、実習先と学校の電話番号を常に携帯するようにしましょう。

実習先に連絡をした後、必ず学校の実習担当にも事情を説明し、許可を受けたことを連絡します。連絡を怠ると、学校の責任が問われ、信用を傷つけることになります。

事後は、出勤したときに園長先生をはじめ主任、担任の保育者にきちんとお詫びをしましょう。また、不足した時間（あるいは日数）分の延長実習を申し出てください。その場合も、学校への連絡が必要です。

※事後の処置については、養成校によって手続きが異なります。不明な点は事前のオリエンテーションで確認しておきましょう。

2 どんな質問をしたらいいのか？

１日の実習が終わると、担任保育者から「何か質問はありますか」と聞かれ、何を質問すればよいのかわからなくて困ってしまったという話をよく聞きます。初めての実習では、何がわからないのかさえわからないのもうなずけます。

以下のポイントを参考に、自分の気付きの中から質問できるようにしましょう。

①１日の保育の流れについて

特に実習の最初の頃は、緊張のため夢中で時間が過ぎ、１日を振り返ってみるとよくわからないところがあるものです。１日の流れについて、どんなに小さな疑問でも、その日のうちに質問しましょう。翌日の保育計画についても、不明な点は担任保育者に尋ねましょう。

②どのような準備をしておくとよいか

保育の流れが理解できてくると、担任保育者から「手遊びやってください」「今度は○○（実習生の名前）先生に絵本を読んでもらいましょう」などと不意にその場を任されることがあります。そんな時に備えて、どのような準備をしておいたらよいかを助言してもらいましょう。手遊び、紙芝居、絵本、ピアノなどが予想されますが、具体的に確かめておくとよいでしょう。

③どこまで手を出せば（援助すれば）よいのか？

子どもたちとのかかわりの中で、戸惑った場面はありませんでしたか。「遊びの場面で、どこまで介入していいのか？」「けんかの解決ができなかった」「昼食を食べ残しそうな子どもへのかかわりは？」など、さまざまな「どうしたら？」がでてきます。どこまで自分の判断で対応すべきか、約束や原則があるのかを尋ねておくと、その後の実習への事前準備ができます。

④保育者の援助の意図について

「あの場面で、なぜそのような援助をしたのか？」　わからないことがあれば必ず聞きましょう。保育者の行動や援助の意図が理解できると、保育者の動きが予想でき、自分のとるべき行動もわかってきます。時には、自分がとった行動について報告して指導を受け、修正していくことも大切です。

⑤年齢別の観点より

実習では、年齢に対応した保育者のかかわりと援助についてよく観察し、理解する必要があります。その上で、(a－c) などの視点から、わからない点を質問しましょう。

<３歳児では>

これまで保育者との関係を中心に行動していた子どもが、１人の独立した存在として動こうとし、自我がよりはっきりしてきます。しかし、それをうまく表現や行動に表すことができないところもあります。

a．１人ひとりの子どもの発達に注目しながら、やさしく受けとめる配慮
b．けんかの対応
c．子どもとの会話などから保育者のかかわりを考える

<４歳児では>

友達をはじめ人の存在をしっかり意識できるようになります。友達と一緒に行動することに喜びを見出し、一方で、けんかをするなど人間関係の葛藤にも悩む時期です。

a．集団生活の展開に対する保育者の留意点
b．特別な行動をする子どもへの発達過程の理解、適切なかかわりについて

<５歳児では>

毎日の生活を通して、自主性や自律性が育ってきます。集団での生活も充実し、より一層仲間の存在が重要になります。きまりの意味も理解できるようになり、大人の生活にも目を向けるようになってきます。

a．子どもが安定して自己を十分に発揮できるような配慮
b．子どもの社会性がめざましく育つことに留意しながらどのような援助をしているのか

◇ワンポイントアドバイス⑱：担任の言動に合わせる◇

担任の保育者と実習生の行動が違うと、困るのは子どもたちです。「いつもの生活」が、実習生の言動によって「違う動き（生活）」になってしまうからです。

担任の保育者が動きやすいように、自分のいる場所や動きなどに配慮し、実習生として、どこまで手出しをしてよいのか、クラスの約束ごと等、わからないことは早めに聞きましょう。

3 同時に多くの子どもに声をかけられたら

ある実習生が、Aちゃんから「先生、絵本読んで」と言われて絵本を読もうとすると、Bちゃんが「一緒に遊ぼう」と言って実習生の手をつかんで引っ張っていこうとします。どうしてよいかわからず、Aちゃんと絵本を読むことにして、Bちゃんにはとりあえず「後でね･･･」と応えることしかできませんでした。

たくさんの子どもに声をかけられるのはうれしいことですが、どの子どもと遊んでよいのか困ってしまいますね。断った子どもを傷つけてしまうのではと心配になりますが、子どもの様子を観察した時のことを思い出してみましょう。前からの約束だった場合は別ですが、子どもは、「後で遊ぼうね」と言ってもそれほど気にせずに、自分のしていた遊びに戻っていってはいませんでしたか。

自分の話を聞いてもらいたい、実習生とかかわりたいという気持ちは、常にあちこちの子どもから出てきます。混乱しそうな時ほど、1人ひとりの思いを理解するように努力し、「○ちゃんのお話しが終わったら順番ね」などと話しかけ、後で忘れずにかかわりをもつようにしましょう。この場面に限らず、その日の実習課題がはっきりしていると、子どもにそれほど振り回されないで行動できるようになります。

4 ピアノが苦手

実習を前に、「ピアノが苦手で、普段からもっと練習しておけばよかったと後悔しています」という声がよく聞かれます。あと何日で実習･･･と、不安をつのらせるより、毎日少しの時間でも練習をしておきましょう。

オリエンテーションで、よく歌われている歌や園の歌を教えていただき、事前に練習しておくと、実習にすぐに役立ちます。譜面どおりに弾けなかったら、やさしい伴奏にしてもよいでしょう。子どもは、実習生がピアノを間違えて弾いても、きっと一緒に歌を歌い続けてくれます。なかには、「間違えた～！」と言いながらも、元気に歌ってくれる子どももいます。自分の今の力を出せるように、できる範囲で練習しておきましょう。

多くの幼稚園にとって、音楽は保育を充実していく手段の１つとして重要です。保育の流れや子どもの求めに応じた歌などの伴奏が要求されるので、「ピアノが弾けません」では済まされません。実習生とはいえ、それ相当なピアノの実力が必要です。

しかし、ピアノはあくまでも保育の１つの手段であって目的ではありません。保育者にとって大切なことは、子どもたちが「楽しかった」「やってよかった」「またやりたい」と思えるような、充実した活動を行い、子どもとの信頼関係を築いていくことです。ピアノはそのための道具であり、それ以外にもいろいろな方法があるのです。もし、他に得意な楽器（ギターなど）があるなら、それを使わせてもらえるか、担任の保育者と相談してもよいでしょう。

5 担任とうまくいかないと感じたら

実習が始まり５日ほど過ぎると、園生活にも慣れてきます。ところが、中には自分は担任の保育者に嫌われていると思い込み、実習に集中できない場合もあるようです。

例えば、指示されて掃除や教材づくりをしていると「もっときちんとやって！」と言われ、丁寧に時間をかけてやっていると「もっと早くして！」と言われ、保育者になる自信がなくなったという実習生がいます。このような場合、次の３つの点を考えてみましょう。

①あなた自身の実習態度

実習日誌の指導者からの助言を読み返しましょう。指摘されていた点を理解して反省し、改善しようという姿勢で行動できているでしょうか。一生懸命にやっていたとしても、１人よがりではよくありません。担任の保育者が、あなたに求めていることの本質をよく考え、自分の言動を振り返ってみましょう。

（もしも、この時点で「自分は保育者になるわけじゃないから」というような気持ちになったら実習生としては失格！　実習園に対しても失礼です。）

②実習園の指導態勢

いうまでもなく、幼稚園では日常の保育や関連業務を行いながら実習生を受け入れています。実習指導は、通常の業務外のことであり、多くの園にとって実習指導を専門とする保育者を配置することは困難です。そのため、常に最適な指導が行われているとは限らないということを理解してください。

③担任の保育者との相性

いわゆる「相性が合わない」こともあるかもしれません。そんな場合でも、担任の保育者がどのような人なのか、わかろうとする努力をしてみましょう。まず、相手を知り、相手のよさを見つけていきましょう。そして、同時に自分を知ってもらおうとする努力も必要です。

いずれの場合も、実習生本人の努力でどうしても解決できない場合は、早めに学校の実習担当教員に相談しましょう。

27 手遊びについて

実習中、担任の先生から急に「(実習生に) 手遊びをしてもらいましょう」という場合もあるようです。そんなときでも、あわてないように、実習前に3つくらいは自信をもって子どもたちと楽しめる手遊びを準備しておきましょう。

手遊びは、口から口へと伝わるので、同じ手遊びでも園によってやり方が違う場合があります。園の遊び方に合わせて遊ぶようにしましょう。部分実習などでやらせていただく場合、担任の先生に早めに相談しましょう。

手遊びをする際に、「イメージをふくらませて遊んで欲しいな」「リズミカルな動きを楽しみたいな」といった願いをもって遊びましょう。それによって子どもたちへの働きかけ（言葉掛けや対応）が違ってきます。自信をもって子どもたちと楽しめるように、よく練習をしておきましょう。

※手遊びの紹介…実際に、絵本の読み聞かせや紙芝居を演じる前などに、実習生がやってみて好評だった手遊びと、保育者が子どもと遊んでいるうちにできたという楽しい手遊び（保育者ユニット“しゃぼん玉”作）を中心に紹介します。

1ぽんゆび

作詞＝菊地政隆　作曲＝よしざわたかゆき

①いっぽんゆび

片手ずつ１ぽんゆびの動きで出す。

②タンタンタン

右側で３回たたく。

③タンタンタン

左側で３回たたく。

---

④ ①からくり返す。

※以降、

２番：２ほんゆび…チョキにする。
３番：３ぼんゆび…人さし指、中指、薬指。
４番：４ほんゆび…親指だけ折り曲げて。
５番：５ほんゆび…パーにする。

※この形で「タンタンタン」を行う。

※５ほんゆびでは拍手になります。

※１本から５本まで続けていくと、最後（５ほんゆび）に“タンタンタン”が拍手になります。
絵本や紙芝居を始める前にやってみましょう。５ほんゆびになったら、元気に拍手しましょう。

ゆびのはくしゅ

作詞・作曲＝長嶋　亨

1. いっぽん ゆびの　はくしゅ　いっぽん ゆびの　はくしゅ
2. に ほん ゆびの　はくしゅ　に ほん ゆびの　はくしゅ
3. さんぼん ゆびの　はくしゅ　さんぼん ゆびの　はくしゅ
4. よんほん ゆびの　はくしゅ　よんほん ゆびの　はくしゅ
5. ご ほん ゆびの　はくしゅ　ご ほん ゆびの　はくしゅ
6. み ん なーの　はくしゅ　み ん なーの　はくしゅ

きかせてください

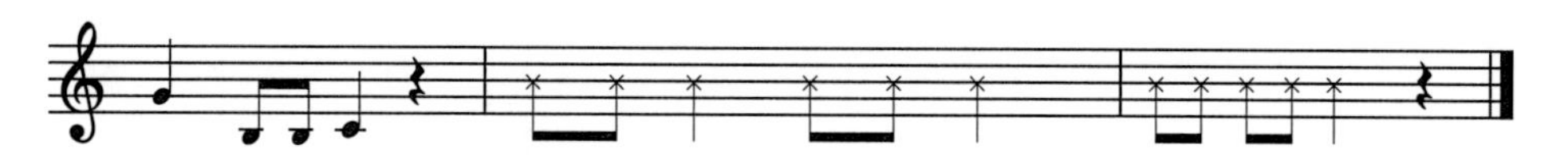

どん な おと　（※人さし指１本で）
どん な おと　（※人さし指・中指の２本で）
どん な おと　（※人さし指・中指・薬指の３本で）
どん な おと　（※人さし指・中指・薬指・小指の４本で）
どん な おと　（※５本指全部で）
さい しょから　（※１本指から５本指まで通して）

１番

①いっぽん
　ゆびのはくしゅ
右手の人さし指を立てる。

②いっぽん
　ゆびのはくしゅ
左手の人さし指も立てる。

③きかせてください
②のまま、リズムに合わせて両手を左右にふる。

④どんなおと

両手を両耳のうしろにあてて音を聴くしぐさで、左右にからだを１回ずつゆらす。

⑤ ♫ ♩… ♩𝄽

リズムに合わせて、人さし指をタンタンタンと打ちあわせる。

2番〜５番

⑥にほんゆびの
はくしゅ…

以降、２番は人さし指と中指の２本指、３番は人さし指・中指・薬指の３本指…と、指の数を１本ずつ増やしていき、①〜⑤と同じやり方であそぶ。２番は２本指（人さし指と中指）、３番は３本指（人さし指、中指、薬指）と、指の数を１本ずつ増やしていき、①〜⑤と同じやり方であそぶ。

６番

⑦みんなのはくしゅ

右手を「パー」にする。

⑧みんなのはくしゅ

左手も「パー」にする。

⑨きかせて…
さいしょから

歌に合わせて両手を左右にふる。

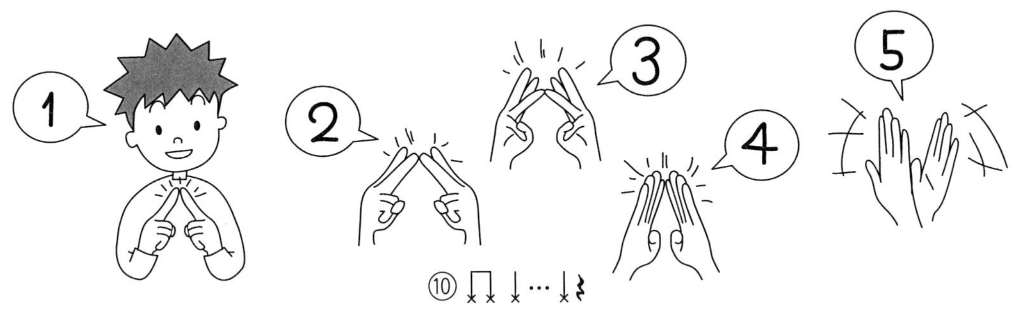

⑩ ♫ ♩… ♩𝄽

リズムに合わせて１本指同士で打ちあわせたら、２本指同士で、３本指同士…と打ちあわせる。これを、５本指同士まで通して続ける。

※たたく指の数が増えていくと同時に、子どもたちの「ワクワク」する気持ちがどんどん高まっていきます。
５本指の時は、パーを強調して、拍手の音が大きくなっていくのがわかるように工夫するといいですね。

いちたくんのお引越し

作詞作曲／イラスト　人見将之

①いちたくんがおひっこし

右手は“人差し指”、左手は“グー”にして左右に揺らす。

②あっちのまちから

“人差し指”を上に突き出す。

③こっちのまちに

“グー”を上に突き出す。

④いちたくんがおひっこしおひっこし

左右に揺らす。

⑤ポン！

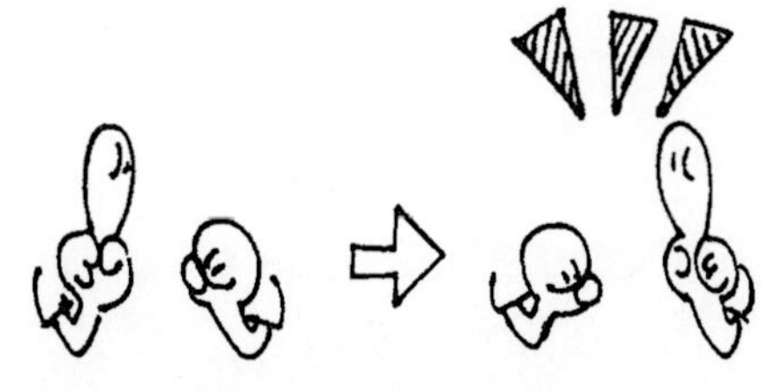

両手をぶつけた瞬間に指を左右逆にする。

⑥以下、すべての「ポン！」に対して、指を移動する。

★にったくんのお引越し

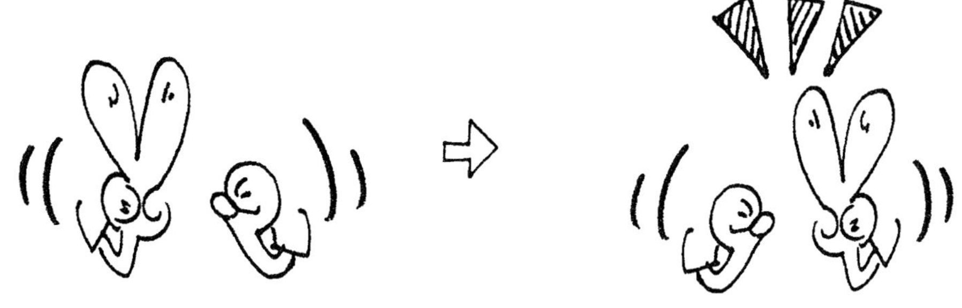

★いちたくんとにったくんのお引越し

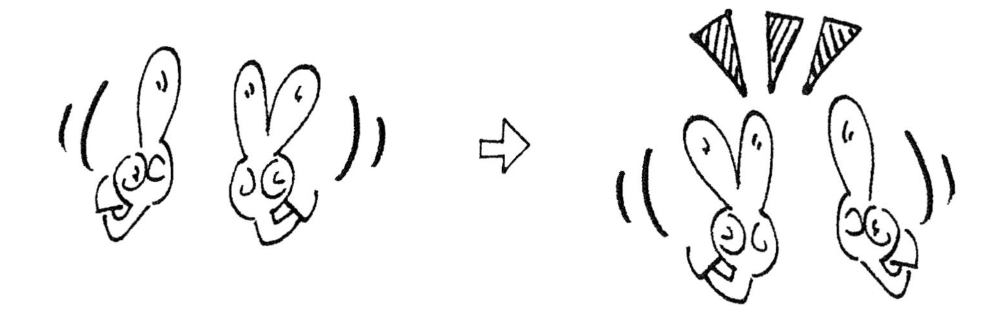

※【上級編】にチャレンジ!!
⇒最後の「お」「ひ」「い」「こ」「し」「ポン！」はすべてに対して指を移動する！

※保育現場で子どもたちと遊んでいるうちに自然に指の動きと曲もできました。工夫次第で難易度は自由自在！　小さい子どもにも、大人にもできる楽しい遊びです。

おやつたーべよ。

作詞作曲／イラスト　人見将之

①おやつを

２回手拍子。

②たべよー

両ほほの前に
パーを出す。

③たーべよ。

【たー】で
２回手拍子。

【べよ。】で両ほほの
前にパーを出したまま、
右側に顔を傾ける

④おやつが

２回手拍子。

⑤だいすき

②と同じ。

⑥だーいすき。

【だー】で
２回手拍子。

【いすき。】で
③のポーズと反対。

※いろいろなおやつでアクションをやってみましょう。

いちご
“グー” を2回、上に突き出す。
「りんご」でもいいですね。

みかん
“ガッツポーズ” を2回する。
「メロン」「プリン」などもいいですねー。

ケーキ
“お猿さん” になって
両手を2回、横移動。

パイナップル
体全体で
“プルプル” 震える。

ヨーグルト
お空に向かって
ジャンプ!

せんべい
“あっかんべー”。

さくらんぼ
“ぽけーっ” とする。

ちくわ
“わーっ！” と
びっくりする。

とうもろこし
人差し指を唇にあてて
“しーっ！”。

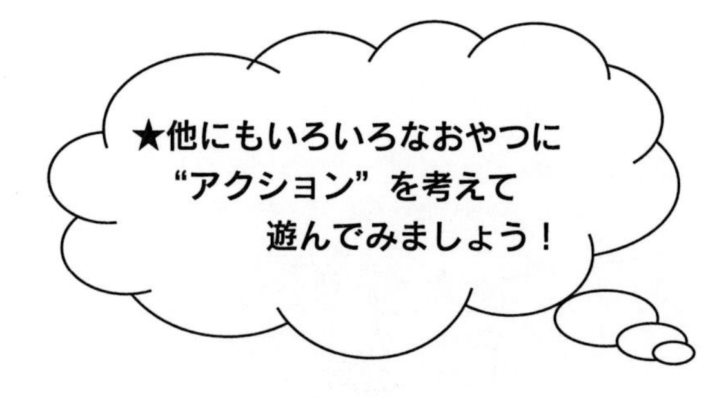

★作者より★　子どもにも、親子活動でも、とっても人気のあるあそびです。後半はリーダーがランダムにおやつを言えば、頭フル回転で楽しめます！　それにしても「ワアー！」がやりたいばっかりに『ちくわ』を強引におやつにしてますが…（汗)。他に思いつかなくて…（笑)。

かなづちトントン

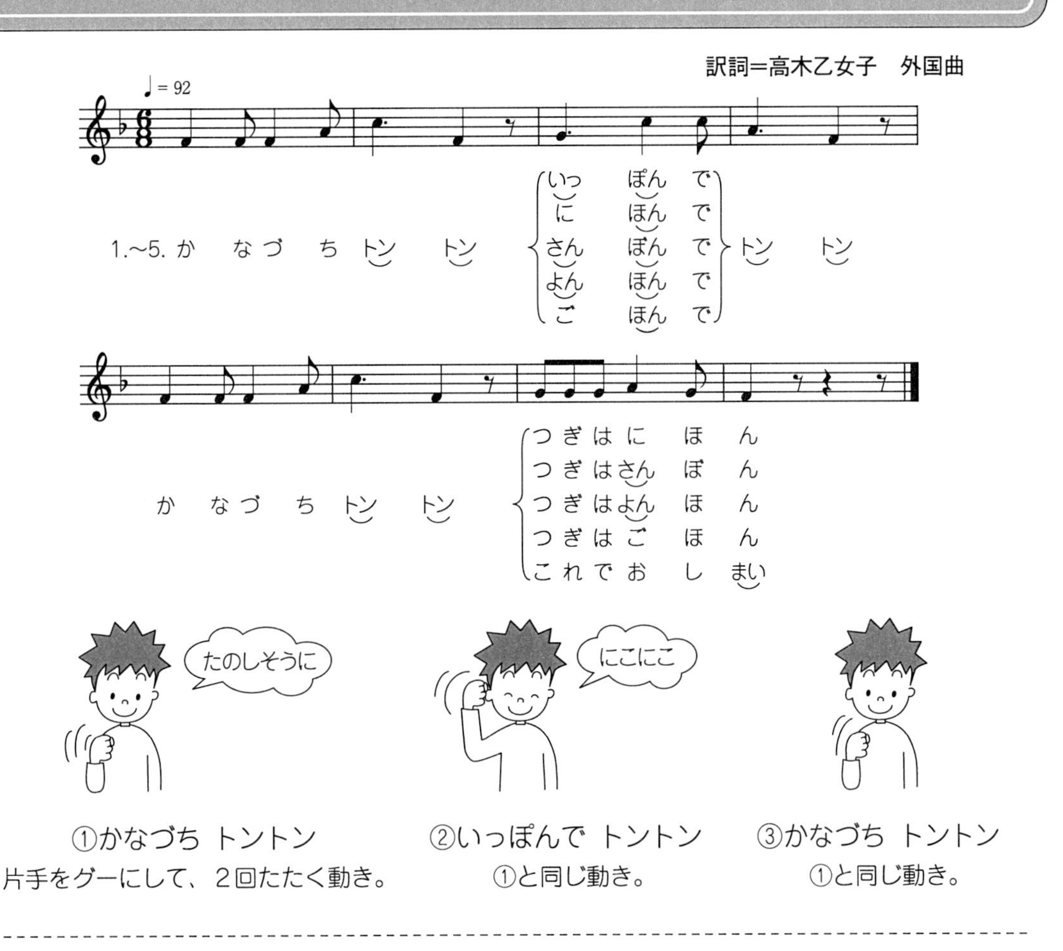

④つぎは
次の動きの準備。
（手拍子を２回打ってもよい）

⑤にほん
両手を前に出し、かなづちを
そろえてかるくふる。

⑤

※以下、動作は、１番に準じる。
ただし、２番は両手で、３番は両手と片足（床をたたく、足をあげさげする）で、４番は両手と両足で、５番は両手両足に、頭をふる動作で、かなづちをトントンとたたいている動きをする。
※「これでおしまい」は、２回手拍子を打ち、両手をひざにおく。
（または、手拍子のあと、両手を頭の上で開いてバンザイをするようにして、軽くジャンプしてもよい。）
※だんだん増えていく「トントン」の動作を楽しみましょう。イスに座っていても、立っていてもできます。テンポを変えて、動作を一つずつ増やしていくことで、楽しめます。

あたま かた ひざ ポン

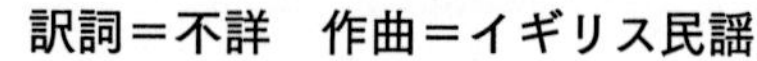

1. あ た ま か た　ひ ざ ポン　ひ ざ ポン　ひ ざ ポン

ヘッ ド ショウダーズ　ニーズ アンド トウズ　ニーズ アンド トウズ　ニーズ アンド トウズ

2. He - a - d shoul-ders knees and toes knees and toes knees and toes

あ た ま か た　ひ ざ ポン　め みみ　は なくち

ヘッ ド ショウダーズ　ニーズ アンド トウズ　アイズ イアズ　ノウズ アンド マウス

He - a - d shoul-ders knees and toes eyes, ears, no-se and mouth.

①あたま

両手で頭を軽く１回たたく。

②かた

両手で両肩を１回たたく。

③ひざ

両手で両ひざを１回たたく。

④ポン

1回手をたたく。

⑤ひざポン　ひざポン

③④をくり返す。

⑥あたま　かた　ひざ　ポン

①～④をくり返す。

⑦め　みみ　はな　くち

歌詞に合わせて、目→耳→鼻→口と、両手で順にさわっていく。

※原曲はイギリスの伝承童謡「マザーグース」の歌の一つ「London Bridge」で、日本名は「ロンドン橋」。これはその替え歌です。
ゆっくり行えば、2歳児くらいから遊べます。
日本語の歌詞で歌って慣れてきたら、英語で歌うと小学生も楽しく遊べます。

カレーライスのうた

作詞＝ともろぎゆきお　作曲＝峯　陽

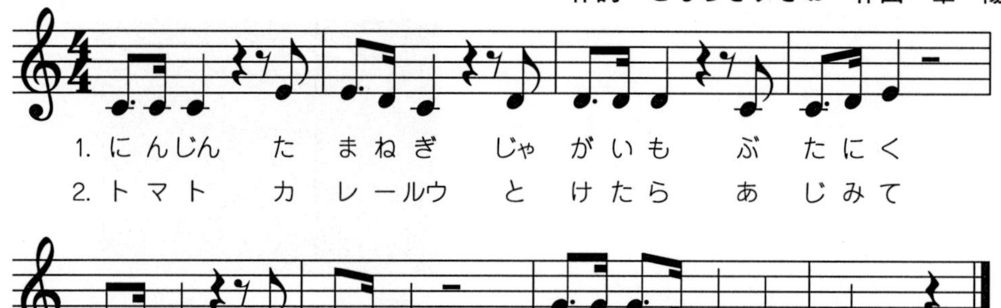

1番

①にんじん

右手を「チョキ」にして出す。

②たまねぎ

胸の前で両手を合わせ、
たまねぎの形をつくる。

③じゃがいも

両手をグーにして、
ほおにつける。

④ぶたにく

右手の人さし指で鼻の頭を
軽く押し上げる。

⑤なべで

両手で大きな
円をつくる。

⑥いためて

右手を左右にふり、
炒めるしぐさをする。

2番

⑦ぐつぐつ　にましょう

両手の平を上に向け、軽く握ったり開いたりをくり返す。

⑧トマト

両手を開き、左右にふる。（トマトのトを10で表す）

⑨カレールウ

両手の指で四角を描く。

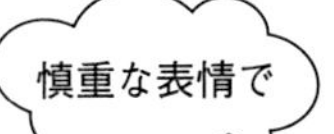

⑩とけたら　あじみて

なべの中に指を入れて、味見をするしぐさを2回。

⑪しおを　いれたら

両手で、塩をなべに振り入れるしぐさをする。

⑫はい　できあがり

手拍子を4回して、「あがり」の「り」で両手を前に差し出す。

※子どもたちに人気のカレーライスの手あそび。1番だけなら、3歳児くらいから遊べます。
旋律で「にんじん」と歌ったら、みんなで「にんじん」とくり返す形で歌うことが多いです。
歌詞の「なべで」を「おなべで」、「しおを」を「おしおを」と歌われることも多く、歌いやすい歌い方で“その場なりのカレーライス”を作って遊びましょう。

ポキポキダンス

作詞＝不詳　イギリス民謡

1. ラララ みぎて ラララ みぎて ラララ みぎてを くるりんぱ
2. ラララ ひだりて ラララ ひだりて ラララ ひだりてを くるりんぱ
3. ラララ りょうて ラララ りょうて ラララ りょうてを くるりんぱ
4. ラララ あたま ラララ あたま ラララ あたまを くるりんぱ
5. ラララ おしり ラララ おしり ラララ おしりを くるりんぱ
6. ラララ ぜんぶ ラララ ぜんぶ ラララ ぜんぶを くるりんぱ

ポキポキダンスをみんなでおどろう　パパンパパンパン　パン

1番

①ラララ　みぎて
ラララ　みぎて
ラララ　みぎてを

右手を開き、手の平を
左右にふる。

②くるりんぱ

右手を「グー」にし、
手首をまわして円を描
き、「ぱ」のところで、
手をパッと開く。

③ポキポキダンスを
みんなでおどろう

左右の人さし指を出し上下
（左右）にふる。身体全体
でリズムをとって踊る。

④パパンパパンパンパン

胸の前で、リズムに合わせて
「パ」のところで拍手する。

保育者が
豊かな表現力で
行うことがポイント！

きめポーズ！

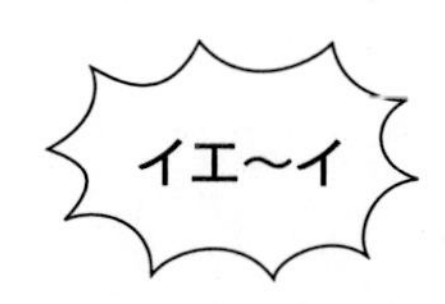

2番

①ラララ　ひだりて
…………パパンパパンパンパン

１番①〜④と同じ動作を左手でする。
②は左手人さし指を左右にふる。手首をまわして「ぱ」のところで手を開く。

3番

①ラララ　りょうて
…………パパンパパンパンパン

１番①〜④と同じ動作を両手でする。
②は両手を左右にふる。手首をまわして「ぱ」のところで手を開く。

4番

①ラララ　あたま
…………パパンパパンパンパン

１番①〜④と同じ動作を頭でする。
②は頭を左右にふる。

5番

①ラララ　おしり
…………パパンパパンパンパン

１番①〜④と同じ動作をお尻でする。
②はお尻を左右にふる。

※「ホーキーポーキ」の曲からできた手あそび、身体あそびです。始めは、手だけで楽しみながら、身体全体で踊るようになると盛り上がります。右足、左足などを入れて発展させてもおもしろいでしょう。輪になった集会などで行うとみんなの姿が見えるので楽しめます。

28 絵本の選び方

絵本は、どの年齢にどの本でなければならないといった「○歳には絶対にその本」ということはありません。けれども、低年齢の子どもに対して内容が理解できない絵本を与えてもあまり意味がありません。子どもは感覚で楽しむこともありますので、子どもが喜ぶ絵本は、年齢を超えるものもあるでしょう。

大切なのは、保育者と子どもが絵本を通して、お話の世界を楽しみ、イメージを豊かにできる絵本の選択と空間の設定です。より多くの絵本に触れ、子どもたちと共有したい絵本の世界を見出し、自信をもって読み聞かせができる絵本を増やしましょう。

実習生が読み聞かせをする場合、以前にその絵本を子どもたちは見たことがあるかないかを担任の先生に伺い、導入の言葉掛け等を考えるようにしましょう。もしも、自分が用意した絵本を子どもたちが知っていても、「お姉さん（お兄さん）先生がこれから読むお話しと同じかよく聞いていてね」などと言葉掛けをするとよいでしょう。

子どもに読んであげたい絵本を紹介します。

＜3歳から＞

『はらぺこあおむし』〈エリック・カール（作）もりひさし（訳）偕成社〉
『おおきなかぶ』〈内田莉莎子（再話）佐藤忠良（絵）福音館書店〉
『そらまめくんのベッド』〈なかやみわ（作・絵）福音館書店〉
『ガンピーさんのふなあそび』〈ジョン・バーニンガム（さく）みつよしなつや（やく）ほるぷ出版〉
『14ひきシリーズ』〈岩村かずお（作・絵）童心社〉
『てぶくろ』〈ウクライナ民話　エウゲーニー・M・ラチョフ（絵）内田莉莎子(訳）福音館書店〉
『三びきやぎのがらがらどん』〈せたていじ（訳）マーシャ・ブラウン（絵）福音館書店〉
『どうぞのいす』〈香山良子（作）柿本幸造（絵）ひさかたチャイルド〉

＜4歳から5歳頃＞

『へんしんトンネル』〈あきやまただし（作・絵）金の星社〉※へんしんシリーズいろいろあり
『おふろだいすき』〈松岡享子（作）林明子（絵）福音館〉
『キャベツくん』〈長　新太（文・絵）文研出版〉
『11ぴきのねこ』〈馬場のぼる（作・絵）こぐま社〉
『ぶたのたね』〈佐々木マキ（作）絵本館〉
『そらいろのたね』〈中川李枝子（文）大村百合子（絵）福音館〉
『スイミー』〈レオ・レオニ（文・絵）好学社〉
『かにむかし』〈木下順二（作）岩波書店〉
『おまえうまそうだな』〈宮西達也（作・絵）ポプラ社〉
『おしいれのぼうけん』〈ふるたたるひ・たばたせいいち（作）童心社〉

表紙画像

はらぺこあおむし

そらまめくんのベッド

てぶくろ

どうぞのいす

11ぴきのねこ

へんしんトンネル

※これらは、実習生が読み聞かせをして好評だった絵本です。

29 紙芝居

（1）特　徴

「紙芝居」は、絵本と同じように絵と裏側にある文章（脚本）で表現されています。しかし、絵本と異なり「めくり」ではなく、画面の「ぬき」によってストーリーが展開していきます。

紙芝居の「ぬき」も絵本同様、読む人に委ねられています。しかし、それを見ている子どもたちは、ただの聞き手ではありません。演じ手（保育者）は観客（子ども）の様子を見ながら「ぬき」を行う必要があるからです。

つまり、絵本同様、子どもに委ねられている面もあるのです。紙芝居には、演じ手（保育者）と観客（子ども）が作り出すリズムがあり、そこから共感が生まれるのです。

（2）選び方

①3歳児

幼稚園の入園直後は、紙芝居を初めて見る子どもがほとんどです。集中できる時間がまだ短いので、8画面くらいで繰り返しのある内容のものがよいでしょう。慣れてきたら、日常生活の中で経験しているような身近な題材や、生活習慣を扱ったものを選びます。また、初めての行事の前には、その行事のイメージの湧くものや、あたたかい雰囲気が残るようなものを選びましょう。

②4歳児

紙芝居の楽しさがわかってきて、集中できる時間も長くなります。ストーリー性のあるものや、子どもの生活に合わせたもの、季節感や行事がわかるもの、紙芝居を見たあとの活動（ごっこ遊びや劇遊びなど）につながるものなどを選びましょう。みんなで見ると楽しい経験になるような、参加型の紙芝居（クイズになっているものや子どもたちに問いかけるものなど）を取り入れるのもよいでしょう。

(3) 実　例

以下は、保育現場での経験と実習生の実践の中で、子どもたちが喜んで見ていた印象的な作品と、おすすめの作品です。「年齢」「実態」「季節」「保育の流れ」を考えて選びましょう。

『おおきくおおきくおおきくなあれ』

（まついのりこ（脚本・画）、童心社）

小さな小さなブタが一匹。みんなで一緒に「大きく大きく、大きくなあれ！」と言うと、ほら…。次は、何が大きくなるのかな？　繰り返し声をかけて楽しむ参加型の紙芝居です。

『ごきげんのわるいコックさん』

（まついのりこ（脚本・画）、童心社）

コックさんに「ごきげんなおしてよ」と言ってぬくと、あれあれ、顔が横にのびてしまいましたよ。子ども参加型の紙芝居で、演じる楽しさがあふれる作品です。

『おちばのようふくくださいな』（仲倉眉子（作）・渡辺あきお（画）、教育画劇）

秋です。赤や黄色の落ち葉がひらひら…。みのむしさんはそれを見て「あれを集めて、帽子や服を作るとすてきよ」…こう考えて、仕立屋さんを始めました。あれあれ？　のねずみさんも落ち葉を集めています。たいへん、落ち葉がなくなってしまいそう。どうしましょう。この紙芝居が、園庭の落ち葉や木々の変化に気づくきっかけ作りをしてくれることでしょう。

『あんもちみっつ』

（水谷章三（脚本）・宮本忠夫（画）、童心社）

おじじとおばばが、あんもちを三つもらいました。ひとつずつ食べて、残りのひとつはにらめっこで勝ったものが食べることに。勝負はなかなかつかず、とうとう夜になり家に泥棒がはいってきました。それでもふたりは黙ったまま。泥棒は、おじじとおばばが人形だと思い込んで、あんもちに手をのばしますが……。

引用・参考文献

REFERENCE

○秋草学園短期大学実習委員会編『実習の手引』秋草学園短期大学、2008年。
○阿部　恵、鈴木みゆき編著『教育・保育実習安心ガイド』ひかりのくに、2002年。
○猪狩貞良他編著『実習前にこれだけは知っておこう　幼稚園・保育所・施設実習の手引き』専門教育出版、1988年。
○大橋喜美子編著『はじめての保育・教育実習』朱鷺書房、2003年。
○岡本富郎他著『新訂版　幼稚園・保育所実習の指導計画案はこうして立てよう』萌文書林、2000年。
○小川清実編『幼稚園実習』ななみ書房、2006年。
○小田　豊他編著『幼稚園・保育所実習』光生館、2002年。
○神蔵幸子・中川秋美編著『保育を支える生活の基礎～豊かな環境のつくり手として～』萌文書林、2018年。
○河邉貴子・鈴木隆編著、百瀬ユカリ他共著『保育・教育実習　フィールドで学ぼう』同文書院、2006年。
○鯨岡　峻『人が人をわかるということ―間主観性と相互主体性―』ミネルヴァ書房、2006年。
○「実習ガイドブック」編集委員会編『ポイントで解説　幼稚園・保育所・施設実習　実習ガイドブック』みらい、2004年。
○鈴木美枝子編著『これだけはおさえたい！　保育者のための子どもの健康と安全』創成社、2020年。
○相馬和子・中田カヨ子編『幼稚園・保育所実習　実習日誌の書き方』萌文書林、2004年。
○田中東亜子他著『改訂　幼稚園教育実習』日本文化科学社、2001年。
○田中まさ子編『幼稚園教諭・保育士養成課程　幼稚園・保育所実習ハンドブック』みらい、2003年。
○玉井美知子監修『免許取得に対応した幼稚園教育実習』学事出版、2002年。
○寺田清美・渡邉暢子監修『改訂新版・保育実習まるごとガイド』小学館、2012年。
○内閣府・文部科学省・厚生労働省『幼保連携型認定こども園　教育・保育要領解説』フレーベル館、2015年。
○長島和代編『改訂版　これだけは知っておきたい　わかる・話せる・使える　保育のマナーと言葉』わかば社、2014年。
○畠山倫子編著『幼児教育法　教育・保育・施設実習』三晃書房、2002年。
○林　幸範・石橋裕子編著『保育園・幼稚園の実習完全マニュアル』成美堂出版、2005年。
○前橋　明編『保育・教育・施設実習』西日本法規出版、2004年。

○百瀬ユカリ著『実習に役立つ保育技術』創成社、2009年。
○百瀬ユカリ著『保育現場の困った人たち』創成社、2008年。
○百瀬ユカリ・田中君枝著『保育園・幼稚園・学童保育まで使えるたのしい手あそび50』創成社、2014年。
○森上史朗・大豆生田啓友編『幼稚園実習・保育所・施設実習』ミネルヴァ書房、2004年。
○文部科学省『幼稚園教育要領解説』フレーベル館、2018年。

巻末資料

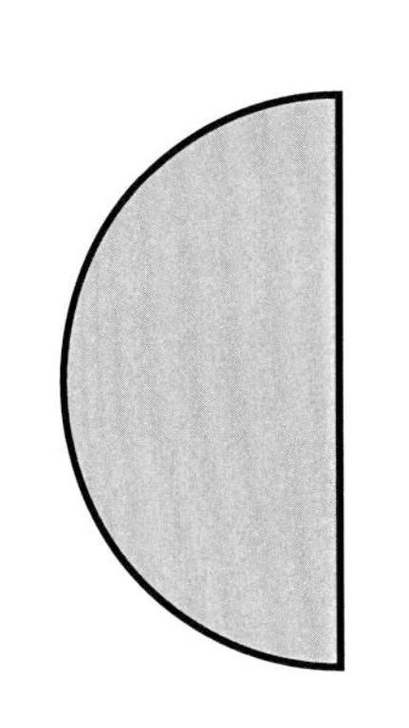

○幼稚園教育要領○

平成29年３月
文部科学省

教育は、教育基本法第１条に定めるとおり、人格の完成を目指し、平和で民主的な国家及び社会の形成者として必要な資質を備えた心身ともに健康な国民の育成を期すという目的のもと、同法第２条に掲げる次の目標を達成するよう行われなければならない。

1　幅広い知識と教養を身に付け、真理を求める態度を養い、豊かな情操と道徳心を培うとともに、健やかな身体を養うこと。
2　個人の価値を尊重して、その能力を伸ばし、創造性を培い、自主及び自律の精神を養うとともに、職業及び生活との関連を重視し、勤労を重んずる態度を養うこと。
3　正義と責任、男女の平等、自他の敬愛と協力を重んずるとともに、公共の精神に基づき、主体的に社会の形成に参画し、その発展に寄与する態度を養うこと。
4　生命を尊び、自然を大切にし、環境の保全に寄与する態度を養うこと。
5　伝統と文化を尊重し、それらをはぐくんできた我が国と郷土を愛するとともに、他国を尊重し、国際社会の平和と発展に寄与する態度を養うこと。また、幼児期の教育については、同法第11条に掲げるとおり、生涯にわたる人格形成の基礎を培う重要なものであることにかんがみ、国及び地方公共団体は、幼児の健やかな成長に資する良好な環境の整備その他適当な方法によって、その振興に努めなければならないこととされている。

これからの幼稚園には、学校教育の始まりとして、こうした教育の目的及び目標の達成を目指しつつ、一人一人の幼児が、将来、自分のよさや可能性を認識するとともに、あらゆる他者を価値のある存在として尊重し、多様な人々と協働しながら様々な社会的変化を乗り越え、豊かな人生を切り拓き、持続可能な社会のひら創り手となることができるようにするための基礎を培うことが求められる。このために必要な教育の在り方を具体化するのが、各幼稚園において教育の内容等を組織的かつ計画的に組み立てた教育課程である。

教育課程を通して、これからの時代に求められる教育を実現していくためには、よりよい学校教育を通してよりよい社会を創るという理念を学校と社会とが共有し、それぞれの幼稚園において、幼児期にふさわしい生活をどのように展開し、どのような資質・能力を育むようにするのかを教育課程において明確にしながら、社会との連携及び協働によりその実現を図っていくという、社会に開かれた教育課程の実現が重要となる。

幼稚園教育要領とは、こうした理念の実現に向けて必要となる教育課程の基準を大綱的に定めるものである。幼稚園教育要領が果たす役割の一つは、公の性質を有する幼稚園における教育水準を全国的に確保することである。また、各幼稚園がその特色を生かして創意工夫を重ね、長年にわたり積み重ねられてきた教育実践や学術研究の蓄積を生かしながら、幼児や地域の現状や課題を捉え、家庭や地域社会と協力して、幼稚園教育要領を踏まえた教育活動の更なる充実を図っていくことも重要である。

幼児の自発的な活動としての遊びを生み出すために必要な環境を整え、一人一人の資質・能力を育んでいくことは、教職員をはじめとする幼稚園関係者はもとより、家庭や地域の人々も含め、様々な立場から幼児や幼稚園に関わる全ての大人に期待される役割である。家庭との緊密な連携の下、小学校以降の教育や生涯にわたる学習とのつながりを見通しながら、幼児の自発的な活動としての遊びを通しての総合的な指導をする際に広く活用されるものとなることを期待して、ここに幼稚園教育要領を定める。

第１章　総則

第１　幼稚園教育の基本

幼児期の教育は、生涯にわたる人格形成の基礎を培う重要なものであり、幼稚園教育は、学校教育法に規定する目的及び目標を達成するため、幼児期の特性を踏まえ、環境を通して行うものであることを基本とする。

このため教師は、幼児との信頼関係を十分に築き、幼児が身近な環境に主体的に関わり、環境との関わり方や意味に気付き、これらを取り込もうとして、試行錯誤したり、考えたりするようになる幼児期の教育における見方・考え方を生かし、幼児と共によりよい教育環境を創造するように努めるものとする。これらを踏まえ、次に示す事項を重視して教育を行わなければならない。

1　幼児は安定した情緒の下で自己を十分に発揮することにより発達に必要な体験を得ていくものであることを考慮して、幼児の主体的な活動を促し、幼児期にふさわしい生活が展開されるようにすること。
2　幼児の自発的な活動としての遊びは、心身の調和のとれた発達の基礎を培う重要な学習であることを考慮して、遊びを通しての指導を中心として第２章に示すねらいが総合的に達成されるようにすること。
3　幼児の発達は、心身の諸側面が相互に関連し合い、多様な経過をたどって成し遂げられていくものであること、また、幼児の生活経験がそれぞれ異なることなどを考慮して、幼児一人一人の特性に応じ、発達の課題に即した指導を行うようにすること。

その際、教師は、幼児の主体的な活動が確保されるよう幼児一人一人の行動の理解と予想に基づき、計画的に環境を構成しなければならない。この場合において、教師は、幼児と人やものとの関わりが重要であることを踏まえ、教材を工夫し、物的・空間的環境を構成しなければならない。また、幼児一人一人の活動の場面に応じて、様々な役割を果たし、その活動を豊かにしなければならない。

第２　幼稚園教育において育みたい資質・能力及び「幼児期の終わりまでに育ってほしい姿」

1　幼稚園においては、生きる力の基礎を育むため、この章の第１に示す幼稚園教育の基本を踏まえ、次に掲げる資質・能力を一体的に育むよう努めるものとする。
（1）豊かな体験を通じて、感じたり、気付いたり、分かったり、できるようになったりする「知識及び技能の基礎」

（2）気付いたことや、できるようになったことなどを使い、考えたり、試したり、工夫したり、表現したりする「思考力、判断力、表現力等の基礎」
（3）心情、意欲、態度が育つ中で、よりよい生活を営もうとする「学びに向かう力、人間性等」
2　1に示す資質・能力は、第2章に示すねらい及び内容に基づく活動全体によって育むものである。
3　次に示す「幼児期の終わりまでに育ってほしい姿」は、第2章に示すねらい及び内容に基づく活動全体を通して資質・能力が育まれている幼児の幼稚園修了時の具体的な姿であり、教師が指導を行う際に考慮するものである。
（1）健康な心と体
幼稚園生活の中で、充実感をもって自分のやりたいことに向かって心と体を十分に働かせ、見通しをもって行動し、自ら健康で安全な生活をつくり出すようになる。
（2）自立心
身近な環境に主体的に関わり様々な活動を楽しむ中で、しなければならないことを自覚し、自分の力で行うために考えたり、工夫したりしながら、諦めずにやり遂げることで達成感を味わい、自信をもって行動するようになる。
（3）協同性
友達と関わる中で、互いの思いや考えなどを共有し、共通の目的の実現に向けて、考えたり、工夫したり、協力したりし、充実感をもってやり遂げるようになる。
（4）道徳性・規範意識の芽生え
友達と様々な体験を重ねる中で、してよいことや悪いことが分かり、自分の行動を振り返ったり、友達の気持ちに共感したりし、相手の立場に立って行動するようになる。また、きまりを守る必要性が分かり、自分の気持ちを調整し、友達と折り合いを付けながら、きまりをつくったり、守ったりするようになる。
（5）社会生活との関わり
家族を大切にしようとする気持ちをもつとともに、地域の身近な人と触れ合う中で、人との様々な関わり方に気付き、相手の気持ちを考えて関わり、自分が役に立つ喜びを感じ、地域に親しみをもつようになる。また、幼稚園内外の様々な環境に関わる中で、遊びや生活に必要な情報を取り入れ、情報に基づき判断したり、情報を伝え合ったり、活用したりするなど、情報を役立てながら活動するようになるとともに、公共の施設を大切に利用するなどして、社会とのつながりなどを意識するようになる。
（6）思考力の芽生え
身近な事象に積極的に関わる中で、物の性質や仕組みなどを感じ取ったり、気付いたりし、考えたり、予想したり、工夫したりするなど、多様な関わりを楽しむようになる。また、友達の様々な考えに触れる中で、自分と異なる考えがあることに気付き、自ら判断したり、考え直したりするなど、新しい考えを生み出す喜びを味わいながら、自分の考えをよりよいものにするようになる。
（7）自然との関わり・生命尊重
自然に触れて感動する体験を通して、自然の変化などを感じ取り、好奇心や探究心をもって考え言葉などで表現しながら、身近な事象への関心が高まるとともに、自然への愛情や畏敬の念をもつようになる。また、身近な動植物に心を動かされる中で、生命の不思議さや尊さに気付き、身近な動植物への接し方を考え、命あるものとしていたわり、大切にする気持ちをもって関わるようになる。
（8）数量や図形、標識や文字などへの関心・感覚
遊びや生活の中で、数量や図形、標識や文字などに親しむ体験を重ねたり、標識や文字の役割に気付いたりし、自らの必要感に基づきこれらを活用し、興味や関心、感覚をもつようになる。
（9）言葉による伝え合い
先生や友達と心を通わせる中で、絵本や物語などに親しみながら、豊かな言葉や表現を身に付け、経験したことや考えたことなどを言葉で伝えたり、相手の話を注意して聞いたりし、言葉による伝え合いを楽しむようになる。
（10）豊かな感性と表現
心を動かす出来事などに触れ感性を働かせる中で、様々な素材の特徴や表現の仕方などに気付き、感じたことや考えたことを自分で表現したり、友達同士で表現する過程を楽しんだりし、表現する喜びを味わい、意欲をもつようになる。

第3　教育課程の役割と編成等

1　教育課程の役割

各幼稚園においては、教育基本法及び学校教育法その他の法令並びにこの幼稚園教育要領の示すところに従い、創意工夫を生かし、幼児の心身の発達と幼稚園及び地域の実態に即応した適切な教育課程を編成するものとする。

また、各幼稚園においては、6に示す全体的な計画にも留意しながら、「幼児期の終わりまでに育ってほしい姿」を踏まえ教育課程を編成すること、教育課程の実施状況を評価してその改善を図っていくこと、教育課程の実施に必要な人的又は物的な体制を確保するとともにその改善を図っていくことなどを通して、教育課程に基づき組織的かつ計画的に各幼稚園の教育活動の質の向上を図っていくこと（以下「カリキュラム・マネジメント」という。）に努めるものとする。

2　各幼稚園の教育目標と教育課程の編成

教育課程の編成に当たっては、幼稚園教育において育みたい資質・能力を踏まえつつ、各幼稚園の教育目標を明確にするとともに、教育課程の編成についての基本的な方針が家庭や地域とも共有されるよう努めるものとする。

3　教育課程の編成上の基本的事項

（1）幼稚園生活の全体を通して第2章に示すねらいが総合的に達成されるよう、教育課程に係る教育期間や幼児の生活経験や発達の過程などを考慮して具体的なねらいと内容を組織するものとする。この場合においては、特に、自我が芽生え、他者の存在を意識し、自己を抑制しようとする気持ちが生まれる幼児期の発達の特性を踏まえ、入園から修了に至るまでの長期的な視野をもって充実した生活が展開できるように配慮するものとする。
（2）幼稚園の毎学年の教育課程に係る教育週数は、特別の事情のある場合を除き、39週を下ってはならない。
（3）幼稚園の1日の教育課程に係る教育時間は、4時間を標準とする。ただし、幼児の心身の発達の程度や季節などに適切に配慮するものとする。

4　教育課程の編成上の留意事項

教育課程の編成に当たっては、次の事項に留意するものとする。

（1）幼児の生活は、入園当初の一人一人の遊びや教師との触れ合いを通して幼稚園生活に親しみ、安定していく時期から、他の幼児との関わりの中で幼児の主体的な活動が深まり、幼児が互いに必要な存在であることを認識するようになり、やがて幼児同士や学級全体で目的をもって協同して幼稚園生活を展開し、深めていく時期などに至るまでの過程を様々に経ながら広げられていくものであることを考慮し、活動がそれぞれの時期にふさわしく展開されるようにすること。

（2）入園当初、特に、3歳児の入園については、家庭との連携を緊密にし、生活のリズムや安全面に十分配慮すること。また、満3歳児については、学年の途中から入園することを考慮し、幼児が安心して幼稚園生活を過ご_すことができるよう配慮すること。

（3）幼稚園生活が幼児にとって安全なものとなるよう、教職員による協力体制の下、幼児の主体的な活動を大切にしつつ、園庭や園舎などの環境の配慮や指導の工夫を行うこと。

5　小学校教育との接続に当たっての留意事項

（1）幼稚園においては、幼稚園教育が、小学校以降の生活や学習の基盤の育成につながることに配慮し、幼児期にふさわしい生活を通して、創造的な思考や主体的な生活態度などの基礎を培うようにするものとする。

（2）幼稚園教育において育まれた資質・能力を踏まえ、小学校教育が円滑に行われるよう、小学校の教師との意見交換や合同の研究の機会などを設け、「幼児期の終わりまでに育ってほしい姿」を共有するなど連携を図り、幼稚園教育と小学校教育との円滑な接続を図るよう努めるものとする。

6　全体的な計画の作成

各幼稚園においては、教育課程を中心に、第3章に示す教育課程に係る教育時間の終了後等に行う教育活動の計画、学校保健計画、学校安全計画などとを関連させ、一体的に教育活動が展開されるよう全体的な計画を作成するものとする。

第4　指導計画の作成と幼児理解に基づいた評価

1　指導計画の考え方

幼稚園教育は、幼児が自ら意欲をもって環境と関わることによりつくり出される具体的な活動を通して、その目標の達成を図るものである。

幼稚園においてはこのことを踏まえ、幼児期にふさわしい生活が展開され、適切な指導が行われるよう、それぞれの幼稚園の教育課程に基づき、調和のとれた組織的、発展的な指導計画を作成し、幼児の活動に沿った柔軟な指導を行わなければならない。

2　指導計画の作成上の基本的事項

（1）指導計画は、幼児の発達に即して一人一人の幼児が幼児期にふさわしい生活を展開し、必要な体験を得られるようにするために、具体的に作成するものとする。

（2）指導計画の作成に当たっては、次に示すところにより、具体的なねらい及び内容を明確に設定し、適切な環境を構成することなどにより活動が選択・展開されるようにするものとする。

ア　具体的なねらい及び内容は、幼稚園生活における幼児の発達の過程を見通し、幼児の生活の連続性、季節の変化などを考慮して、幼児の興味や関心、発達の実情などに応じて設定すること。

イ　環境は、具体的なねらいを達成するために適切なものとなるように構成し、幼児が自らその環境に関わることにより様々な活動を展開しつつ必要な体験を得られるようにすること。その際、幼児の生活する姿や発想を大切にし、常にその環境が適切なものとなるようにすること。

ウ　幼児の行う具体的な活動は、生活の流れの中で様々に変化するものであることに留意し、幼児が望ましい方向に向かって自ら活動を展開していくことができるよう必要な援助をすること。

その際、幼児の実態及び幼児を取り巻く状況の変化などに即して指導の過程についての評価を適切に行い、常に指導計画の改善を図るものとする。

3　指導計画の作成上の留意事項

指導計画の作成に当たっては、次の事項に留意するものとする。

（1）長期的に発達を見通した年、学期、月などにわたる長期の指導計画やこれとの関連を保ちながらより具体的な幼児の生活に即した週、日などの短期の指導計画を作成し、適切な指導が行われるようにすること。特に、週、日などの短期の指導計画については、幼児の生活のリズムに配慮し、幼児の意識や興味の連続性のある活動が相互に関連して幼稚園生活の自然な流れの中に組み込まれるようにすること。

（2）幼児が様々な人やものとの関わりを通して、多様な体験をし、心身の調和のとれた発達を促すようにしていくこと。その際、幼児の発達に即して主体的・対話的で深い学びが実現するようにするとともに、心を動かされる体験が次の活動を生み出すことを考慮し、一つ一つの体験が相互に結び付き、幼稚園生活が充実するようにすること。

（3）言語に関する能力の発達と思考力等の発達が関連していることを踏まえ、幼稚園生活全体を通して、幼児の発達を踏まえた言語環境を整え、言語活動の充実を図ること。

（4）幼児が次の活動への期待や意欲をもつことができるよう、幼児の実態を踏まえながら、教師や他の幼児と共に遊びや生活の中で見通しをもったり、振り返ったりするよう工夫すること。

（5）行事の指導に当たっては、幼稚園生活の自然の流れの中で生活に変化や潤いを与え、幼児が主体的に楽しく活動できるようにすること。なお、それぞれの行事についてはその教育的価値を十分検討し、適切なものを精選し、幼児の負担にならないようにすること。

（6）幼児期は直接的な体験が重要であることを踏まえ、視聴覚教材やコンピュータなど情報機器を活用する際には、幼稚園生活では得難い体験を補完するなど、幼児の体験との関連を考慮すること。

（7）幼児の主体的な活動を促すためには、教師が多様な関わりをもつことが重要であることを踏まえ、教師は、理解者、共同作業者など様々な役割を果たし、幼児の発達に必要な豊かな体験が得られるよう、活動の場面に応じて、適切な指導を行うようにすること。
（8）幼児の行う活動は、個人、グループ、学級全体などで多様に展開されるものであることを踏まえ、幼稚園全体の教師による協力体制を作りながら、一人一人の幼児が興味や欲求を十分に満足させるよう適切な援助を行うようにすること。

4　幼児理解に基づいた評価の実施

幼児一人一人の発達の理解に基づいた評価の実施に当たっては、次の事項に配慮するものとする。
（1）指導の過程を振り返りながら幼児の理解を進め、幼児一人一人のよさや可能性などを把握し、指導の改善に生かすようにすること。その際、他の幼児との比較や一定の基準に対する達成度についての評定によって捉えるものではないことに留意すること。
（2）評価の妥当性や信頼性が高められるよう創意工夫を行い、組織的かつ計画的な取組を推進するとともに、次年度又は小学校等にその内容が適切に引き継がれるようにすること。

第5　特別な配慮を必要とする幼児への指導

1　障害のある幼児などへの指導

障害のある幼児などへの指導に当たっては、集団の中で生活することを通して全体的な発達を促していくことに配慮し、特別支援学校などの助言又は援助を活用しつつ、個々の幼児の障害の状態などに応じた指導内容や指導方法の工夫を組織的かつ計画的に行うものとする。また、家庭、地域及び医療や福祉、保健等の業務を行う関係機関との連携を図り、長期的な視点で幼児への教育的支援を行うために、個別の教育支援計画を作成し活用することに努めるとともに，個々の幼児の実態を的確に把握し、個別の指導計画を作成し活用することに努めるものとする。

2　海外から帰国した幼児や生活に必要な日本語の習得に困難のある幼児の幼稚園生活への適応

海外から帰国した幼児や生活に必要な日本語の習得に困難のある幼児については、安心して自己を発揮できるよう配慮するなど個々の幼児の実態に応じ、指導内容や指導方法の工夫を組織的かつ計画的に行うものとする。

第6　幼稚園運営上の留意事項

1　各幼稚園においては、園長の方針の下に、園務分掌に基づき教職員が適切に役割を分担しつつ、相互に連携しながら、教育課程や指導の改善を図るものとする。また、各幼稚園が行う学校評価については、教育課程の編成、実施、改善が教育活動や幼稚園運営の中核となることを踏まえ、カリキュラム・マネジメントと関連付けながら実施するよう留意するものとする。
2　幼児の生活は、家庭を基盤として地域社会を通じて次第に広がりをもつものであることに留意し、家庭との連携を十分に図るなど、幼稚園における生活が家庭や地域社会と連続性を保ちつつ展開されるようにするものとする。その際、地域の自然、高齢者や異年齢の子供などを含む人材、行事や公共施設などの地域の資源を積極的に活用し、幼児が豊かな生活体験を得られるように工夫するものとする。また、家庭との連携に当たっては、保護者との情報交換の機会を設けたり、保護者と幼児との活動の機会を設けたりなどすることを通じて、保護者の幼児期の教育に関する理解が深まるよう配慮するものとする。
3　地域や幼稚園の実態等により、幼稚園間に加え、保育所、幼保連携型認定こども園、小学校、中学校、高等学校及び特別支援学校などとの間の連携や交流を図るものとする。特に、幼稚園教育と小学校教育の円滑な接続のため、幼稚園の幼児と小学校の児童との交流の機会を積極的に設けるようにするものとする。また、障害のある幼児児童生徒との交流及び共同学習の機会を設け、共に尊重し合いながら協働して生活していく態度を育むよう努めるものとする。

第7　教育課程に係る教育時間終了後等に行う教育活動など

幼稚園は、第3章に示す教育課程に係る教育時間の終了後等に行う教育活動について、学校教育法に規定する目的及び目標並びにこの章の第1に示す幼稚園教育の基本を踏まえ実施するものとする。また、幼稚園の目的の達成に資するため、幼児の生活全体が豊かなものとなるよう家庭や地域における幼児期の教育の支援に努めるものとする。

第2章　ねらい及び内容

この章に示すねらいは、幼稚園教育において育みたい資質・能力を幼児の生活する姿から捉えたものであり、内容は、ねらいを達成するために指導する事項である。各領域は、これらを幼児の発達の側面から、心身の健康に関する領域「健康」、人との関わりに関する領域「人間関係」、身近な環境との関わりに関する領域「環境」、言葉の獲得に関する領域「言葉」及び感性と表現に関する領域「表現」としてまとめ、示したものである。内容の取扱いは、幼児の発達を踏まえた指導を行うに当たって留意すべき事項である。

各領域に示すねらいは、幼稚園における生活の全体を通じ、幼児が様々な体験を積み重ねる中で相互に関連をもちながら次第に達成に向かうものであること、内容は、幼児が環境に関わって展開する具体的な活動を通して総合的に指導されるものであることに留意しなければならない。

また、「幼児期の終わりまでに育ってほしい姿」が、ねらい及び内容に基づく活動全体を通して資質・能力が育まれている幼児の幼稚園修了時の具体的な姿であることを踏まえ、指導を行う際に考慮するものとする。

なお、特に必要な場合には、各領域に示すねらいの趣旨に基づいて適切な、具体的な内容を工夫し、それを加えても差し支えないが、その場合には、それが第1章の第1に示す幼稚園教育の基本を逸脱しないよう慎重に配慮する必要がある。

健　康

〔健康な心と体を育て、自ら健康で安全な生活をつくり出す力を養う。〕

1　ねらい

（1）明るく伸び伸びと行動し、充実感を味わう。
（2）自分の体を十分に動かし、進んで運動しようとする。
（3）健康、安全な生活に必要な習慣や態度を身に付け、見通しをもって行動する。

2　内　容

（1）先生や友達と触れ合い、安定感をもって行動する。
（2）いろいろな遊びの中で十分に体を動かす。
（3）進んで戸外で遊ぶ。
（4）様々な活動に親しみ、楽しんで取り組む。
（5）先生や友達と食べることを楽しみ、食べ物への興味や関心をもつ。
（6）健康な生活のリズムを身に付ける。
（7）身の回りを清潔にし、衣服の着脱、食事、排泄（せつ）などの生活に必要な活動を自分でする。
（8）幼稚園における生活の仕方を知り、自分たちで生活の場を整えながら見通しをもって行動する。
（9）自分の健康に関心をもち、病気の予防などに必要な活動を進んで行う。
（10）危険な場所、危険な遊び方、災害時などの行動の仕方が分かり、安全に気を付けて行動する。

3　内容の取扱い

上記の取扱いに当たっては、次の事項に留意する必要がある。

（1）心と体の健康は、相互に密接な関連があるものであることを踏まえ、幼児が教師や他の幼児との温かい触れ合いの中で自己の存在感や充実感を味わうことなどを基盤として、しなやかな心と体の発達を促すこと。特に、十分に体を動かす気持ちよさを体験し、自ら体を動かそうとする意欲が育つようにすること。
（2）様々な遊びの中で、幼児が興味や関心、能力に応じて全身を使って活動することにより、体を動かす楽しさを味わい、自分の体を大切にしようとする気持ちが育つようにすること。その際、多様な動きを経験する中で、体の動きを調整するようにすること。
（3）自然の中で伸び伸びと体を動かして遊ぶことにより、体の諸機能の発達が促されることに留意し、幼児の興味や関心が戸外にも向くようにすること。その際、幼児の動線に配慮した園庭や遊具の配置などを工夫すること。
（4）健康な心と体を育てるためには食育を通じた望ましい食習慣の形成が大切であることを踏まえ、幼児の食生活の実情に配慮し、和やかな雰囲気の中で教師や他の幼児と食べる喜びや楽しさを味わったり、様々な食べ物への興味や関心をもったりするなどし、食の大切さに気付き、進んで食べようとする気持ちが育つようにすること。
（5）基本的な生活習慣の形成に当たっては、家庭での生活経験に配慮し、幼児の自立心を育て、幼児が他の幼児と関わりながら主体的な活動を展開する中で、生活に必要な習慣を身に付け、次第に見通しをもって行動できるようにすること。
（6）安全に関する指導に当たっては、情緒の安定を図り、遊びを通して安全についての構えを身に付け、危険な場所や事物などが分かり、安全についての理解を深めるようにすること。また、交通安全の習慣を身に付けるようにするとともに、避難訓練などを通して、災害などの緊急時に適切な行動がとれるようにすること。

人間関係

〔他の人々と親しみ、支え合って生活するために、自立心を育て、人と関わる力を養う。〕

1　ねらい

（1）幼稚園生活を楽しみ、自分の力で行動することの充実感を味わう。
（2）身近な人と親しみ、関わりを深め、工夫したり、協力したりして一緒に活動する楽しさを味わい、愛情や信頼感をもつ。
（3）社会生活における望ましい習慣や態度を身に付ける。

2　内　容

（1）先生や友達と共に過ごすことの喜びを味わう。
（2）自分で考え、自分で行動する。
（3）自分でできることは自分でする。
（4）いろいろな遊びを楽しみながら物事をやり遂げようとする気持ちをもつ。
（5）友達と積極的に関わりながら喜びや悲しみを共感し合う。
（6）自分の思ったことを相手に伝え、相手の思っていることに気付く。
（7）友達のよさに気付き、一緒に活動する楽しさを味わう。
（8）友達と楽しく活動する中で、共通の目的を見いだし、工夫したり、協力したりなどする。
（9）よいことや悪いことがあることに気付き、考えながら行動する。
（10）友達との関わりを深め、思いやりをもつ。
（11）友達と楽しく生活する中できまりの大切さに気付き、守ろうとする。
（12）共同の遊具や用具を大切にし、皆で使う。
（13）高齢者をはじめ地域の人々などの自分の生活に関係の深いいろいろな人に親しみをもつ。

3　内容の取扱い

上記の取扱いに当たっては、次の事項に留意する必要がある。

（1）教師との信頼関係に支えられて自分自身の生活を確立していくことが人と関わる基盤となることを考慮し、幼児が自ら周囲に働き掛けることにより多様な感情を体験し、試行錯誤しながら諦めずにやり遂げることの達成感や、前向きな見通しをもって自分の力で行うことの充実感を味わうことができるよう、幼児の行動を見守りながら適切な援助を行うようにすること。
（2）一人一人を生かした集団を形成しながら人と関わる力を育てていくようにすること。その際、集団の生活の中で、幼児が自己を発揮し、教師や他の幼児に認められる体験をし、自分のよさや特徴に気付き、自信をもって行動できるようにすること。
（3）幼児が互いに関わりを深め、協同して遊ぶようになるため、自ら行動する力を育てるようにするとともに、他の幼児と試行錯誤しながら活動を展開する楽しさや共通の目的が実現する喜びを味わうことができるようにすること。
（4）道徳性の芽生えを培うに当たっては、基本的な生活習慣の形成を図るとともに、幼児が他の幼児との関わりの中で他人の存在に気付き、相手を尊重する気持ちをもって行動できるようにし、また、自然や身近な動植物に親しむことなどを通して豊かな心情が育つようにすること。特に、人に対する信頼感や思いやりの気持ちは、葛藤やつまずきをも体験し、それらを乗り越えることにより次第に芽生えてくることに配慮すること。

（5）集団の生活を通して、幼児が人との関わりを深め、規範意識の芽生えが培われることを考慮し、幼児が教師との信頼関係に支えられて自己を発揮する中で、互いに思いを主張し、折り合いを付ける体験をし、きまりの必要性などに気付き、自分の気持ちを調整する力が育つようにすること。

（6）高齢者をはじめ地域の人々などの自分の生活に関係の深いいろいろな人と触れ合い、自分の感情や意志を表現しながら共に楽しみ、共感し合う体験を通して、これらの人々などに親しみをもち、人と関わることの楽しさや人の役に立つ喜びを味わうことができるようにすること。また、生活を通して親や祖父母などの家族の愛情に気付き、家族を大切にしようとする気持ちが育つようにすること。

環　境

〔周囲の様々な環境に好奇心や探究心をもって関わり、それらを生活に取り入れていこうとする力を養う。〕

1　ねらい

（1）身近な環境に親しみ、自然と触れ合う中で様々な事象に興味や関心をもつ。

（2）身近な環境に自分から関わり、発見を楽しんだり、考えたりし、それを生活に取り入れようとする。

（3）身近な事象を見たり、考えたり、扱ったりする中で、物の性質や数量、文字などに対する感覚を豊かにする。

2　内　容

（1）自然に触れて生活し、その大きさ、美しさ、不思議さなどに気付く。

（2）生活の中で、様々な物に触れ、その性質や仕組みに興味や関心をもつ。

（3）季節により自然や人間の生活に変化のあることに気付く。

（4）自然などの身近な事象に関心をもち、取り入れて遊ぶ。

（5）身近な動植物に親しみをもって接し、生命の尊さに気付き、いたわったり、大切にしたりする。

（6）日常生活の中で、我が国や地域社会における様々な文化や伝統に親しむ。

（7）身近な物を大切にする。

（8）身近な物や遊具に興味をもって関わり、自分なりに比べたり、関連付けたりしながら考えたり、試したりして工夫して遊ぶ。

（9）日常生活の中で数量や図形などに関心をもつ。

（10）日常生活の中で簡単な標識や文字などに関心をもつ。

（11）生活に関係の深い情報や施設などに興味や関心をもつ。

（12）幼稚園内外の行事において国旗に親しむ。

3　内容の取扱い

上記の取扱いに当たっては、次の事項に留意する必要がある。

（1）幼児が、遊びの中で周囲の環境と関わり、次第に周囲の世界に好奇心を抱き、その意味や操作の仕方に関心をもち、物事の法則性に気付き、自分なりに考えることができるようになる過程を大切にすること。また、他の幼児の考えなどに触れて新しい考えを生み出す喜びや楽しさを味わい、自分の考えをよりよいものにしようとする気持ちが育つようにすること。

（2）幼児期において自然のもつ意味は大きく、自然の大きさ、美しさ、不思議さなどに直接触れる体験を通して、幼児の心が安らぎ、豊かな感情、好奇心、思考力、表現力の基礎が培われることを踏まえ、幼児が自然との関わりを深めることができるよう工夫すること。

（3）身近な事象や動植物に対する感動を伝え合い、共感し合うことなどを通して自分から関わろうとする意欲を育てるとともに、様々な関わり方を通してそれらに対する親しみや畏敬の念、生命を大切にする気持ち、公共心、探究心などが養われるようにすること。

（4）文化や伝統に親しむ際には、正月や節句など我が国の伝統的な行事、国歌、唱歌、わらべうたや我が国の伝統的な遊びに親しんだり、異なる文化に触れる活動に親しんだりすることを通じて、社会とのつながりの意識や国際理解の意識の芽生えなどが養われるようにすること。

（5）数量や文字などに関しては、日常生活の中で幼児自身の必要感に基づく体験を大切にし、数量や文字などに関する興味や関心、感覚が養われるようにすること。

言　葉

〔経験したことや考えたことなどを自分なりの言葉で表現し、相手の話す言葉を聞こうとする意欲や態度を育て、言葉に対する感覚や言葉で表現する力を養う。〕

1　ねらい

（1）自分の気持ちを言葉で表現する楽しさを味わう。

（2）人の言葉や話などをよく聞き、自分の経験したことや考えたことを話し、伝え合う喜びを味わう。

（3）日常生活に必要な言葉が分かるようになるとともに、絵本や物語などに親しみ、言葉に対する感覚を豊かにし、先生や友達と心を通わせる。

2　内　容

（1）先生や友達の言葉や話に興味や関心をもち、親しみをもって聞いたり、話したりする。

（2）したり、見たり、聞いたり、感じたり、考えたりなどしたことを自分なりに言葉で表現する。

（3）したいこと、してほしいことを言葉で表現したり、分からないことを尋ねたりする。

（4）人の話を注意して聞き、相手に分かるように話す。

（5）生活の中で必要な言葉が分かり、使う。

（6）親しみをもって日常の挨拶をする。

（7）生活の中で言葉の楽しさや美しさに気付く。

（8）いろいろな体験を通じてイメージや言葉を豊かにする。

（9）絵本や物語などに親しみ、興味をもって聞き、想像をする楽しさを味わう。

（10）日常生活の中で、文字などで伝える楽しさを味わう。

3　内容の取扱い

上記の取扱いに当たっては、次の事項に留意する必要がある。

（1）言葉は、身近な人に親しみをもって接し、自分の感情や意志などを伝え、それに相手が応答し、その言葉を聞くことを通して次第に獲得されていくものであることを考慮して、幼児が教師や他の幼児と関わることにより心を動かされるような体験をし、言葉を交わす喜びを味わえるようにすること。
（2）幼児が自分の思いを言葉で伝えるとともに、教師や他の幼児などの話を興味をもって注意して聞くことを通して次第に話を理解するようになっていき、言葉による伝え合いができるようにすること。
（3） 絵本や物語などで、その内容と自分の経験とを結び付けたり、想像を巡らせたりするなど、楽しみを十分に味わうことによって、次第に豊かなイメージをもち、言葉に対する感覚が養われるようにすること。
（4）幼児が生活の中で、言葉の響きやリズム、新しい言葉や表現などに触れ、これらを使う楽しさを味わえるようにすること。その際、絵本や物語に親しんだり、言葉遊びなどをしたりすることを通して、言葉が豊かになるようにすること。
（5）幼児が日常生活の中で、文字などを使いながら思ったことや考えたことを伝える喜びや楽しさを味わい、文字に対する興味や関心をもつようにすること。

表　現

〔感じたことや考えたことを自分なりに表現することを通して、豊かな感性や表現する力を養い、創造性を豊かにする。〕

1　ねらい

（1）いろいろなものの美しさなどに対する豊かな感性をもつ。
（2）感じたことや考えたことを自分なりに表現して楽しむ。
（3）生活の中でイメージを豊かにし、様々な表現を楽しむ。

2　内　容

（1）生活の中で様々な音、形、色、手触り、動きなどに気付いたり、感じたりするなどして楽しむ。
（2）生活の中で美しいものや心を動かす出来事に触れ、イメージを豊かにする。
（3）様々な出来事の中で、感動したことを伝え合う楽しさを味わう。
（4）感じたこと、考えたことなどを音や動きなどで表現したり、自由にかいたり、つくったりなどする。
（5）いろいろな素材に親しみ、工夫して遊ぶ。
（6）音楽に親しみ、歌を歌ったり、簡単なリズム楽器を使ったりなどする楽しさを味わう。
（7）かいたり、つくったりすることを楽しみ、遊びに使ったり、飾ったりなどする。
（8）自分のイメージを動きや言葉などで表現したり、演じて遊んだりするなどの楽しさを味わう。

3　内容の取扱い

上記の取扱いに当たっては、次の事項に留意する必要がある。
（1）豊かな感性は、身近な環境と十分に関わる中で美しいもの、優れたもの、心を動かす出来事などに出会い、そこから得た感動を他の幼児や教師と共有し、様々に表現することなどを通して養われるようにすること。その際、風の音や雨の音、身近にある草や花の形や色など自然の中にある音、形、色などに気付くようにすること。
（2）幼児の自己表現は素朴な形で行われることが多いので、教師はそのような表現を受容し、幼児自身の表現しようとする意欲を受け止めて、幼児が生活の中で幼児らしい様々な表現を楽しむことができるようにすること。
（3）生活経験や発達に応じ、自ら様々な表現を楽しみ、表現する意欲を十分に発揮させることができるように、遊具や用具などを整えたり、様々な素材や表現の仕方に親しんだり、他の幼児の表現に触れられるよう配慮したりし、表現する過程を大切にして自己表現を楽しめるように工夫すること。

第３章　教育課程に係る教育時間の終了後等に行う教育活動などの留意事項

1　地域の実態や保護者の要請により、教育課程に係る教育時間の終了後等に希望する者を対象に行う教育活動については、幼児の心身の負担に配慮するものとする。また、次の点にも留意するものとする。
（1）教育課程に基づく活動を考慮し、幼児期にふさわしい無理のないものとなるようにすること。その際、教育課程に基づく活動を担当する教師と緊密な連携を図るようにすること。
（2）家庭や地域での幼児の生活も考慮し、教育課程に係る教育時間の終了後等に行う教育活動の計画を作成するようにすること。その際、地域の人々と連携するなど、地域の様々な資源を活用しつつ、多様な体験ができるようにすること。
（3）家庭との緊密な連携を図るようにすること。その際、情報交換の機会を設けたりするなど、保護者が、幼稚園と共に幼児を育てるという意識が高まるようにすること。
（4）地域の実態や保護者の事情とともに幼児の生活のリズムを踏まえつつ、例えば実施日数や時間などについて、弾力的な運用に配慮すること。
（5）適切な責任体制と指導体制を整備した上で行うようにすること。
2　幼稚園の運営に当たっては、子育ての支援のために保護者や地域の人々に機能や施設を開放して、園内体制の整備や関係機関との連携及び協力に配慮しつつ、幼児期の教育に関する相談に応じたり、情報を提供したり、幼児と保護者との登園を受け入れたり、保護者同士の交流の機会を提供したりするなど、幼稚園と家庭が一体となって幼児と関わる取組を進め、地域における幼児期の教育のセンターとしての役割を果たすよう努めるものとする。その際、心理や保健の専門家、地域の子育て経験者等と連携・協働しながら取り組むよう配慮するものとする。

○「幼児期の終わりまでに育ってほしい姿」について○

○　5領域のねらい及び内容に基づく活動全体を通して資質・能力が育まれている幼児の幼稚園修了時の具体的な姿であり、教師が指導を行う際に考慮するものである。

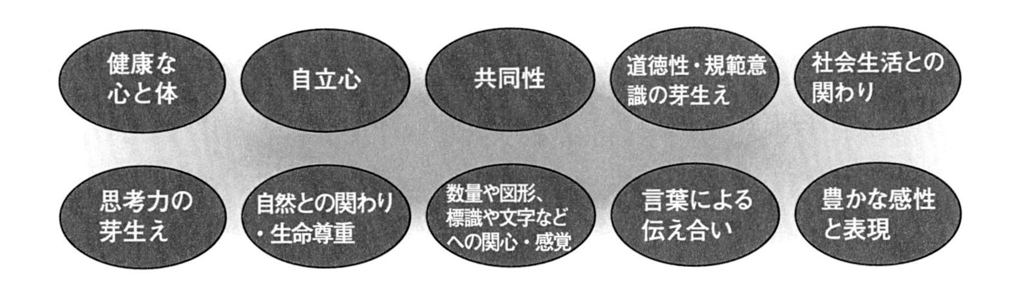

○　幼稚園等と小学校の教員が持つ5歳児修了時の姿が共有化されることにより、幼児教育と小学校教育との接続の一層の強化が図られることを期待。

○　3歳児、4歳児それぞれの時期にふさわしい指導の積み重ねが、この「幼児期の終わりまでに育ってほしい姿」につながっていくことに留意。

○「幼児期の終わりまでに育ってほしい姿」は、5歳児後半の評価の手立てともなるものであり、幼稚園等と小学校の教員が持つ5歳児修了時の姿が共有化されることにより、幼児教育と小学校教育との接続の一層の強化を期待。

○　小学校低学年は、学びがゼロからスタートするわけではなく、幼児教育で身に付けたことを生かしながら教科等の学びにつなぎ、子供たちの資質・能力を伸ばしていく時期。

○　小学校教育においては、生活科を中心としたスタートカリキュラムを学習指導要領に明確に位置付け、その中で、合科的・関連的な指導や短時間での学習などを含む授業時間や指導の工夫、環境構成等の工夫（※）も行いながら、幼児期に総合的に育まれた資質・能力や、子供たちの成長を、各教科等の特質に応じた学びにつなげていくことが求められる。

○　その際、スタートカリキュラムにおける学習を、小学校におけるその後の学習に円滑につないでいくという視点も重要。

※「幼児期の教育と小学校教育の円滑な接続の在り方について（報告）」（平成22年11月）においては、スタートカリキュラム編成上の留意点として、幼稚園、保育所、認定こども園と連携協力すること、個々の児童に対応した取組であること、学校全体での取組とすること、保護者への適切な説明を行うこと、授業時間や学習空間などの環境構成、人間関係づくりなどについて工夫することを挙げている。

索　引

INDEX

あ

預かり保育……11
1日の保育の流れ……123
衛生管理……8
エピソード記録……71
絵本の選び方……182
援助の仕方……51
オリエンテーションの内容……26
オリエンテーション報告書……25
お礼状……146
——の書き方……148

か

帰り支度……68
課題活動……54
——の決め方……55
課題の決め方……36
学校での事前指導……16
環境構成……46、70
——・準備……122
観察実習……46
——の課題……46
感染症対策……53、59
基本項目……121
休憩時間の注意事項……49
教材の準備……38
今日の目標（ねらい）……122
嫌われる実習生……14
見学実習……44
——の課題……44
健康管理……8
言葉づかい……6
子どもたちへのプレゼント……66
子どもの動き……47
子どもの活動……122
子どもの実態……121

さ

参加実習……50
——の課題……50
時間配分……122
自己評価……152
事前に学んでおくこと……10
実習園……20
——でのオリエンテーション……21
——の指導態勢……165
——の条件……20
——へのお礼……146
実習園の決定……20
——方法……20
実習学生個人票……19
実習から学ぶこと……12
実習計画書……37
実習最終日の注意……65
実習生がつくった名札……32
実習生の1日……35
実習生の動き……71
実習生の心構え……6
実習生への評価……52
実習で心がけたいマナー……41
実習日誌……70、146
——での振り返り……144
——の書き方……70
——を書く意味……70
——を提出する際の留意点……68

実習に必要な書類 …………………………………17
実習に向けて ………………………………………16
実習の課題 …………………………………………36
実習の流れ ……………………………………………4
実習の目的 ……………………………………………2
実習の目標 ……………………………………………3
実習反省会 ………………………………64、154
実習評価表 ……………………………………157
実習報告会 ……………………………………155
質問 ………………………………………………161
指導計画案 ……………………………………121
―――の形式 ………………………………121
―――の用紙 ………………………………122
―――（日案）の立案の時期 ……………122
指導計画案の作成 ……………………………60
―――と準備 …………………………………57
主活動 …………………………………………123
―――の決め方 ………………………………60
障害のある子どもへの対応 …………………51
責任実習 …………………………………………60

た

担任の保育者との相性 ………………………165
遅刻 ………………………………………………160
調査書（個人票） ………………………………17
通勤着 ……………………………………………28
通勤方法 …………………………………………27
手遊び ……………………………………………166
デイリープログラム ……………………………34
手づくりプレゼントの例 ………………………67
電話での日程調整の仕方 ………………………22
当日の心構え ……………………………………60
当日の注意事項 …………………………………24

な

日程の調整 ………………………………………21
年齢別の観点 …………………………………162

は

発達の特徴 ………………………………………47
反省会 ………………………………………49、62
―――の流れ …………………………………63
ピアノ ……………………………………………164
避難訓練 …………………………………………59
服装 …………………………………………24、28
部分実習 …………………………………………54
―――・責任実習の主活動の実際 …………55
保育着 ……………………………………………28
保育者（実習生）の動き・援助 ……122、124
保育者としての資質 …………………………153
保育者の動きと意図 ……………………………47
保育者の活動や配慮事項 ………………………71
保育者の理解 …………………………………153
保育の１日の流れ ………………………………47
報告書の記入 …………………………………144
訪問時のマナー …………………………………24
ほう・れん・そう（ほうれんそう）………9、52

ま

身だしなみ …………………………………24、28
持ち物 ………………………………………24、30

や

幼児期の終わりまでに育ってほしい姿 ………11
幼児教育センターとしての役割 ………………11
幼児の活動 ………………………………………70
幼稚園が実習生に期待すること ………………40
幼稚園教育実習 …………………………………2
―――の位置づけ ………………………………2
幼稚園の機能・環境 ……………………………13
幼稚園の社会的役割 ……………………………11
予想される子どもの活動 ……………………123

《著者紹介》

百瀬ユカリ（ももせ・ゆかり）

東京都公立幼稚園教諭、秋草学園短期大学他、保育者養成校教員を経て、現在、日本女子体育大学体育学部子ども運動学科教授。
博士（社会福祉学）。

（検印省略）

2009年4月20日　初版発行
2010年2月20日　二刷発行
2011年4月20日　第二版発行
2019年4月20日　第三版発行
2021年4月20日　第四版発行
2022年4月20日　第四版二刷発行

略称 — 幼稚園実習

よくわかる幼稚園実習［第四版］

著　者　百瀬 ユカリ
発行者　塚 田 尚 寛

発行所　東京都文京区
春日2－13－1　株式会社 創 成 社

電　話 03（3868）3867　FAX 03（5802）6802
出版部 03（3868）3857　FAX 03（5802）6801
http://www.books-sosei.com 振 替 00150-9-191261

定価はカバーに表示してあります。

ISBN978-4-7944-8100-9　C3037
Printed in Japan

組版：トミ・アート　印刷：エーヴィスシステムズ
製本：宮製本所
落丁・乱丁本はお取り替えいたします。

JASRAC　出0903230-901